Heinz J. Kersting
Heidi Neumann-Wirsig (Hg.)

Supervision intelligenter Systeme

Supervision
Coaching
Organisationsberatung

Heinz J. Kersting
Heidi Neumann-Wirsig (Hg.)

Supervision intelligenter Systeme

Supervision
Coaching
Organisationsberatung

Dr. Heinz Kersting
Wissenschaftlicher Verlag des
Instituts für Beratung und Supervision
Aachen

Schriften zur Supervision
Aachen
Band 14

Über die Rechte dieser Ausgabe verfügt der

Dr. Heinz Kersting Verlag
Heckstr. 25, D-52080 Aachen
office@kersting-verlag.de
www.kersting-verlag.de

Fotomechanische Wiedergabe nur mit Genehmigung des Verlages

Satz: Albert Verleysdonk, Mönchengladbach

Umschlaggestaltung: Nicole Ludwig, Aachen
unter Verwendung des Logos der ersten systemischen Supervisionstage
entworfen von Georg Schulz

Fotografien von © Lisa Günther, Hamburg

Printed in Germany
Druck und Bindung:
Druckerei und Verlag Steinmeier Nordlingen

Erste Auflage 2004

ISBN 3-928047-42-6

Die Deutsche Bibliothek – CIP Einheitsaufnahme
Ein Titelsatz für diese Publikation ist bei
Der Deutschen Bibliothek erhältlich

Inhaltsverzeichnis

und kommen zur Organisationsberatung ...

Vorwort

Seit zehn Jahren veranstaltet das BTS, die Gesellschaft für Organisationsberatung, Training und Supervision im Zwei-Jahres-Rhythmus um den Tag
von Christi Himmelfahrt herum Supervisionstage, die systemische SupervisorInnen und OrganisationsberaterInnen aus Deutschland, der Schweiz und
Österreich zusammenführen. Die ersten fünf Systemischen Supervisionstage fanden in Freiburg im Breisgau statt. Im Jahr 2002 wurde der
Veranstaltungsort gewechselt. So wurden die 6. Systemischen Supervisionstage vom 9. -11. Mai in Heidelberg in der Print Media Academy durchgeführt. Das Thema lautete: Ideen, Impulse und visionäre Akzente. Einblicke in
die Werkstatt systemischer Beratung.

Wer diesem recht offenen Thema gefolgt war, erlebte in den drei Tagen in
Heidelberg eine hochinteressante und spannende Tagung. Es wurden neue und
wichtige Themen systemischer Beratung: Coaching, Supervision und
Organisationsberatung angesprochen und von fachlich versierten, in der
systemischen Szene zumeist bekannten ReferentInnen in Vorträgen und Workshops behandelt.

Die vorliegenden Beiträge versuchen etwas davon festzuhalten. Die HerausgeberInnen haben zum Generalthema für das Buch in Anlehnung an das
Oberthema des Vortrags von Helmut Willke gewählt: „Supervision der intelligenten Systeme: Supervision, Coaching und Organisationsberatung", weil sie
sich einreden, dass sich für sie unter diesem Thema die vielfältigen Facetten
der systemischen Supervisionstage linear, wie es sich für ein Buch gehört,
unter die Stichworte Supervision, Coaching und Organisationsberatung am
treffendsten sortieren lassen.

Wir starten mit dem Stichwort Supervison ...

Helmut Willke, der als Professor an der Universität Bielefeld Planungs- und Entscheidungstheorie lehrt, führte in seinem Beitrag: *„Supervision der intelligenten Organisation – Supervision in der wissensbasierten Organisation"* ein in die Veränderungen der Wissensgesellschaft, die charakterisiert ist durch „intelligente Firmen", Wissensarbeit, verteilte Intelligenz, Infraressourcen und Wissensmanagement. Hergestellt werden immer mehr „intelligente Güter". Die Wissensgesellschaft führt nach Willke zu einer neuen Schichtung des Arbeitsmarktes in Wissensarbeit, Semi-Professionen, qualifizierte Facharbeit und einfache Arbeit. Zu den von Sigmund Freud so genannten „unmöglichen" Berufen des Erziehens, Kurierens und Regierens, seien in der Wissensgesellschaft als weitere das Therapieren und Supervidieren hinzu gekommen. An der Unterscheidung von trivialem versus nicht-trivialem System und der „Wissensspirale" nach Nonaka und Takeuchi erläutert er ein systemisches Modell von Supervision. Im Rahmen einer Balanced Scorecard kann die Supervision als Leistung erbringen: Innovatives Lernen, das das intellektuelle Kapital – bestehend aus Wissen, Können und Expertise – für die intelligente Firma vermehrt. Auf diese Weise wird die Supervision zu einem Teil des Wissensmanagement.

Heinz J. Kersting, Professor an der Hochschule Niederrhein in Mönchengladbach und Direktor des Instituts für Beratung und Supervision Aachen konstatiert in seinem, Beitrag: *„Systemische Supervision und Emotion – ein Widerspruch?",* dass die Theorie der systemischen Beratung und Supervision tatsächlich lange Zeit hindurch diesen Widerspruch nahe gelegt hat, während die systemischen „PraktikerInnen" für gewöhnlich ihre Beratungserfolge auf gelungene Beziehungen und auf die Beachtung des Affektiven, der Emotionen und Gefühle zurückführten. Seit etwa acht Jahren beginnen sich jetzt auch die „TheoretikerInnen" – angeregt durch die Ergebnisse der Neurobiologie und der Säuglingsforschung – verstärkt mit der affektiven Seite der Beratung und Supervision zu beschäftigen. Heinz Kersting führte aus, dass auf diese Weise die systemische Beratung und Supervision auch Anschluss finden könnten an zwei nach seiner Meinung zutiefst konstruktivistische Verfahren, an eine systemisch-konstruktivistisch reformulierte, fallorientierte Gruppensupervision nach Michael Balint und an die Provokativen Therapie und Supervision nach Frank Farrelly.

In seinem Beitrag „*Affektive Kommunikation und systemische Teamsupervision*" beschäftigt sich *Tom Levold,* Sozialwissenschaftler, systemischer Therapeut, Supervisor und Organisationsberater in Köln, Gründungsmitglied der Systemischen Gesellschaft, unter dem Stichwort Teamsupervision ebenfalls mit dem Thema der Affekte in sozialen Systemen. Er stellt fest, dass das Thema der Emotion in der Organisationstheorie so gut wie keine Rolle gespielt hat. Erst Mitte der 90er Jahre beginnt im Feld systemischer Beratung die Beschäftigung mit Affekten, Gefühlen und Emotionen. In seinem Beitrag bietet er brauchbare Unterscheidungen dieser drei Vokabeln, die nicht nur im Alltagssprachgebrauch häufig synonym benutzt werden. Zur Teamsupervision stellt er die Wichtigkeit von Affektregualationen heraus. An die Fähigkeit der SupervisorIn werden hohe Anforderungen gestellt, in Teams Affekte, Gefühle und Emotionen identifizieren zu können und sie zeitnah und flexibel als Regulationsangebote zur Verfügung zu stellen. Wobei diese sowohl beruhigen wie stimulieren, Sicherheit verschaffen wie auch Interesse wecken können. Die SupervisorIn kann für ein Team so zu einer wichtigen Ressource werden, dafür braucht sie jedoch eine Menge an Freude an affektiver Kommunikation und eine gewisse Sicherheit in Konfliktsituationen.

Heidi Neumann-Wirsig, Supervisorin, Organisationsberaterin und Gesellschafterin des BTS-Mannheim gibt in ihrem Beitrag: *„Hören, was die Supervisanden sagen – Vertraut damit werden, dass es tatsächlich anders kommen kann!"* einen gelungenen Überblick über die lösungsorientierte Beratung. Sie erläutert die Grundannahmen und Haltungen dieser Beratungsform, z.B.: Der Glaube des Beraters daran, dass Kunden sich verändern wollen und dass alle Menschen Ressourcen dazu besitzen; das Wissen, dass Kooperation unvermeidlich ist und dass kleine Änderungen zu großen Veränderungen führen können; das Bewusstsein, dass Ausnahmen auf Lösungen verweisen und vor allem, dass sich die Beratung auf das Positive ausrichten muss. Im Anschluss daran beschreibt sie die nützlichen Techniken des lösungsorientierten Beratens und bietet eine Struktur für den Gesprächsablauf an. Lösungsorientiertes Beraten ist für Heidi Neumann-Wirsig zugleich einfach und schwierig. Einfach, weil sich die BeraterIn völlig auf ihre Kunden konzentrieren kann und nur genau hinhören muss, um zu hören, was der Kunde sagt; schwierig, weil sie konsequent ihre Grundeinstellung zu Menschen und zur Beratung ändern und die Ergebnisse einzig und allein dem Kunden zuschreiben muss. Für manche BeraterInnen ist auch der Verzicht auf eine längere Bindung an den Klienten recht schwierig.

Doris Stöckli vom Stellwerk Entwicklungsmanagement Aarau/Schweiz versucht ihren Workshop: „Raum – Körper – Bewegung in Supervision und Beratung" zwischen Buchdeckeln zum tanzen zu bringen und bietet interessante Anregungen für die eigene supervisorische Tätigkeit.

... leiten über zum Stichwort: Coaching ...

In Ihrem Beitrag stellen die Organisationsberater, EFQM-Assessoren und Gesellschafter des ERGON Team in Kronberg *Mechthild Herzer und Fridbert Hanke: „Coaching als Instrument betrieblicher Personalentwicklung"* vor und zeigen welche „*Chancen und Herausforderungen in der Begegnung zweier Systeme"* liegen. Sie kommen dabei zu folgenden Ergebnissen: Der Funktion oder Abteilung Personalentwicklung kommt bei der Gestaltung der Beziehung zwischen beiden Systemen eine wichtige Rolle zu, weil sich in ihrem Auftrag die Verknüpfung von organisationalen und individuellen Entwicklungszielen spiegelt. Je klarer die Nahtstelle zwischen externem Coaching und Unternehmen gestaltet wird, desto effizienter kann Coaching als Instrument der betrieblichen Personalentwicklung genutzt werden. Sofern Coaching im Kontext betrieblicher Personalentwicklung angefragt wird, sollten Coaches wissen, wie die Personalentwicklung in dem sie beauftragenden Unternehmen funktioniert, um mit dem System angemessen kommunizieren zu können.

Die Psychologin *Petra Schreiber* ist als Systemischer Coach tätig bei der Personalentwicklung der Deutschen Flugsicherung GmbH (DFS) und ist Leiterin der Steuerung der unternehmensweiten Coachingaktivitäten der DFS. Sie stellt in ihrem Beitrag „*Über die Schulter geschaut – Coaching bei der Deutschen Flugsicherung GmbH"* das Modell und die Durchführung des Coachings in einem hochsensiblen und auf größte Sicherheit bedachten Unternehmens dar, das 5.200 Mitarbeiter beschäftigt und für die Sicherheit von ca. 2,5 Millionen Flüge pro Jahr in einem der meist überflogenen Lufträume der Welt verantwortlich ist. Coaching ist für die DFS Teil der Personalentwicklung, wobei diese bei der DFS ausdrücklich zu den Führungsaufgaben gezählt wird. Zum Beratungsangebot für die Führungskräfte und MitarbeiterInnen gehören u.a. – aber als wesentliche Bestandteile – das Einzelcoaching und das in der DFS entwickelte Niederlassungs-Coaching für Führungskräfte, d.h. die Führungskräfte einer Niederlassung bzw. eines Bereiches werden kaskadenartig vom Leiter der Niederlassung bis zur untersten Führungsebene durch Einzel- oder Gruppen-Coaching beraten. Die Autorin betont die starken Ähnlichkeiten zwischen systemischer Supervision und systemischem Coaching. Einen wichtigen Unterschied zur klassischen Supervision sieht sie darin, dass ein Coach, der bisher vor allem im Non-Profit-Bereich tätig war, wirtschaftliche Fachkenntnisse benötigt. Der Begriff Coaching, so meint sie, dient vor allem als Abgrenzung auf die Zielgruppe hin. Ziel der Einführung des Coachings in der DFS war die Überwindung der Transferproblematik von Trainings „out-of-the-job". Da die DFS vor allem mit externen Coaches arbeitet, wird – wie könnte es auch bei einem Unternehmen, das „Sicherheit" produziert und deutlich von einer Kultur der Sicherheit geprägt ist, anders sein – größte Sorgfalt bei der Auswahl der Coaches gelegt.

und kommen zur Organisationsberatung ...

... wobei uns *Klaus Beckmann,* Organisationsberater in Koblenz, in seinem Beitrag zur Systemischen Organisationsentwicklung gleich *„.... bis an die Grenze"* führt. In seinen *„systemtheoretische Annäherungen"* nimmt er uns mit auf eine Reise von der Theorie der Autopoiese in lebenden Systemen über die kybernetische Darstellung von Prozessen in Maschinen, der Beobachtung von Beobachtern und einer Beschreibung von Operationen in sozialen Systemen zu einem notwendigen Zwischenstopp, wo wir in einem konkreten Praxisprojekt das soziale System einer Organisation entdecken und etwas darüber lernen, wie Entscheidungen in der Organisation getroffen werden. Wir bekommen so eine Vorstellung davon, welche Rolle die Zeit spielt, bevor wir an die Grenze kommen ...

Noch etwas erschöpft von dieser Reise führt uns *Christine Spreyermann,* Gründerin von sfinx – Sozialforschung – Evaluationsberatung – Supervision in Bern, wo sie als Forscherin, Supervisorin und Organisationsberaterin tätig ist, *„OE-Strategien bei hohem Wellengang"* vor. Doch bevor wir nun endgültig auf unserer Fahrt durch die Organisationsberatung seekrank werden, erläutert sie uns an einem treffenden Beispiel aus ihrer Praxis: *„Wie ein System Ruhe findet",* indem es *„Vorbereitungen* [trifft]*, um Veränderungen nachhaltig zu gestalten".* Die beschriebene Praxisorganisation ist ein ambulanter Pflegedienst, der aus der Zusammenlegung von zwei Organisationen entstanden ist, wodurch es zu vielen Turbulenzen gekommen war. Ein veraltetes Leitbild und undurchsichtige Leitungs- und Aufgabenstrukturen taten das ihrige die Wellen hoch schlagen zu lassen. Wie die Organisation bei weiterhin starkem Wellengang in ihrem gesellschaftlichen Umfeld doch noch in ruhiges Fahrwasser gekommen ist, macht den Bericht von Christine Spreyermann für den Praktiker in der Organisationsberatung spannend zu lesen und ermutigt zur Nachahmung.

Appreciative Inquiry (AI) erfreut sich im Beratungsgeschäft zunehmender Beliebtheit. Gerhard Neumann, Dipl.-Betriebswirt, systemischer Organisationsberater, Gesellschafter und Geschäftsführer der BTS stellt in seinem Beitrag *„Appreciative Inquiry – Arbeit am Kulturkern"* dieses Verfahren vor, das von der Haltung der Wertschätzung und der Lösungsorientierung lebt. In seinem Beitrag stellt er den Ablauf eines AI-Gipfels dar. Im Hauptteil seiner Ausführungen konzentriert er sich auf AI-Prozesse in Unternehmen und geht der spannenden Frage nach, unter welchen Bedingungen sich AI auch im Team eignet. Er schließt seinen Beitrag mit einer kritischen Würdigung dieses Verfahrens für die beraterische Praxis.

... von Freiburg im Breisgau nach Heidelberg am Neckar

Der neue Tagungsort, die Print Media Academy, unmittelbar am Heidelberger Hauptbahnhof gelegen, war sicherlich für einige TeilnehmerInnen gewöhnungsbedürftig. Der Auszug aus Freiburg bedeutete gleichzeitig ein Abschied von der wohlvertrauten Kuscheligkeit einer „Heimvolkshochschule", der Akademie des Erzbistums Freiburg, die geprägt ist vom architektonischen Charme der 60er Jahre, und der Einzug in ein futuristisches, funktionales Haus aus Glas und Stahl, das dem größten Druckmaschinen-Hersteller Deutschlands gehört. Die Räume für die Workshops sind nach allen Seiten hin offen und es stellt sich das Gefühl eines Großraumbüros ein. Etwas, was sicherlich zum Coaching und zur Organisationsentwicklung ganz gut passt. Dafür ist der Vortragssaal in einem fensterlosen Amphitheater untergebracht, das – eher postmodern – einem unterirdischen mykenischen Kuppelraum ähnelt, aber ausgestattet ist mit allen technischen Raffinessen des 21. Jahrhunderts. Vielleicht mag sich da manche TeilnehmerIn nach dem lichtdurchfluteten Auditorium in Freiburg zurückgesehnt haben, wo der Ausblick in die Landschaft bei langwierigen Vorträgen zu entschädigen vermochte.

Diesmal jedenfalls hatten viele der bisherigen Kolleginnen und Kollegen den Umzug mitgemacht. Die Herzlichkeit und offene Lernatmosphäre, die bisher die Systemischen Supervisionstage geprägt hatten, waren im Umzug nicht verloren gegangen. Besonders diese Qualitäten sind es neben den ausgezeichneten ReferentInnen und WorkshopgeberInnen, die die vom BTS veranstalteten Kongresse auszeichnen und sie wohltuend unterscheiden von so manchen anderen in der Supervisionsszene, die stärker dominiert sind von Konkurrenz und Showläufen der TeilnehmerInnen. Zur anregenden Atmosphäre trugen auch das Ambiente der Kongress-Städte bei – früher Freiburg am Fuß des Schwarzwaldes und jetzt Heidelberg am Neckar. Es ist aber vor allem die wertschätzende Betreuung und gastliche Aufnahme der Veranstalter vom BTS und des engagierten und kompetenten Organisationsstabs bestehend aus SupervisorInnen und OrganisationsentwicklerInnen, die die systemischen Supervisionstage für viele so anziehend machen. Den VeranstalterInnen und OrganisatorInnen sei darum ganz herzlich gedankt.

Die HerausgeberInnen

Aachen und Mannheim am 28. Januar 2004

Supervision der intelligenten Organisation - Supervision in der wissensbasierten Organisation

Helmut Willke

1 Wissensgesellschaft und wissensbasierte Organisation

Die Wissensgesellschaft existiert noch nicht, aber sie wirft ihre Schatten voraus. Mit dem »Sieg« der Gesellschaftsform der kapitalistischen Demokratie über den Sozialismus, dem Aufbau leistungsfähiger globaler digitaler Datennetze und der Verdichtung globaler Kontexte für lokales Handeln verliert der moderne *Nationalstaat* schrittweise Elemente seiner Bedeutung. Mit der Höherstufung von Produkten und Dienstleistungen zu wissensbasierten, professionellen Gütern verlieren die herkömmlichen Produktionsfaktoren (Land, Kapital, Arbeit) gegenüber der implizierten oder eingebauten Expertise dramatisch an Bedeutung und damit mutiert die moderne *kapitalistische Ökonomie* schrittweise zu einer post-kapitalistischen, wissensbasierten Produktionsform. Beide Elemente zusammen verändern das Gesicht der modernen Arbeits- und Wohlfahrtsgesellschaften grundlegend. Die für entwickelte Gesellschaften relevante Form der Arbeit wird *Wissensarbeit*, während herkömmliche Formen der »einfachen« Arbeit von Maschinen übernommen werden oder in die noch verbliebenen Billiglohnländer abwandern. Der »Wohlfahrtsstaat« zerbricht an seiner Überforderung durch Sozialleistungen und Subventionen, die in einer sich globalisierenden Wirtschaft nicht mehr nationalstaatlich organisierbar und kontrollierbar sind.

All dies passiert gegenwärtig vor unseren Augen. Nicht nur die Politik sondern auch die Sozialwissenschaften nehmen dies allerdings kaum wahr, weil sie in eine andere Richtung schauen: in die Richtung der Verteidigung der

Errungenschaften des 19. Jahrhunderts, der Verteidigung von Kohle und Stahl, von Kapitalismus und Nationalstaat.

Moderne Organisationen und Gesellschaften befinden sich im Umbruch zu wissensbasierten Systemen. Neben die traditionellen Infrastrukturen der Macht und des Geldes tritt mit zunehmendem Gewicht Wissen als Operationsbedingung und als notwendige Steuerungsressource. Wissen im Allgemeinen und Expertise als systematisiertes und organisiertes Wissen im Besonderen verändern soziale Ordnung kontinuierlich, seit die Verwendung von Wissen nicht mehr altes, unvordenkliches Wissen betont, sondern *neues* Wissen. Die Umkehrung der Zeitorientierung von der Vergangenheit auf die Zukunft, welche die Neuzeit kennzeichnet, erfasst auch das Medium des Wissens. Sie bewirkt, dass die kollektive Wirkung des Wissens sich nicht mehr in der Tradierung der bestehenden »alten« Ordnung erschöpft, sondern sich in Richtung Steuerung transformiert, also in Richtung einer gezielten Veränderung naturwüchsiger Verläufe auf politisch gesetzte Zwecke. Die revolutionäre Idee der *Machbarkeit* sozialer Verhältnisse gründet schon bei Machiavelli nicht mehr nur auf dem gezielten Einsatz von Macht, sondern auch von Wissen. Giambattista Vico vertrat zu Beginn des 18. Jahrhundert die Idee einer Säkularisierung der Geschichte und wagte die Behauptung, dass die historische Welt vom Menschen gemacht sei. Unter dem Eindruck der Französischen Revolution und ihrer Auswüchse vertrat schließlich Saint Simon die Idee, dass die Revolutionierung der Gesellschaft weder den Metaphysikern noch den Juristen überlassen werden könne, sondern dass eine wirkliche Reorganisation der Gesellschaft nur unter der Führung von Industriellen und Wissenschaftlern gelingen könne. Seitdem schreitet neben der Industrialisierung auch die Verwissenschaftlichung der Gesellschaft voran.

Von einer Wissensgesellschaft oder einer wissensbasierten Gesellschaft lässt sich sprechen, wenn die Strukturen und Prozesse der materiellen und symbolischen Reproduktion einer Gesellschaft so von wissensabhängigen Operationen durchdrungen sind, dass Informationsverarbeitung, symbolische Analyse und Expertensysteme gegenüber anderen Faktoren der Reproduktion vorrangig werden. Während sich noch für den späten Husserl die Wissenschaft von der Lebenswelt als etwas Künstliches absondert, durchdringen in der Wissensgesellschaft die Regelsysteme der Expertise und Wissensbasierung jeden Winkel der Lebenswelt in genau derselben Weise, wie heute bereits die normativen Regeln der Rechtssysteme dies tun.

2 Elemente der Wissensgesellschaft

A. »Intelligente Organisation«

Eine ganze Reihe von Studien belegt die wachsende Bedeutung »organisationaler Intelligenz« für die Wettbewerbsfähigkeit von Unternehmen. Vor allem die seit einigen Jahren verhandelte Morphogenese des kapital- und arbeitsintensiven Unternehmens zum *wissensbasierten* oder *»intelligenten«
Unternehmen* ist für unser Thema aufschlussreich. Ausgangspunkt der Überlegungen ist hier die Beobachtung, dass die klassischen betriebswirtschaftlichen Faktoren der Produktion, nämlich Arbeit, Betriebsmittel und Werkstoffe, gegenüber dem vierten Produktionsmittel – Information, Wissen und Expertise – an Bedeutung verlieren, und dies nicht mehr nur in einem graduellen quantitativen Übergang, sondern in einem die Operationsweise der Ökonomie verändernden qualitativen Sprung.

Idee und Vision des »intelligenten Unternehmens« haben Managementtheorie und -praxis vehement erfasst (Chawla and Renesch 1995; Quinn 1992; Senge 1990); nicht nur im Bereich professioneller Dienstleistungen durch Beratungsfirmen, Anwaltsfirmen, Design- oder Filmstudios, Krankenhäuser, Forschungsinstitute, Softwarefirmen, Pharma-Unternehmen etc., sondern auch über das gesamte Spektrum spezialisierter industrieller Produktion hinweg, von Spezialstahlen über biogenetische Produkte bis zu Autofirmen, die feststellen, dass Elektronikbauteile inzwischen 25% und bis zum Jahre 2000 40% des Wertes eines Autos ausmachen (Pountain 1995, S. 19). Verstärkt gilt dies für personennahe Dienstleistungen – und damit für den Bereich, in dem Coaching und Supervision relevant sind.

Ganze Sektoren wie die Unterhaltungsindustrie, kommerzielle Einrichtungen der Fort- und Weiterbildung, kommerzielle Datenbanken und Informationsdienste, die Massenmedien oder das Verlagswesen wachsen durch die Digitalisierung der Inhalte und die Übertragung auf elektronische Medien zusammen und eröffnen dadurch übergreifende globale Märkte für Wissensinhalte und Expertise (Eisenhart 1994). Die Frage ist, ob sich die Operationsform dieser Märkte umstandslos in den herkömmlichen Begriffen von Angebot und Nachfrage, Herstellungskosten und Gebrauchsnutzen, rationaler Kalküle und rationalen Handelns begreifen lässt. Wie rechnen sich Produkte, die niemand braucht und jeder will? Welchen Wert hat eine Steigerung der eingebauten

Intelligenz von Produkten, eine Steigerung der Informationsdichte, eine Ausweitung der Optionen für die Auswahl unter Fernsehprogrammen?

Parallel dazu erlaubt die Digitalisierung von Expertise den systemspezifischen Aufbau von organisationaler Intelligenz in Form von proprietären Datenbanken, Expertensystemen, Unternehmensdatenmodellen, Regelsystemen und Aufbereitungsinstrumenten für das vorhandene Wissen, so dass das Wissen von Organisationsmitgliedern – einschließlich des impliziten und stillschweigenden Wissens – symbolisch aufbereitet, organisiert und schrittweise in ein eigenständiges Wissen der Organisation transformiert werden kann (Willke 1998, Kap. 7). *Wissen* meint hier die Einbettung von Informationen in ein Muster von Erfahrungen und Erwartungen (Präferenzregeln), so dass die Informationen in einer von diesen Präferenzregeln geprägten Weise produktiv genutzt werden können. Wird ein solches Wissen seinerseits in ein Muster von Entscheidungsregeln eingebunden und in diesem Kontext produktiv verwendet, so möchte ich von *Intelligenz* sprechen. Damit entsteht neben den Personen als Organisationsmitgliedern ein zweites, eigenständiges Standbein organisationaler Intelligenz, das den Übergang vom informationsbasierten zum wissensbasierten Unternehmen erleichtert: »organizations today face a degree of complexity that requires intelligence beyond that of any individual« (Isaacs 1993, S. 28). Und: »Organizational learning is more complex and dynamic than a mere magnification of individual learning« (Kim 1993, S. 40).

Spätestens seit Frederick Taylor ist klar, dass arbeitsteilig produzierende Organisationen immer auch wissensbasierte Systeme sind, in denen sich das Wissen von Personen und das in die Operationsweise der sozialen Systeme eingelassene Wissen zu einer prekären Kombination ergänzen: »Management of industry became to an increasing degree management of knowledge. Taylorism was a new expression of a knowledge-based scientific approach to management« (Forslin 1990, zit. bei Pawlowsky 1992, S. 199). Die eine Seite, die Wissensbasierung und Intelligenz von Personen steht natürlich seit langem im Zentrum der unterschiedlichsten wissenschaftlichen Disziplinen und praktischer Strategien von Ausbildung, Fortbildung, Weiterbildung, Umschulung, Höherqualifizierung, Supervision, Coaching etc. Die andere Seite, die Wissensbasierung und Intelligenz von Organisationen dagegen ist sowohl in der Forschung wie in der Praxis stark unterbelichtet.

B. »Wissensarbeit«

Obwohl die grundlegenden Studien von Fritz Machlup zur Produktion und zum ökonomischen Wert von Wissen wenig rezipiert worden sind (Stehr 1994, S. 116 ff.) und obwohl die Definition von Indikatoren und ihre Messung im Bereich von Information, Wissen und Wissensbasierung unscharf bleiben müssen, lässt sich doch aus der Fülle vorliegender Beobachtungen ein deutlicher Trend herauslesen: Gegenüber Landwirtschaft, industrieller Produktion und (einfachen) Dienstleistungen nehmen wissensbasierte Tätigkeiten zu. Gegenüber Produkten mit hohen Wertanteilen an Arbeit und Material gewinnen Produkte die Überhand, deren Wert vorrangig aus der eingebauten Expertise (»embedded intelligence«) besteht – z.B. Software, Logik-Chips, Computer, Farbdisplays, elektronische Spiele, Spielfilme etc. Während einfache Tätigkeiten und Dienstleistungen von Maschinen oder Robotern übernommen werden, steigt der Bedarf an professioneller Expertise in allen Bereichen.

C. »Intelligente Güter«

Für Güter wie Logik-Chips, Computer-Betriebssysteme, farbige Flachdisplays oder Kommunikationssatelliten ebenso wie für professionelle Dienstleistungen wie komplizierte Operationen, die Verschaffung von Patentrechten, innovatives Design oder die therapeutische Heilung psychischer Störungen versagen die Produktionskosten als Indikator – oder sind sogar völlig irreführend. Dass die reinen Produktionskosten eines Pentium-Chips eine Handvoll Dollar sind, sagt nichts mehr über den wirtschaftlichen Wert des Chips aus. Güter der Computertechnologie, so haben Ökonomen berechnet (vgl. (Bühl 1995, S. 18), bestehen im Durchschnitt zu 1% ihrer Kosten aus Material, zu 5% aus unqualifizierter Arbeit und zu den restlichen 94% aus »intellektuellem Kapital«, genauer, aus eingelassener Expertise. Die reinen Produktionskosten für die Heilung einer Neurose mögen ein paar Tausend Mark sein - es sagt nichts über die (ökonomische? persönliche? sonstige?) Bedeutung der Dienstleistung aus. Die Herstellungskosten vieler komplexer Medikamente sind gänzlich vernachlässigbar. Ihr einziger Wert liegt in dem »eingeschlossenen« Wissen, welches ihre Komposition und ihre Wirkungen bestimmt.

Eine Wissensgesellschaft wird sich erst etablieren, wenn eine kritische Masse an Wissensbasierung in die »normalen« Operationsformen aller Funktionssysteme eingelassen ist, wenn also die Politik wie das Gesundheitssystem, das Rechts- wie das Erziehungssystem, die Religion wie der Sport, die Kunst wie die Ökonomie nicht nur gelegentlich und in Sonderfällen auf spezialisiertes Wissen zurückgreifen müssen, um sich zu reproduzieren, sondern wenn dies die Regel wird. Inwieweit dies in den entwickeltsten Gesellschaften bereits definitiv der Fall ist oder nur partiell, kann hier offen bleiben. Wenn die laufende Transformation moderner Demokratien auch nur annähernd das Tempo hält mit den sich überstürzenden Veränderungen ihrer Organisationen zu »intelligenten«, wissensbasierten Systemen und mit dem in einem globalen Konkurrenzfieber sich vollziehenden Umbau ihrer Kommunikations-Infrastruktur zu Infrastrukturen der 2. Generation, dann wird sich die Wissensgesellschaft jedenfalls schneller etablieren als wir uns das gegenwärtig vorstellen können. (Siehe als Überblick zu einigen der behandelten Aspekte das folgende Schema.

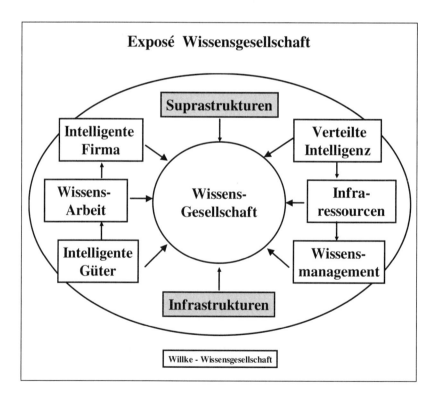

3 Supervision in der wissensbasierten Organisation

»Im Geleitwort zu August Aichhorns »Verwahrloste Jugend« (1925/1974, S. 7) schrieb Sigmund Freud den Satz von den ›drei unmöglichen Berufen - als da sind: Erziehen, Kurieren, Regieren‹ « (Belardi 1994, S. 15). Inzwischen sind zwei weitere »unmögliche« Berufe hinzugekommen: Managen und Therapieren, einschließlich der begleitenden Tätigkeiten des Beratens, der Coachens und der Supervision.

Weil Erziehen, Kurieren, Regieren, Therapieren, Beraten etc. in diesem Sinne in der Tat unmögliche Berufe sind, hat sich jeweils an tragender Stelle der Architektur dieser Professionen zur Ermöglichung des Unmöglichen eine Praxis der Supervision herausgebildet, die allerdings noch nicht zu ihrer Theorie gefunden hat. Supervision ist ein Bestandteil der professionellen Arbeit vor allem von Lehrern und Therapeuten. Nach meinem Eindruck fehlt bislang eine theoretische und praxeologische Fundierung der *Differenz* zwischen Aufsicht und Supervision, zwischen Beratung und Supervision, zwischen Fortbildung und Supervision. Diese Differenz wird deutlicher, wenn man den Blick über die traditionellen Bereiche der Supervision hinaus richtet. Dann kommen funktionale Äquivalente in den Blick, die in anderen Bereichen die Funktionsstelle von Supervision einnehmen. Zwei Beispiele stechen hervor: ein nicht als Kontrolle missverstandenes *Controlling* für den Unternehmensbereich und *Revision* für den Bereich gerichtlicher Verfahren. Ebenso auffällig ist allerdings, dass für Bereiche wie etwa ärztliche Behandlung oder politische Entscheidungsfindung Einrichtungen der Supervision fehlen.

Supervison bezieht sich demnach immer auf einen Grundprozess der Veränderung - Erziehen, Heilen, Beraten, Regieren, Managen - und besteht im Kern aus einer Reflexion dieses Grundprozesses mithilfe eines Supervisors, der eine zusätzliche Perspektive der Beobachtung zweiter Ordnung einbringt. Mit diesem Zugang zum Problem der Supervision ist angedeutet, dass ich es für notwendig erachte, Supervision strikt zu trennen von einer bloßen Wiederholung oder Verstärkung des Grundprozesses. Mein Ausgangspunkt ist, dass Supervision nicht zu verstehen ist als *reflexiver Mechanismus* im Sinne einer Therapie der Therapie, eines Diagnostizierens von Diagnosen, eines Lehrens des Lehrens oder einer politischen Anleitung zur Politik. Vielmehr soll Supervision verstanden werden als ein *Reflexionsprozess*, in welchem die notwendigen Paradoxien und blinden Flecken des Grundprozesses, etwa der Beratung, kenntlich gemacht und probeweise als kontingent behandelt werden. Voraussetzung für Supervision ist die gezielte Verwendung von Beobachtungen zweiter Stufe - also die Arbeit mit der Beobachtung von Beobachtungen. Und die Funktion von Supervision liegt darin, das zum Vorschein zu bringen, was der Politiker, Berater, Lehrer, Therapeut oder Sozialarbeiter im Veränderungsprozess selbst nicht sehen kann. (Wohlgemerkt: nicht nur was er nicht sieht, sondern was er nicht sehen *kann*.)

Im Gegensatz zu einer technisch und bürokratisch ausgerichteten Supervision festigen sich in Theorie und Praxis Ideen einer »demokratischen«, »kollegialen«, »horizontalen«, »qualitäts-orientierten« »ressourcen-aktivierenden« Form von Supervision. Supervision ist danach nicht Kontrolle, sondern »empowering«.

Dem entspricht, dass es bei Supervision nicht um besseres Wissen, sondern um *anderes* Wissen geht, um das Einspielen einer *anderen* Perspektive. Supervision im Bereich professioneller verändernder Berufe (Coaching, Lehren, Therapieren, Managen, Beraten, Heilen etc.) hat es mit *ExpertInnen* (im Folgenden schließt die männliche Form immer auch die weibliche ein) und Expertise zu tun, muss also die Besonderheiten von Expertise berücksichtigen, um erfolgreich sein zu können. Diese Besonderheit liegt darin, dass Expertise gegenüber der bloßen Nutzung oder Anwendung von Wissen etwas Zusätzliches beinhaltet: *Expertise meint eine erprobte Verbindung von Wissen und Autonomie.* Experten zeichnen sich also dadurch aus, dass sie im Umgang mit dem relevanten Wissen Autonomiespielräume beanspruchen - und beanspruchen müssen, um mit ihrem Wissen kontextspezifisch und kontextsensibel umzugehen. Genau dieses charakterisierende Merkmal von Expertise führt häufig zu Konflikten in Organisationen, die nicht gewohnt sind, mit Autonomien und Spielräumen umzugehen, aber genau dies lernen müssen, wenn sie sich zu intelligenten Organisationen weiter entwickeln wollen.

Die Begründungen für dieses Umdenken verweisen auf breit gefächerte Veränderungen im Verständnis der Prozesse des Lernens und Lehrens, und diese Veränderungen gehen ihrerseits auf grundlegende Verschiebungen in der Erkenntnistheorie zurück, welche gegenüber einer ontologischen Sichtweise konstruktivistische Momente hervorheben. Auf einer noch tieferen Schicht gründet all dies auf einer in ihren Folgen heute noch nicht abschätzbaren Veränderung des Verstehens von Veränderung. Eine entscheidende Bresche hat hier Heinz von Foerster geschlagen: Seine Unterscheidung von trivialen und nicht-trivialen Systemen und seine Argumentationen über die Konstituierung und Operationsweise nicht-trivialer Systeme lässt es heute nicht mehr zu, Kinder, Schüler, Lernende, Lehrende, Klienten, Berater, Therapeuten, Ärzte, Sozialarbeit, Entwicklungshilfeprojekte, politische Strategien, Schulen, Organisationen (oder was immer sonst an personalen und sozialen Systemen) als triviale Systeme zu missverstehen. Die damit harmonierende Unterscheidung von input-output-Systemen einerseits und operativ autonomen Systemen andererseits präzisiert die fundamentale Differenz und zwingt zur Entscheidung, ob Veränderung als input-output-Prozess zu begreifen ist oder als ein Prozess der Veränderung von Kontexten für ein operativ geschlossenes und mithin operativ autonomes System.

Ein möglicherweise noch tiefer greifender Wandel der Idee von Supervision lässt sich seit einiger Zeit im Bereich *therapeutischer Supervision* beobachten. Ähnlich wie Kinder eignen sich auch als krank oder abweichend oder verrückt definierte Klienten besonders gut für ein simplifizierendes Konzept der Veränderung. Sie gelten als »Fälle«, die es von außen mithilfe der überlegenen Expertise des Lehrers oder Therapeuten zu verändern gilt. Die fatale Verwandtschaft von Irrenhäusern, Gefängnissen und Schulen gründet nicht zuletzt in diesem barbarischen Modell von Veränderung, nach welchem eine noch nicht passende oder schon wieder abweichende Person so lange trivialisiert und zurechtgestutzt wird, bis sie einem von außen herangetragenen Schema von Normalität und Richtigkeit entspricht.

Auch in der Psychotherapie muss sich (im weiteren Rahmen einer Humanistischen Psychologie) eine »humanistische« Auffassung von Veränderung nach wie vor mühsam gegen das Erbe psychoanalytischer und behavioristischer Reduktionen durchkämpfen. In schöner Koinzidenz mit den Forschungen von McCulloch, v. Foerster und Maturana haben vor allem Gregory Bateson und die Palo-Alto-Schule (Mental Research Institute - MRI) der Familientherapie um Don Jackson, Virginia Satir, Paul Watzlawick u.a. einen Perspektivenwechsel vollzogen. Danach ist es die interne idiosynkratische Operationsweise einer Person oder eines Familiensystems, welche die Bedingungen der Möglichkeit gelingender therapeutischer Interventionen definiert. Grundlage für diesen Paradigmenwechsel ist die von Bateson vorangetriebene Reformulierung dessen, was unter *Kommunikation* zu verstehen sei.

Um Kommunikation angemessen zu verstehen, sind drei Schritte unabdingbar:

1. Schritt:

Abschied vom Telefon-Modell. Kommunikation besteht nicht in der *Übertragung* fertiger Informationspartikel vom Sender zum Empfänger. Der naive/ technizistische Glaube, dass es für die Qualität der Kommunikation nur auf die »Richtigkeit« der zugrunde liegenden Information ankomme, ist wohl der wichtigste einzelne Faktor misslingender Kommunikation.

2. Schritt:

Abschied vom Befehl-Gehorsam-Modell. Bereits bei mittlerer operativer Komplexität von sozialen Prozessen reichen kommunizierte Befehle definitiv nicht mehr aus, um gewünschte Steuerungswirkungen zu erzielen. Die meisten Lehrer, Berater, Manager, Therapeuten, Politiker etc. wissen das - und kommunizieren dennoch vorrangig mit Anweisungen.

3. Schritt:

Abschied vom Trivialmodell. *Kommunikation ist die Verarbeitung von Unterschieden (Differenzen).* Ein angemessenes Modell sozialer Kommunikation ist unvermeidlicherweise komplexer gebaut. Es gründet auf der entscheidenden Einsicht, dass Kommunikation ein *Verarbeitungsprozess* ist, der in hohem Maße von den (je spezifischen!) Operationsbedingungen der kommunizierenden Systeme (z.B. Personen, Gruppen, Abteilungen, Organisationen) bestimmt wird.

Versteht man mit Bateson und Luhmann *Kommunikationen* als konstituierende Elemente jedes sozialen Systems – etwa einer Familie oder einer Schulklasse –, dann muss jede Veränderung des Systems zunächst und vorrangig aus einer Veränderung der das System konstituierenden *Kommunikationsmuster, Kommunikationsregeln und Semantiken* folgen. Es macht die Bedeutung des Modells der systemischen Familientherapie aus, diesen Zusammenhang erkannt zu haben und ihn zur Grundlage möglicher Veränderung zu machen. Es wäre ein folgenschwerer Irrtum zu glauben, aufgrund der »gleichen« Alltagssprache könnte ein externer Beobachter etwa einer Familie die Familienkommunikation verstehen:

»Auch wenn sie so ähnlich klingt, wie die Sprache, die er selbst und seine Familie spricht, so weiß er doch nichts von all den unausgesprochenen Bedeutungen, den familienspezifischen Konnotationen, die jedes Wort begleiten, jeder Geste ihren Sinn verleihen. Sie bilden gewissermaßen den Niederschlag der Familiengeschichte in der Gegenwart« (Simon 1993, S. 223).

Bei Personen, Organisationen und anderen sozialen Systemen werden die Möglichkeiten der Kommunikation von kognitiven, semantischen und internalisierten sozialen Strukturen bestimmt. Sie entstehen im Laufe der Entwicklung oder Geschichte des Systems und machen zusammengenommen dessen Identität aus. Anders gesagt: Kommunikationen finden nicht voraussetzungslos und ungesteuert statt; vielmehr folgen sie den in der Systemgeschichte aufgebauten Struktur- und Prozessmustern. Diese lassen sich verstehen als die kondensierten Traditionen, Lernerfahrungen und Selbstidentifikationen des Systems. (Siehe als Übersicht die folgende Graphik).

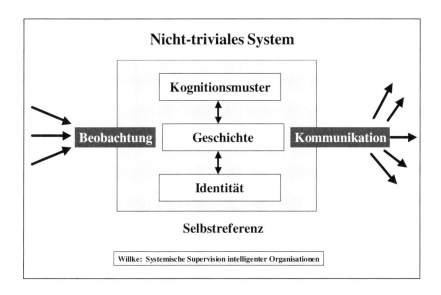

Man sollte die Macht dieser geschichtlich etablierten Systemstrukturen nicht unterschätzen. So wenig wie Menschen »aus ihrer Haut heraus« können, so wenig entrinnen sie den intern aufgebauten Operationsregeln für die Rekonstruktion ihrer Identität. Vergleichbares gilt für soziale Systeme. Als sinnhaft konstituierte Systeme haben sie nichts anderes als eben diese idiosynkratische und zu einer spezifischen Identität verdichteten Sinnstrukturen, um sich ihrer Destabilisierung oder gar Auflösung durch externe Perturbationen zu erwehren. Praktisch folgt daraus, dass Personen, Gruppen, Familien, Organisationen und andere soziale Einheiten gezwungen sind, sich *vorrangig* um sich selbst, ihre eigene Identität und ihre eigene permanente Rekonstruktion zu kümmern und nur *nachrangig* darum, was in der äußeren Welt vor sich geht. Es kommt daraufhin etwa bei Personen zu den bekannten Verengungen auf Egoismus und Eigen-Sinn, den die Propheten der Rational Choice immer schon gepredigt haben – allerdings ohne die komplexe Konstitution des Primats der Innenwelt zu überblicken. Bei sozialen Systemen, insbesondere Organisationen ergeben sich die ebenfalls bekannten barocken Strukturen interner Anweisungen, Regeln, Vorschriften, Dienstwege, Mitzeichnungsrechte, Arbeitsplatzbeschreibungen, Zuständigkeitsregelungen etc., die intern durchaus Sinn machen können, aber auch hier das System von seiner Umwelt abschließen.

Eine brauchbarere Konzeption von Veränderung muss genau hier einsetzen. Strategien der Veränderung suchen den Zustand einer Person oder eines Systems zu ändern, deren Operationslogik der Veränderer ganz grundsätzlich und definitiv weder voll verstehen noch beherrschen kann. Gezielte Veränderung, ob Lehre, Therapie oder Politik, ist deshalb zwingend Handeln unter Unsicherheit und mit Risiko. Wie bei allen komplexen Systemen kommt auf den ersten Blick nur eine Oberflächenstruktur zum Vorschein, deren Muster und Kausalbeziehungen scheinbar leicht zu verstehen und zu durchschauen sind. Tatsächlich verbirgt sich darunter eine Tiefenstruktur nicht direkt erkennbarer und schon gar nicht unmittelbar entzifferbarer Kausalvernetzungen, welche die Operationsweise des Systems steuern (siehe dazu die schematisierte Darstellung in Abbildung 2). Ein Beobachter, der die Oberflächenstruktur sieht und glaubt, das System verstanden zu haben und ändern zu können, wird deshalb ziemlich voraussagbar Überraschungen erleben.

Diese Logik nicht-linearer und wechselwirkender Wirkungsketten in nicht-trivialen Systemen liegt dem »system-dynamics«-Ansatz von Jay Forrester ebenso zugrunde wie den Weltmodellen der Meadows-Gruppe. Dietrich Dörner hat diese Logik auf kleinere, nur scheinbar überschaubarere Systeme wie Gemeinden, Entwicklungshilfeprojekte oder kleinere Ökologien angewendet (Dörner 1989). Der einzige ermutigende Aspekt aller dieser Studien ist, dass es immerhin nicht ausgeschlossen ist, dass im Umgang mit komplexen Systemen ein Erfahrungslernen möglich ist – sowohl der Personen wie auch der Systeme selbst. Nimmt man dagegen die sinnhafte Konstituierung komplexer psychischer und sozialer Systeme ernst, dann folgt daraus, dass Veränderung nur über den mühsamen Umweg der Veränderung der Muster und Regeln der Kommunikation gelingen kann. Genau dies ist die bahnbrechende Einsicht des therapeutischen Ansatzes der Palo-Alto-Schule. Einsichtig geworden ist die

Rolle kommunikativer Muster etwa in der Batesonschen Figur des »double-bind« als destruktive Form der Kommunikation oder in der Figur der »paradoxen Intervention« der Mailänder Schule um Mara Selvini-Palazzoli.

Alle Interventionsexperten - seien dies Pädagogen, Entwicklungspolitiker, Unternehmensberater, Therapeuten oder eben Supervisorinnen oder Coaches - müssen sich inzwischen mit der Erfahrung auseinandersetzen, dass ihre zu einer Diagnose führenden Beobachtungen eines fremden Sozialsystems eben ihre Beobachtungen sind, und dass diese keineswegs mit dem »Selbstverständnis« des beobachteten Systems übereinstimmen muss. Genauer: Jeder Beobachter ist ein eigenes, selbstreferenzielles System; und er muss dies als Prämisse der Möglichkeit des Beobachtens und seiner Rolle als Beobachter berücksichtigen. Umso wichtiger ist es, Supervisoren (auch: Coaches) sich darüber Klarheit verschaffen, in welchen gesellschaftlichen, ökonomischen und organisationalen Kontexten sie arbeiten, welche Bedingungen diese Kontexte gestalten und wie sie selbst mit den Herausforderungen der wissensbasierten Organisation (im Rahmen einer sich ausbildenden Wissensökonomie) umgehen.

Literatur:

Belardi, Nando. 1994. *Supervison. Von der Praxisberatung zur Organisationsentwicklung.* Paderborn: Junfermann.

Bühl, Achim. 1995. „Cyberspace und Virtual Reality. Sozialwissenschaftlicher Forschungsbedarf." *Forum Wissenschaft* 12:16-19.

Chawla, Sarita, and John Renesch (Eds.). 1995. *Learning Organizations. Developing cultures for tomorrow´s workplace.* Portland, Oregon: Productivity Press.

Dörner, Dietrich. 1989 Die Logik des Mißlingens. Strategisches Denken in komplexen Situationen. Reinbek bei Hamburg: Rowohlt

Eisenhart, Douglas. 1994. *Publishing in the information age. A new management framework for the digital age.* Westport, London: Quorum Books.

Isaacs, William. 1993. "Taking flight: Dialogue, collective thinking, and organizational learning." *Organizational Dynamics*: 24-39.

Kim, Daniel. 1993. "The link between individual and organizational learning." *Sloan Management Review*: 37-50.

Pawlowsky, Peter. 1992. "Betriebliche Qualifikationsstrategien und organisationales Lernen." Pp. 177-238 in *Managementforschung 2*, edited by Wolfgang Staehle and Peter Conrad. Berlin und New York: de Gruyter.

Pountain, Dick. 1995. „Europe's chip challenge." *Byte*:19-30.

Quinn, James. 1992. *Intelligent enterprise. A knowledge and service based paradigm for industry. Foreword by Tom Peters.* New York: Free Press.

Senge, Peter. 1990. *The Fifth Discipline.* New York: Doubleday.

Simon, Fritz. 1993. *Meine Psychose, mein Fahrrad und ich.* Heidelberg: Auer.

Stehr, Nico. 1994. *Knowledge Societies.* London: Sage.

Willke, Helmut 1998. *Systemisches Wissensmanagement.* 2. Auflage. Stuttgart: Lucius&Lucius.

Systemische Supervision und Emotion – ein Widerspruch?

Heinz J. Kersting

1. In der Theorie wird der Widerspruch gepflegt

Lange Zeit hindurch wurden systemische Supervision und Emotion für einen Widerspruch gehalten. Das macht gerade das Systemische aus, dass es wie in der systemischen Familientherapie auch in der systemischen Supervision vor allem und ganz besonders um die Regeln eines Systems geht. Nicht Personen sollen sich in der Supervision verändern. Die Spielregeln, die zu problematischen Situationen geführt hatten, sollen geändert werden, die Karten des Spiels neu gemischt und die Bedingungen für das gemeinsame Weiterspielen neu ausgehandelt werden. Die Beraterbeziehung war ein unspezifisches Nebenbei, für die man in der Theorie keinen rechten Platz ausmachen konnte und die man darum ruhig vernachlässigen durfte.

1.1 Inhalts- und Beziehungsaspekt (die Palo-Alto-Gruppe)

Hatten wir nicht vom Großmeister Paul Watzlawick dafür die ausdrückliche Erlaubnis erhalten? Er hatte uns aufgefordert, weniger auf die Personen als auf die Regeln eines Systems zu schauen (vgl. Watzlawick 1969; 1974; 1999). Waren wir mit dieser neuen Sichtweise nicht sehr erfolgreich gewesen, hatten wir nicht schnelle und überraschende Ergebnisse bei unseren Klientsystemen damit erzielt (vgl. Kersting 2002a: 20)? Plötzlich verschwanden die Probleme unserer Supervisanden.

Watzlawick und die Palo-Alto-Gruppe (1969: 53ff.) hatten den Personen als den Kommunikationspartnern im System zwar noch so etwas wie Emotionen zugeschrieben, aber sie verrechneten sie unter der spröden Bezeichnung des Beziehungsaspektes, der vom Inhaltsaspekt in jeder Kommunikation unterschieden werden sollte.

1.2 Der Unterschied zwischen System und Umwelt - psychisches und soziales System (Niklas Luhmann)

Spätestens aber seitdem Niklas Luhmann (1987) uns sein Konzept der *Allgemeinen Systemtheorie* angeboten hatte, wissen wir um den entscheidenden Unterschied, der nun wirklich und wirkend einen Unterschied ausmacht: um den Unterschied zwischen psychischem und sozialem System, wobei dem psychischen System bei Luhmann vor allem die Kognition, das Denken und dem sozialen System das Kommunizieren als die jeweils Operationen zugeschrieben wurden. Personen als psychische Systeme kommen in den sozialen Systemen gar nicht mehr vor. Sie sind Umwelt des Systems.

„You can never kiss a system!" Nun, küssen sollten Mann und Frau nur lebende Personen, eben Männer, Frauen und Kinder, alles andere lohnt sich ohnehin nicht zu küssen.

Für Luhmann verstand es sich von selbst, dass er sich als Soziologe nicht bevorzugt mit Affekten beschäftigte. Das entspricht der alteuropäischen Arbeitsteilung zwischen der Soziologie und der Psychologie, in der sich die Soziologie als die Beobachterin der Gesellschaft betätigen soll und der Psychologie die Beobachtung psychischer Prozesse zugewiesen wird.

Da das vordringliche Interesse des Soziologen Luhmann der Beobachtung von sozialen Systemen galt, wurden von ihm die Affekte und individuellen Motivationen der Mitglieder von sozialen Systemen unter den Bedingungen der Umwelt von sozialen Systemen abgehandelt.

Wie weit Luhmanns Ansatz als brauchbares Paradigma auf supervisorische Prozesse übertragen werden kann, ist unter den VertreterInnen der systemischen Supervision noch nicht ganz ausdiskutiert. Luhmann selbst macht in Bezug auf die Praxis der „Systemtherapie" auf Probleme aufmerksam, die mit der allzu einfachen Adaptierung der Allgemeinen Systemtheorie einhergehen, die ja eben nicht für die Beobachtung von Beratungssystemen wie der Therapie oder der Supervision entwickelt worden war, sondern der Beobachtung der Gesellschaft dienen sollte (vgl. Luhmann 1992: 127 ff.).

Halten wir fest: Wenn systemische Therapeuten wie z.B. Fritz B. Simon (vgl. Simon/Weber 1993) oder systemische Supervisoren, wie ich, sich allzu einseitig an die Allgemeine Systemtheorie des Niklas Luhmann angeschlossen haben, dann bleibt für die Beobachtung von Emotionen wenig Platz und die Folge davon ist, diese Beobachtung wird sehr schnell vernachlässigt oder abgedunkelt, wie die Differenztheorie von George Spencer-Brown es weniger wertend nennt (vgl. Kersting 2002b: 31ff.).

Gelingt aber diese Abdunkelung, kann man in der Tat einen Widerspruch zwischen Systemischer Supervision und Emotion konstruieren.

Im Brennpunkt steht dann vorzüglich die Beobachtung des Beobachtungssystems Supervision, die Beschreibung einer Vielzahl von Perspektiven, die Beobachtung von unterschiedlichen Aussagen, Begründungen, Bewertungen, die Beobachtung der Selbstorganisation des Systems und seiner Zirkularität, dazu die Kommunikationsmuster des Systems und die angestrebte Lösungsorientierung. Das sind alles Termini, die Kognition konnotieren, die Systemrelationen beschreiben und nicht Personen mit ihren Affekten, Emotionen und Gefühlen. Die Selbstbeobachtung der fühlenden SupervisorIn als BeobachterIn all dessen wird dann häufig ausgeblendet – zumindest in der Theorie.

1.3. Die Geschichte der Familientherapie ist die Geschichte dieses Widerspruchs

Auch die Geschichte der Familientherapie ist eine Geschichte dieses Widerspruchs. Sie hat einmal die Familie als ein strukturelles System, ein anderes mal als ein Kommunikationssystem und wieder ein anderes mal als Bedeutungssystem betrachtet, bevor sich einige VertreterInnen der Familientherapie Luhmanns Terminologie bedienten und vom sozialen System Familie sprachen. Lange Zeit hindurch war die vorherrschende Lehrmeinung die, dass Emotionen in der Therapie um jeden Preis zu vermeiden seien. Dabei konnte auch damals keiner ableugnen, dass in den behandelten Familien unvorstellbare affektive Eruptionen auftraten. Diese wurden auch treu in Tonbandabschriften dokumentiert, aber selten im Nachhinein kommentiert. Evan Imber-Black berichtet, dass sich die von Männern dominierte Palo-Alto-Gruppe oft lustig gemacht habe, über die Arbeit mit Emotionen, die Virginia Stark durchgeführt hatte (vgl. Imber-Black 1998: 199).

Die Mailänder Gruppe ging sogar so weit und behauptete, dass Emotionen schlicht und einfach Botschaften zynischer Beziehungstricks seien. Eine typische Aussage dieser Gruppe könnte gelautet haben: „Die Patientin *zeigt* Traurigkeit." Mit dieser Aussage kann niemals das tatsächliche Erleben von Traurigkeit der Patientin gemeint sein, meint Evan Imber-Black (1998: 200).

Als ich in einem Interview Ende der 90er Jahre Fritz B. Simon nach der Bedeutung von Empathie für die systemische Beratung fragte, erntete ich so etwas wie kopfschüttelnde Verwunderung darüber, wie ich systemische Beratung mit einem solch unbrauchbaren, schwammigen, nicht beobachtbaren Begriff in Zusammenhang bringen könnte (Simon im Gespräch mit Kersting 1999: 131ff). Dabei hatte noch der Mentor der Heidelberger Gruppe Helm, Stierlin (vgl. z.B. Stierlin 1971; 1975; Stierlin/Rücker-Embden/Wetzel 1977), es für unabdingbar gehalten, dass TherapeutInnen und BeraterInnen ihre Sensibilität für zwischenmenschliche Prozesse schulen müssen. Genau das sei das entscheidende Arbeitsinstrument zum Aufbau einer Beziehung zu den KlientInnen. Damals benutzte Helm Stierlin auch noch mehr psychoanalytisches Vokabular als in seinen späteren Schriften.

Wie sehr Systemische Therapie von Personalem in Deutschland getrennt wird, kann folgende Anekdote deutlich machen: Als Rosmarie Welter-Enderlin und Bruno Hildenbrand ihr Buch mit dem Titel: „Systemische Therapie als Begegnung" beim Klett-Verlag zum Druck einreichten, fragte der verstörte Lektor besorgt zurück, ob den AutorInnen da nicht mit dem Titel ein Fehler unterlaufen sei, denn System und Begegnung könnten doch wohl nicht in einem Titel zusammen gebracht werden.

2. Widerstände und Kritik in den USA und im deutschsprachigen Raum

Evan Imber-Black meint, dass in den USA die systemische Familientherapie durch die feministische Kritik und durch den kulturübergreifenden Ansatz wachgerüttelt worden sei. Endlich sei es akzeptiert worden, gezeigte Gefühle ernst zu nehmen, ohne den Ruf des Supervisors hinter der Einwegscheibe gewärtigen zu müssen: „Kommen Sie endlich zur Sache, werte Frau KollegIn!" (vgl. Imber-Black 1998: 200).

Sicherlich spielte außerhalb von Labor- und Ausbildungssituationen die affektive Kommunikation in Beratungsprozessen immer eine wichtige Rolle. Allerdings ist diese Dimension häufig als „unspezifisch" an den Rand geschoben worden. Bei Wirksamkeitsstudien maß man ihr lange Zeit hindurch keine wichtige Bedeutung bei, vermutlich, weil sie nicht so ohne weiteres „operationalisierbar" ist (Welter-Enderlin/Hildenbrand 1998a: 8). Gerade durch den Radikalen Konstruktivismus mit seiner Hypothese, dass Wirklichkeit *durch Sprache* konstruiert wird und dass das Ansprechen von Unterschieden die Veränderungen bewirken kann, wird die Bedeutung des Kognitiven in der Therapie und Supervision verstärkt. Vielleicht ist es aber auch der geheime Wunsch des Therapeuten oder des Supervisors, die Beratungssituation unter Kontrolle zu halten. Während sie die Sprache und die Reflexion in den Vordergrund heben, brauchen sie sich nicht einzulassen auf die dunklen und oft wenig berechenbaren Gefühle der KlientInnen und SupervisandInnen.

Im deutschen Sprachraum war es vor allem die Gruppe um Rosmarie Welter-Enderlin und Bruno Hildenbrand in Meilen in der Schweiz, die 1996 mit dem oben genannten Buch ihr Konzept vorlegten (vgl. auch Welter-Enderlin im Gespräch mit Kersting 1999 und mit Hercher und Kersting 2003). In diesem Meilener Konzept sind das Verstehen des Systems und die Begegnung als widersprüchliche Einheit miteinander verschränkt (vgl. für die Lehrsupervision Kersting 2001).

Rosmarie Welter-Enderlin gehörte übrigens auch zu den deutschsprachigen Familientherapeutinnen, die 1987 das berühmte Heft der Zeitschrift Familiendynamik zum Thema Frauenperspektive und Familientherapie herausbrachten (vgl. Welter-Enderlin im Gespräch mit Kersting 1999: 184ff.; Rücker-Embden-Jonasch/Ebbecke-Nohlen 2000), in dem unser Thema unter dem Kontext Geschlechterrollen in Deutschland erstmalig aufscheint.

Eine besondere Initialzündung für die Beschäftigung mit der „emotionalen Rahmung beraterischer und therapeutischer Prozesse", so nennt es die Meilener Gruppe, war der von dieser Gruppe 1997 initiierte Kongress an der Universität Zürich (vgl. Welter-Enderlin/Hildenbrand 1998).

Ebenfalls seit dieser Zeit beschäftigt sich Tom Levold von der Arbeitsgemeinschaft systemisch-psychoanalytischer Forschung in Köln mit diesem Thema und führt ausdrücklich und dezidiert neue und das affektive Geschehen betreffende Unterscheidungen in die Beratung und Supervision ein (vgl. Levold 1997; 1998; und in diesem Band; vgl. auch Kersting 2002a: 58ff.).

Ich selbst hatte auf den 5. Systemischen Supervisionstagen im Jahr 2000 in Freiburg in meinem damaligen Vortrag ausdrücklich moniert, dass systemische SupervisorInnen in ihren Beschäftigungen mit der Theorie der Supervision die affektive Seite in der Regel nicht in den Blick nehmen. Ich wurde von einigen TeilnehmerInnen scharf kritisiert mit dem Hinweis, dass vor allem die SupervisorInnen, die ihre Wurzeln in der Sozialen Arbeit haben, den Beziehungsaspekt der Supervision berücksichtigten und was, so bemerkten sie, hätte mehr mit Affekten zu tun als die Beziehung zwischen SupervisorIn und SupervisandInnen. Ja, sie würden im Wesentlichen den Erfolg ihrer Supervisionen auf die gelungene Beziehung zwischen SupervisorIn und SupervisandInnen zurückführen.

Ich hätte mich in meiner Kritik klarer ausdrücken sollen.

Ich bestreite nicht, dass den handelnden SupervisorInnen - und das mag vor allem für die, die in der Sozialen Arbeit beruflich sozialisiert wurden - der Aufbau, das Durchtragen der Beziehung und das sich Wiederlösen aus der Beziehung ganz besonders wichtig ist. Ich selbst bin davon überzeugt, dass die Qualität der personalen Begegnung zwischen SupervisorIn und SupervisandInnen wesentliches zum Erfolg der Supervision beiträgt.

Ich habe inzwischen in einem Beitrag zum 60. Geburtstag von Britta Haye, eine der BegründerInnen der systemischen Supervisionsausbildung des Berliner Instituts für Familientherapie aufgezeigt, wie sie, die aus der Sozialen Arbeit kommt, in ihren Veröffentlichungen zur systemischen Supervision stets die affektive Seite der Supervisionstätigkeit herausgestellt hat (vgl. z.B. Haye 1999; Haye/Kleve 1997; 1998; Kersting 2002a). Wörtlich sagt sie: „Natürlich ist unsere Arbeit [in der Supervision] nur möglich, wenn ein guter Rapport besteht, ohne diesen funktioniert sie nicht. Ein großer Teil meiner Arbeit besteht darin, zu schauen, wie baue ich den Kontakt auf, wie halte ich ihn, und wenn er verloren gegangen ist, wie stelle ich ihn wieder her. Diese Arbeitsweise setzt allerdings genaue Beobachtung voraus. Wenn ich nicht einen bestimmten Kontext, eine bestimmte Sensibilität entwickele, dann wird mir keine vernünftige Supervision gelingen. Diese Sensibilität kann ich aber nur entwickeln, wenn ich aus meinen Beobachtungen bestimmte Schlüsse gezogen habe" (Haye/Linke 2002).

Ihre Ausführungen gipfeln an einer Stelle, wo sie von der wechselseitigen Beziehung zwischen SupervisandIn und Supervisorin spricht, in den Worten: „Ich glaube, ohne Liebe geht Supervision gar nicht" (Haye/Linke 2002).

Das ist etwas, was bereits Aristoteles in der Tradition Platons unter dem pädagogischen Eros des Lehrenden verstanden hatte. Er markierte auch deutlich die Grenze, die dem pädagogischen Eros gesetzt ist. So spricht Aristoteles einmal traurig von einem seiner Schüler: „Ich konnte ihm nichts beibringen, denn er liebte mich nicht." Das wechselseitige Gefühl der Liebe, so wissen wir seit der griechischen Aufklärung, ist demnach die Grundbedingung des Lernens. Wir vergessen es leider immer wieder, wie uns die Geschichte der systemischen Therapie und Supervision und neuerdings auch die Pisa-Studie deutlich vor Augen führen.

3. Neuere wissenschaftliche Konzepte legen eine Beschäftigung mit den Emotionen in der Supervision nahe

3.1 Gehirnforschungen der Neurobiologie

Wie wichtig die Emotionalität für das Lernen ist bestätigt uns auch die neuere Hirnforschung derjenigen Neurobiologen, die die Veränderungen im Gehirn nicht allein nur auf physiologische Ursachen zurückführen, wie es derzeit in den USA innerhalb der Genforschung besonders favorisiert wird. Diese Neurobiologen betonen stattdessen vor allem die Plastizität des Gehirns. So stellten sie zum Beispiel fest, dass noch bis ins hohe Alter bei genügend fördernder Lernumgebung neue Synapsen entstehen können. Sie schreiben den psycho-sozialen Erfahrungen einen besonderen Stellenwert für die Aus-formung, Stabilisierung und Reorganisation der initial im Gehirn angelegten neuronalen Verschaltungsmustern zu. Die Neurobiologen sind heute in der Lage mit Hilfe von Bildgebenden Verfahren (positionaler Emissions-Tomografie - PET) neuroendokrine Stresssituationen zu messen. Sie kommen zu drei Fakto-ren der Stressbewältigung (vgl Hüther 1999; 2001; 2001a):

1. Wissen/Erfahrung,

2. Beziehung/Bindung,

3. Distanzieren können/ Hoffen auf Zukunft (Glaubenssysteme)

Bei den meisten Lernsituationen handelt es sich um nichts anderes als um Stresssituation, die es zu bewältigen gilt.

Das möchte ich an einigen Experimenten aus der Neurobiologie anschaulich machen. Die Neurobiologen haben Mäuse in ein Handtuch gewickelt und erst nach zehn Minuten wieder daraus befreit. Der im Gehirn messbare Stressfaktor war am ersten und am zweiten Tag sehr hoch. Am dritten Tag nahm er merklich ab. Ab dem vierten Tag verschwand er ganz. Die Mäuse hatten gelernt, sie wussten nun, dass nach zehn Minuten die Prozedur vorüber sein würde. Das war die Erfahrung, die sie gemacht hatten. Dieses Experiment betrifft die Dimension des Wissens und der Erfahrung.

Ein anderes Experiment: Die Forscher teilten einen Wurf neugeborener Mäuse in zwei Gruppen. Die jungen Mäuse der einen Gruppe trennten sie einmal am Tag von der Mutter und nahmen sie in die Hand, die der anderen Gruppe nicht. Der Stressfaktor der in die Hand genommenen Mäuse stieg immens. Die Experimentatoren beobachteten, dass jeweils nach einer solchen Prozedur diese jungen Mäuse erhöhte Aufmerksamkeit und Zuwendung durch die Mutter bekamen. Das Ergebnis dieses Experimentes war, das die Mitglieder der Gruppe, die dem täglichen Stress ausgesetzt waren, später die lebenstüchtigeren Mäuse wurden. Sie hatten offensichtlich gelernt mit Stress umzugehen, sie hatten gelernt, eine Balance zwischen Stresserfahrung und emotionaler Zuwendung herzustellen.

Ein drittes Beispiel: Die Experimentatoren setzten in einen Käfig zwei Buschhörnchenmännchen und ein Buschhörnchenweibchen. Es geschah das, was die Natur vorgesehen hat, die beiden männlichen Buschhörnchen kämpften um das Weibchen, das eine gewann. In der freien Natur verzieht sich nun das unterlegene Männchen in den Busch, vielleicht heißen sie deswegen auch Buschhörnchen. Im Falle des Experimentes wurde dem unterlegenen Buschhörnchen das Verschwinden unmöglich gemacht, so hatte es seine Niederlage ständig vor Augen. Der Stressfaktor wuchs so stark, dass er zum Tode führte.

Ein letztes Experiment: Die Experimentatoren setzten einen Affen in einen Käfig und jagten einen Hund um den Käfig herum. Der Stressfaktor beim Affen stieg ungeheuerlich an. Setzte man einen zweiten Affen desselben Rudels hinzu, reagierten die beiden Affen überhaupt nicht auf den um ihren Käfig herumgejagten Hund. Beziehung und Emotion verringern also Stress ungemein.

Den dritten Stressbewältigungsfaktor finden wir vor allem bei Menschen. Es handelt sich einmal um die Möglichkeit, sich von einer vorgegebenen Situation mental distanzieren zu können, was besonders ausgeprägt ist in der Beobachtung 2. Ordnung als dem Einnehmen der Vogelperspektive, als Kybernetik der Kybernetik, die Kernbegriffe des Konstruktivismus sind, oder in der Form der Introspektion, wie sie die Psychoanalyse entwickelt hat. Zum anderen sind es die Glaubenssysteme, die Hoffnung geben und Zukunft verheißen, damit beschäftigt sich eingehender das Neuro-linguistische-Programmieren (NLP).

Der verstorbene Mentor unseres Aachener Instituts Louis Lowy (vgl. Scherzinger 1995; Kersting 1998) erzählte uns oft aus seiner Zeit, als er ein Gefangener im Konzentrationslager Auschwitz war. Er berichtete uns, dass es vor allem die gläubigen Christen und Kommunisten waren, die die höchste Lebenserwartung in den Todeslagern hatten. Er selbst als Agnostiker habe sich da viel schwerer getan. Nun, er sammelte damals junge Leute um sich, denen er in den wenigen freien Stunden zum Lehrer wurde. Bei seinem siebzigsten Geburtstag 1990 lernte ich einige seiner früheren Schüler kennen, die mir sagten, dass sie ihr Überleben zurückführten auf Louis Lowys KZ-Schule, die ihnen in der Begegnung mit dem Lehrer Lowy Mut und Hoffnung gegeben hatte.

3.2 Die Affektlogik (nach Luic Ciompi)

Der Psychiater Luic Ciompi hatte schon 1982 mit seinem Buch „Affektlogik" darauf hingewiesen, dass die Wirklichkeitskonstruktionen in den Kognitionen nicht aufgehen und dass Gefühle mit jeglichem Denken verbunden sind, ja dass die Gefühle beim Kognitieren wesentliche Aufgaben zur Integration des Gedachten wahrnehmen. Diese Gedanken fanden in den Schriften der systemisch-konstruktivistischen FamilientherapeutInnen zunächst keinen Anschluss. Ciompi ist heut sogar der Auffassung, dass Individuen, Gemeinschaften bis hin zu Gesellschaften und Nationen von ähnlichen Denkstilen geprägt sind, die so wörtlich „aus einer bestimmten Stimmung und der sie realisierenden Ausführung bestehen" (Ciompi 1997).

3.3 Säuglingsforschung - die „Mütterlichkeitskonstellation" (nach Daniel N. Stern)

Wichtige weitere Anstöße zur Neubewertung des Emotionalen in der systemischen Therapie und Beratung oder zur „emotionalen Rahmung beraterischer und therapeutischer Prozesse", wie es die Mitglieder der Meilener Gruppe nennen, hat die neuere Säuglingsforschung beigetragen. Vor allem die Forschungen der Lausanner Gruppe um Elisabeth Firaz-Depeursinge (Fiaz-Depeursinge/ Stern/Corboz-Warney/Bürgin 1998; Fiaz-Depeursinge/Corboz-Warney 2001) hatten die KollegInnen in Meilen auf die Idee gebracht, dass die Veränderung von Wirklichkeitskonstruktionen auf einen stabilisierenden Rahmen angewiesen sind. Sie übertrugen in der Form der Analogiebildung diese auf beraterische Prozesse.

Sie kamen zu der Aussage, dass das Erkennen, wie ein System funktioniert, diesen Vorgang nennen sie das „Fallverstehen", nur *ein* Aspekt des therapeutischen Handelns ist. Mit Hilfe der Ergebnisse der Säuglingsforschung gelang es ihnen, den bisher in der systemischen Beratung und Supervision allzu oft ausgeblendeten Teil wieder einzublenden: Der andere, ebenso wichtige Aspekt, der auf gar keinen Fall „unspezifisch" ist, besteht darin, eine emotionale sichere Basis zu schaffen, auf der blockierende Wirklichkeitskonstruktionen aufgegeben und neue Möglichkeiten erprobt werden können.

Wenn wir, wie die Meilener Gruppe es getan hat, das Konzept der Unterscheidung als Beobachtung zweiter Ordnung auf die systemische Beratung und Supervision selbst anwenden, dann können wir beobachten, dass die Unterscheidung von System und Umwelt nur eine von vielen möglichen Unterscheidungen für die Theorie der Beratung und Supervision ist. Lange Zeit stand sie jedoch bevorzugt auf der „hellen Seite" der theoretischen Beschäftigung.

Das Affektive von Beratung und Supervision befand sich auf der „abgedunkelten Seite", und mit Abgedunkeltem beschäftigt sich die Theorie erst dann, wenn sie sich selbst als Beobachtende beobachtet, d.h. eine Beobachtung zweiter Ordnung vornimmt. Auslöser dafür ist häufig eine Stresssituation. So hatten die neueren Forschungsergebnisse mich (und d.h. in diesem Fall auch mein eng an Niklas Luhmann angelehntes Konzept von Supervision) in Stress gebracht. Der Stress nahm zu als ich begann, mit Rosmarie Welter-Enderlin ins Gespräch einzutreten (vgl. Welter-Enderlin im Gespräch mit Kersting 1999).

Das aber ist ja gerade der Clou der Differenztheorie: Es gibt in ihr nur Unterscheidungen, keine Aus-scheidungen. Das Affektive war nicht einfach ausgeschieden und damit ein für allemal weg, es war nur abgedunkelt. Deswegen konnten die PraktikerInnen vor zwei Jahren in Freiburg auch zurecht mir, dem kritisierenden Theoretiker selbstbewusst gegenüber treten und sagen, dass für sie das Affektive in der Supervision immer - auch wenn die TheoretikerInnen es vorübergehend nicht beobachteten - bedeutsam war und im hellen Licht ihres Handelns gestanden hätte und weiterhin stehen würde.

Für sie, so sagten sie, gäbe es kein „Entweder-Oder", entweder System oder Emotion, sondern konstruktivistisch viabel und praktisch brauchbar nur ein „Sowohl-Als-Auch", sowohl System als auch Emotion, also keinen Widerspruch zwischen systemischer Supervision und Emotion.

Es würde den Rahmen dieser Abhandlungen sprengen, hier die Fülle des wegweisenden Materials, das die Säuglingsforschung zusammengetragen hat, nur annähernd auszubreiten. Es gibt dazu inzwischen eine reichhaltige Literatur – auch in deutscher Sprache. Einige Schlaglichter möchte ich allerdings aufzeigen. Ich beschränke mich dabei auf die Forschungsergebnisse des in den USA und in der Schweiz lehrenden Psychologen Daniel N. Stern (1992; 1995; 1998), der den Begriff „Mütterlichkeitskonstellation" entwickelt hat. Dieser Terminus ist durchaus geeignet, das häufig kritisierte Freudsche Konstrukt des „Ödipuskomplexes" zu ersetzen.

Aus Sterns Sicht ist die Mutter eine Frau, die eine psychische Struktur bzw. eine mentale Organisation aufweist, die sich von der Sicht anderer Menschen (auch anderer Frauen) unterscheidet und die nach der Geburt ihres Kindes eine andere ist als zuvor. Denn:

1. trägt die Mutter eine **elementare Verantwortung** für das Leben eines anderen Menschen;

2. ist das **Herstellen einer primären Verbundenheit** zwischen Mutter und Kind erforderlich;

3. bedarf es eines **unterstützenden Rahmens,** der der Mutter ihre Erfahrungen als „Anfängerin" bestätigt, sie ermutigt, ein Rahmen, der lernanregend ist und ihr eine Art „Zulassungsgenehmigung" als Mutter gibt. Dabei ist nicht nur praktische sondern vor allem psychische Unterstützung erforderlich. Diese notwendige Unterstützung ist nicht einfach zu bekommen. Die junge Mutter muss sich gleichzeitig mit zwei neuen Dreiecken beschäftigen: Zum einen mit dem Dreieck, das aus ihr selbst, ihrem Mann und dem Kind besteht, zum andern mit dem Dreieck, das aus ihr selbst, ihrer eigenen Mutter und dem Kind besteht. Ein Großteil der Entwicklung der Mütterlichkeitskonstellation hängt von der Beziehung der jungen Mutter zu ihrer eigenen Mutter oder zumindest der vorgestellten Mutterfigur in ihrem Leben ab.

Die Wichtigkeit der Mütterlichkeitskonstellation belegt die „Bindungs"-forschung. Sie meint nachweisen zu können, dass Mutter und Kind ein Bindungsmuster aufbauen, das sich nach 12 Monaten problemlos erkennen lasse. Auch in diesem Zusammenhang ist der entscheidende Faktor die frühere Beziehung der jungen Mutter zu ihrer Mutter und wie sie diese Beziehung aus ihrer gegenwärtigen Sicht versteht (vgl. Stern 1998).

Die Mütterlichkeitskonstellation ist ein wichtiger Einflussfaktor für die Entwicklung des Kindes. Ihre Elemente sind die Verantwortung für einen anderen Menschen, eine unterstützende Rahmung der Situation und die Bindung zwischen Menschen. Diese Mütterlichkeitskonstellation könnte ein Modell abgeben für die emotionale Rahmung beraterischer bzw. supervisorischer Prozesse (vgl. Welter-Enderlin 1998; Dinkel-Sieber/Hildenbrand/Waeber/Wäsche/Welter-Enderlin 1998).

Eines der wichtigsten Anliegen des systemischen und konstruktivistischen Umgehens mit den Wirklichkeitskonstruktionen ist der Abschied von der scheinbaren Objektivität des Entweder-Oder und das Einnehmen einer Haltung des Sowohl-Als-Auch. Systemische SupervisorInnen werden darum *sowohl* beobachten, wie das zu beratende System funktioniert, und dazu hatten uns die Allgemeine Systemtheorie, der Konstruktivismus, die Differenztheorie und unsere bisherigen systemischen Praxistheorien in den letzten Jahre sehr effektvoll geschult. Im Sinne der Haltung des Sowohl-Als-Auch werden sie darum aber *auch* beobachten, was viele SupervisorInnen in der Praxis offensichtlich immer schon getan haben, welche Rolle Affekte, Emotionen und Gefühle in den Supervisionsprozessen spielen.

Wenn wir jedoch unsere Beobachtungen der Affekte auf die sprachliche Ebene von Unterscheidungen heben, sollten wir uns allerdings bewusst sein, dass wir den unmittelbaren Bereich der Affekte verlassen. Emotionen sind nicht ohne Kognitionen vorstellbar. Das Versprachlichen von Emotionen bedeutet eine andere logische Ebene als das, was wir gemeinhin mit Affekten bezeichnen. Zurzeit mangelt es in der Theorie der konstruktivistisch-systemischen Supervision an eben genau dieser Versprachlichung der Affekte. Es sieht fast so aus, als fehle die Erlaubnis, mit der Versprachlichung zu beginnen.

Luic Ciompi meint darüber hinaus, dass sich in der systemischen Beratung (und selbstverständlich auch in der konstruktivistisch-systemischen Supervision) vieles ändern würde, wenn wir damit anfangen, die kulturspezifischen, die gruppenspezifischen und auch die persönlichkeitsspezifischen ,Eigenwelten' unserer KlientInnen, SupervisandInnen und unserer eigenen ,Eigenwelten' wahrzunehmen (vgl. Ciompi 1998: 92; vgl. auch 1997).

4. Wiedergewinnung älterer „konstruktivistischer" Verfahren für die konstruktivistisch-systemische Supervision

Ich vermute, wenn sich systemische SupervisorInnen wieder stärker auch theoretisch mit den affektiven Aspekten der Supervision beschäftigen, werden sie auch leichter einen Anschluss finden an zwei meiner Meinung nach zutiefst konstruktivistische Verfahren, an die Gruppenarbeit nach Michael Balint, die in der ungarischen Psychoanalyse wurzelt (vgl. Balint 1965, 1966; und u.a. Kaspar 1984) und an die provokative Therapie Frank Farrellys, die, was den Umgang mit Emotionen angeht, ihre Herkunft aus der Gesprächstherapie Carl Rogers' nicht verleugnet (Farrelly/Brandsma 1986; Farrelly im Gespräch mit Kersting 1999; Dawes 1999).

4.1 Die Balintgruppenarbeit (nach Michael Balint)

In der Balintarbeit stehen die emotionalen Verwicklungen der TeilnehmerInnen mit ihren KlientInnen, PatientInnen und Supervisandinnen im Zentrum des Geschehens. Die freien Assoziationen vermehren – gut konstruktivistisch gesprochen – im höchsten Maße die Möglichkeiten. Der Fallgeber kann gar nicht anders als die Wirklichkeit seiner Geschichte zu verändern (vgl. Kersting 2002c).

Neue Wirklichkeiten konstruieren sich.

Michael Balint selbst beschäftigte sich in seinen Forschungen zur Psychoanalyse vor allem mit der vorsprachlichen Situation des Kindes, er betrieb Säuglingsforschung und er kam zu ähnlichen Ergebnissen wie die heutigen SäuglingsforscherInnen, was die elementare Verantwortung, den unterstützenden Rahmen und die enge Bindung zwischen Mutter und Kind angehen (Balint 1966). Die Balintgruppe wurde von ihm konzipiert als ein unterstützender Raum, in dem die BalintgruppenleiterIn die Verantwortung dafür übernimmt, dass die Machtspiele, die häufig in Gruppen so beliebt sind, eben nicht stattfinden und eine hohe Form der Offenheit, Annahme, Bindung, ja Liebe walten kann.

4.2 Die Provokative Supervision (nach Frank Farrelly)

Die provokative Therapie und Supervision lebt von der Paradoxie. Die provokative SupervisorIn verbündet sich in provokanter Weise mit den abgedunkelten Seiten der SupervisandInnen. Frank Farrelly nennt sich selbst „den Advokaten des Teufels", der im Heiligsprechungsprozess der katholischen Kirche für die Untersuchung der dunklen Seiten des heiligzusprechenden Menschen einstehen muss. Die provokative SupervisorIn konfrontiert die SupervisandIn scharf und schneidend mit ihrer Schattenseite, gleichzeitig aber ist sie in höchster Empathie mit ihrer Supervisandin verbunden. Mit Humor und Augenzwinkern konterkariert sie ihre eigenen Provokationen. Während der Supervisionssitzung ist die SupervisandIn die allerwichtigste Person im Leben der SupervisorIn. Diese grandiose paradoxe Irritation und Provokation aus Liebe ermöglichen oft erstaunliche Veränderungen in der Eigenwelt der SupervisandIn (vgl. Wippich/Derra-Wippich 1996).

Lassen sie mich schließen, mit einem Zitat eines großen Beraters, der in seinem wissenschaftlichen Arbeiten im Umgang mit der Objektivität bereits sehr konstruktivistisch dachte, bevor noch einer auf die Idee gekommen war, das konstruktivistisch zu nennen, der aber in seinen Methoden bisher als das genaue Gegenteil eines systemischen Beraters angesehen wurde (vgl. Rogers 1987). Ich zitiere diesen Text, damit wir vielleicht erahnen können, was wir möglicherweise in der Theorie der systemischen Beratung und Supervision in den letzten Jahrzehnten alles ausgeblendet haben und was wir bereichernd neu hinzu gewinnen können.

Carl Roger sagte 1959: „Wir können also mit einer gewissen Sicherheit sagen, dass eine Beziehung, in der der Therapeut einen hohen Grad an Kongruenz oder Authentizität, eine sensitive und gründliche Empathie, einen hohen Grad an Beachtung, Respekt, Zuneigung für den Klienten, und in dieser Hinsicht Bedingungslosigkeit zeigt, mit hoher Wahrscheinlichkeit eine effektive therapeutische Beziehung ist. Diese Qualitäten sind offensichtlich die primär veränderungsverursachenden Einflüsse auf Persönlichkeit und Verhalten" (Rogers 2000: 261, vgl. auch 1949).

Literatur:

Balint, M. (1965): Der Arzt, sein Patient und die Krankheit. Stuttgart: Klett-Cotta,

Balint, M. (1966): Die Urformen der Liebe und die Technik der Psychoanalyse. Stuttgart: Klett-Cotta

Ciompi, L. (1997): Die emotionalen Grundlagen des Denkens. Entwurf einer fraktalen Affektlogik. Göttingen Vandenhoeck& Ruprecht

Ciompi, L. (1998): „Die affektiven Grundlagen des Denkens - Kommunikation und Psychotherapie aus der Sicht der fraktalen Affektlogik." In: Welter-Enderlin, R., Hildenbrand, B. (Hg.): Gefühle und Systeme. Die emotionale Rahmung beraterischer und therapeutischer Prozesse, Heidelberg: Carl-Auer-Systeme, 77-100

Dawes, G. (1999): „Das Bermuda-Dreieck im Kopf: Die turbulente Welt der provokativen Therapie." In: Kersting, H.J. (Hg.): Der Zirkel des Talos: Gespräche mit systemischen TherapeutInnen. Aachen: Kersting-IBS, 271-293

Farrelly, F., Brandsma, J. M. (1986): Provokative Therapie. Berlin/Heidelberg/New York: Springer

Farrelly, F. im Gespräch mit Heinz J. Kersting (1999) „Ich werde zur dunklen und finsteren Seite der Ambivalenz der Klienten." In: Kersting, H. J. (Hg.): Der Zirkel des Talos. Gespräche mit systemischen TherapeutInnen. Aachen: Kersting-IBS, 253-269

Fiaz-Depeursinge, E., Stern, D. N., Corboz-Warney, A., Bürgin, D. (1998): „Wann und wie das familiale Dreieck entsteht: vier Perspektiven affektiver Kommunikation." In: Welter-Enderlin, R., Hildenbrand, B. (Hg.): Gefühle und Systeme. Die emotionale Rahmung beraterischer und therapeutischer Prozesse. Heidelberg: Carl-Auer-Systeme, 119-154

Fiaz-Depeursinge, E., Corboz-Warney, A. (2001): Das primäre Dreieck – Vater, Mutter und Kind aus entwicklungstheoretischer Sicht. Heidelberg: Carl-Auer-Systeme

Haye, B., Kleve, H. (1997): „Lehrsupervision als Beobachten des Beobachtens. Systemtheoretische Bemerkungen zur Kommunikation und Wirklichkeitskonstruktion in Prozessen der Lehrsupervision." In: Eckhardt, U.-L., Richter, K. F., Schulte, H. G. (Hg.): System Lehrsupervision. Aachen: Kersting-IBS, 61-79

Haye, B. (1999): Helm Stierlin - Seine Bedeutung für die Soziale Arbeit. In: Kersting, H. J. (Hg.): Der Zirkel des Talos. Gespräche mit systemischen TherapeutInnen. Aachen: Kersting-IBS, 69-82

Haye, B., Kleve, H. (1998): „Reframing in der systemischen Supervision - Ein Beispiel für praktizierten (De-)Konstruktivismus." In: Supervision in der Postmoderne. Systemische Ideen und Interventionen in der Supervision und Organisationsberatung. Aachen: Kersting-IBS, 79-108

Haye, B., Linke, J. im Gespräch mit Heike Hercher und Heinz J., Kersting (2003): „Systemische Supervision heißt in der Beobachtung zweiter Ordnung eine Metaperspektive einnehmen". In: Hercher, H., Kersting, H. J. (Hg.): Systemische Supervision im Gespräch. Entwicklungen und Konzepte im deutschen Sprachraum. Aachen: Kersting-IBS, 171-201

Hüther, G. (1999): Wie aus Stress Gefühle werden. Betrachtungen eines Hirnforschers. Göttingen: Vandenhoeck & Ruprecht

Hüther, G. (2001): Biologie der Angst. Wie aus Stress Gefühle werden. Göttingen: Vandenhoeck & Ruprecht (4. Auflage)

Hüther, G. (2001a): Bedienungsanleitung für ein menschliches Gehirn. Göttingen: Vandenhoeck & Ruprecht (2. Auflage)

Imber-Black, E. (1998): „Affektive Fokussierung, empathisches Mitschwingen und Wandel in Familientherapien." In: Welter-Enderlin, R., Hildenbrand, B. (Hg): Gefühle und Systeme. Die emotionale Rahmung beraterischer und therapeutischer Prozesse. Heidelberg: Carl-Auer-Systeme, 194- 212

Kersting, H. J. (1998): „Louis Lowy" in: Hugo Maier (Hg.): Who is who der Sozialen Arbeit. Freiburg im. Br.: Lambertus-Verlag, 371-373

Kersting, H. J. (2001): „Lehrsupervision als System und als Begegnung." In: Ders. (Hg.).: Supervision und Qualität. Das Aachener Modell der Supervisionsausbildung. Aachen: Kersting-IBS, 171- 193

Kersting, H. J. (2002a): „Konstruktivistisch-systemische Supervision und Beziehung - Ermunterung zu einem neuen Forschungsprogramm." In: Neumann-Wirsig, H., Kersting, H.J. (Hg.): In Arbeit: Systemische Supervison und Beratung. Aachen: Kersting-IBS, 55-72

Kersting, H. J. (2002b): „Die Kybernetik der Supervision - Oder: Warum der Schäl gerne vier Vögel wäre." In: Ders.: Zirkelzeichen – Supervision als konstruktivistische Beratung. Aachen: Kersting-IBS, 17-48

Kersting, H.J. (2002c): „Konstruktivistische Balintgruppenarbeit." In: Ders.: Zirkelzeichen – Supervision als konstruktivistische Beratung. Aachen: Kersting-IBS, 197-215

Levold, T. (1997): „Affekt und System. Plädoyer für eine Perspektivenerweiterung." In: System Familie 10: 120-127

Levold, T. (1998): „Affektive Kommunikation in der Systemischen Therapie." In: Welter-Enderlin, R., Hildenbrand, B. (Hg.): Gefühle und Systeme. Die emotionale Rahmung beraterischer und therapeutischer Prozesse. Heidelberg: Carl-Auer-Systeme, 18- 51

Luhmann, N. (1987): Soziale Systeme. Grundriß einer allgemeinen Theorie. Frankfurt am Main: Suhrkamp

Luhmann, N. (1992): „Die operative Geschlossenheit psychischer und sozialer Systeme." In: Fischer, H. R., Retzer, A., Schweitzer, J. (Hg.): Das Ende der großen Entwürfe. Frankfurt am Main: Suhrkamp, 117-131

Rogers, C. R. (1949): The attitude and orientation of the counsellor in client-centred therapy. In: J. Consult, 13: 32-94

Rogers, C. R. (1987): Eine Theorie der Psychotherapie der Persönlichkeit und der zwischenmenschlichen Beziehungen. Köln: GwG (3. Auflage 1991)

Rogers, C. R. (2000) Entwicklung der Persönlichkeit. Psychotherapie aus der Sicht eines Therapeuten. Stuttgart: Klett-Cotta (13. Auflage, 1. Auflage 1973)

Roth, J. K. (1984) Hilfe für Helfer: Balint-Gruppen. München: Piper

Rücker-Embden-Jonasch, I., Ebbecke-Nohlen A. (Hg.) (2000): Balanceakte. Familientherapie und Geschlechterrollen. Heidelberg: Carl-Auer-Systeme (1. Auflage 1992)

Scherzinger, A. (1995): „Louis Lowy. Ein Leben für eine Gesellschaft mit menschlichem Gesicht." In: Wieler, J., Zeller, S. (Hg.): Emigrierte Sozialarbeit. Freiburg im Br.: Lambertus-Verlag, 221-232

Simon, F. B., Weber, G. (1993): „Systemische Spieltherapie I. Zur Theorie systemischen Intervenierens." In: Familiendynamik 1: 73-81

Simon, F. B. im Gespräch mit Heinz J. Kersting (1999): „Ich sitze nie auf der Tribüne, sondern spiele immer mit" In: Kersting, H. J. (Hg.): Der Zirkel des Talos. Gespräche mit systemischen TherapeutInnen. Aachen: Kersting-IBS, 113-143

Stern, D. N. (1992): Die Lebenserfahrung des Säuglings. Stuttgart: Klett-Cotta

Stern, D. N. (1995): The motherhood constellation. A unified view of parent-infant therapy. New York: Basic Books

Stern, D. N. (1998): „Die Mütterlichkeitskonstellation: Mutter, Säugling und Großmutter rund um die Geburt". In: Welter-Enderlin, R., Hildenbrand, B. (Hg.): Gefühle und Systeme. Die emotionale Rahmung beraterischer und therapeutischer Prozesse. Heidelberg: Carl-Auer-Systeme, 102-118

Stierlin, H. (1971): Das Tun des Einen ist das Tun des Anderen. Eine Dynamik menschlicher Beziehungen. Frankfurt am Main: Suhrkamp

Stierlin, H. (1975): Von der Psychoanalyse zur Familientherapie. München/ Stuttgart dtv/Klett-Cotta

Stierlin, H., Rücker-Embden, I., Wetzel, N., Wirsching, M. (1977): Das erste Familiengespräch. Stuttgart: Klett-Cotta (4. Auflage 1987)

Watzlawick, P., Beavin J. H., Jackson, D. D. (1969): Menschliche Kommunikation. Formen, Störungen, Paradoxien. Bern/Stuttgart/Wien: Huber

Watzlawick, P., Weakland, J. H., Fisch, R. (1974): Lösungen - zur Theorie und Praxis menschlichen Wandels. Bern/Stuttgart/Wien: Huber

Watzlawick, P. im Gespräch mit Heinz J. Kersting (1999): „Erlerne und sprich die Sprache des Patienten". In: Kersting, H. J. (Hg.): Der Zirkel des Talos. Gespräche mit systemischen TherapeutInnen. Aachen: Kersting-IBS, 87-102

Welter-Enderlin, R., Hildenbrand, B. (1996): Systemische Therapie als Begegnung. Stuttgart: Klett-Cotta

Welter-Enderlin, R., Hildenbrand, B. (Hg.) (1998): Gefühle und Systeme. Die emotionale Rahmung beraterischer und therapeutischer Prozesse. Heidelberg: Carl-Auer-Systeme

Welter-Enderlin, R. (1998): „Was hat die Säuglingsforschung mit Therapie und Beratung zu tun?" In: Dies., Hildenbrand, B. (Hg.): Gefühle und Systeme. Die emotionale Rahmung beraterischer und therapeutischer Prozesse. Heidelberg: Carl- Auer-Systeme, 213-274

Welter-Enderlin, R., Hildenbrand, B. (1998a): „Die emotionale Rahmung beraterischer und therapeutischer Prozesse im Kontext der Entwicklung der systemischen Therapie." In: Diess. (Hg.): Gefühle und Systeme. Die emotionale Rahmung beraterischer und therapeutischer Prozesse. Heidelberg: Carl-Auer-Systeme, 7-16

Welter-Enderlin, R. im Gespräch mit Heinz J. Kersting (1999): „'Systemisch bedeutet in Meilen mehrperspektivisch' Kontextsensibilität und Kontextvergessenheit in der Systemischen Therapie." In: Kersting, H. J. (Hg.): Der Zirkel des Talos. Gespräche mit systemischen TherapeutInnen. Aachen: Kersting-IBS, 163-195

Welter-Enderlin, R. im Gespräch mit Heinz J. Kersting (2003): „ Den SupervisandInnen Raum geben". In: Hercher, H., Kersting, H. J. (Hg.): Systemische Supervision im Gespräch. Entwicklungen und Konzepte im deutschen Sprachraum. Aachen: Kersting-IBS, 163-195

Wippich, J, Derra-Wippich, I. (1996): Lachen lernen. Einführung in die Provokative Therapie. Paderborn: Junfermann: 1996

Affektive Kommunikation und systemische Teamsupervision

Tom Levold

Vorbemerkung

Dass auch in der systemischen Supervision von Teams die Bearbeitung arbeitsbezogener Themen alle beteiligten Personen affektiv und emotional berührt – und berühren muss, will sie relevant sein und im Gedächtnis bleiben, ist eine Erfahrung, die jede Supervisorin[1] kennt. Dennoch ist diese Erfahrung weit gehend Praxiswissen und theoretisch bislang unterkonzeptualisiert geblieben. Hier soll daher der Versuch unternommen werden, das Konzept affektiver Kommunikation in ein systemisches Organisationsverständnis einzubetten und die Praxisrelevanz für systemische Supervision herauszuarbeiten.

Versteht man mit Buchinger unter Supervision „nicht nur ein Instrument arbeitsbezogener Selbstreflexion beruflicher Interaktionen", sondern darüber hinaus auch ein „Instrument organisatorischer Selbstreflexion", also der Selbstbeobachtung von Organisationen (Buchinger 1997, S. 53), lässt sich als Kontext für unsere Untersuchung ein Spannungsfeld zwischen Organisation und Interaktion als Kommunikation unter Anwesenden als zwei unterschiedliche Ebenen der Systembildung (Kieserling 1999) abstecken. Es geht also nicht nur

---

1) Um einen geschlechtsneutralen Sprachgebrauch zu pflegen, werde ich abwechselnd die männliche und weibliche Form benutzen, wenn nicht von konkreten Personen die Rede ist.

um das Auftreten von – und den Umgang mit – Affekten in Supervisionsprozessen, sondern auch um den Stellenwert und die theoretische Einordnung
von affektiven und emotionalen Phänomenen im Organisationsalltag, der in
der Supervision reflektiert werden soll.

In der Organisationstheorie hat diese Fragestellung bislang so gut wie keine
Rolle gespielt. Organisationen wurden in der Vergangenheit fast ausschließlich aus einer rationalistischen oder normativen Perspektive geschildert. Impli-
zit wurde damit suggeriert, dass die Erfassung affektiver Prozesse für das
Verständnis von Organisationen ohne Bedeutung ist (Flam 1994, S. 58). In den
wenigen Arbeiten, die sich seit den 30er Jahren des 20. Jahrhunderts mit
Emotionen am Arbeitsplatz beschäftigten, galt das Forschungsinteresse in
erster Linie Fragen der Arbeitszufriedenheit als subjektivem Motivationsfak-
tor für Leistungssteigerungen (Brief und Weiss 2002). Erst in den 80er und 90er
Jahren öffnete sich die Wissenschaft auch für andere Fragen dieses Themen-
komplexes. Berühmt geworden ist die Studie der amerikanischen Soziologin
Arlie Hochschild „The Managed Heart" (Hochschild 1983), in der sie sich
kritisch mit dem Phänomen der von ihr so genannten Emotionsarbeit beschäftigt („emotional labor"). Emotionale Arbeit gehört zum Aufgabenprofil vieler
Angehöriger bestimmter Dienstleistungsberufe, die dazu angehalten, trainiert
– und dafür bezahlt - werden, im Umgang mit Kunden und Klienten bestimmte,
in der Regel positive, Affekte zur Schau zu stellen (etwa Flugbegleiter, Pflegekräfte, Hotelpersonal etc.). Das dazu erforderliche „Gefühlsmanagement" führt
ihrer Ansicht nach zu Stresssymptomen und burn-out.

Seit Mitte der 90er Jahre hat die Beschäftigung mit Affekten, Gefühlen und
Emotionen auch im Feld systemischer Beratung und Therapie nach einer
langen Phase eher kognitivistischer Ausrichtung einen zunehmend größeren
Stellenwert erhalten (vgl. etwa Welter-Enderlin und Hildenbrand 1998). Diese
Entwicklungen vollzogen sich parallel zu einem enormen Popularitäts- und
Publikationsschub des Emotionsthemas in der breiteren Öffentlichkeit (hier
nur beispielhaft: Goleman 1997), der sich seinerseits der Rezeption bahnbre-
chender Forschungsergebnisse aus den Verhaltenswissenschaften und der
Hirnforschung verdankte, die wiederum aufgrund völlig neuartiger Unter-
suchungstechniken (hoch auflösende Videoaufnahmen, bildgebende Verfahren etc.) möglich wurden. Während die Bedeutung des Themas für Paar- und
Familienbeziehungen sowie für therapeutische Prozesse auf der Hand liegt,

spielt es für die systemische Konzeptualisierung organisationsbezogener Abläufe aber nach wie vor eine nachgeordnete Rolle, wenngleich die affektive Dimension von Organisationshandeln für alle beteiligten Akteure und Beobachter evident sein dürfte, vor allem, wenn es um unmittelbare interpersonale Kommunikation in Organisationen geht. Allerdings wird neuerdings auch für das Feld systemischer Supervision die Notwendigkeit einer Integration affekttheoretischer Konzepte gesehen (Kersting 2002).

Affekte und soziale Systeme

Dass dies bislang wenig berücksichtigt worden ist, steht u.a. mit der im systemischen Kontext weit verbreiteten Rezeption der Luhmannschen Theorie sozialer Systeme in Zusammenhang (ebd., S. 57). Da soziale Systeme nach Luhmann aus Kommunikationen und nicht aus Personen bestehen, gehören psychische Phänomene, seien sie kognitiver oder affektiver Natur, genauso wenig wie die individuellen Akteure selbst zum System, sondern werden als psychische Systeme seiner jeweiligen Umwelt zugerechnet. Obwohl psychische Systeme wie soziale Systeme auf Sinnproduktion angelegt sind und beide sich wechselseitig voraussetzen, werden für beide Systemarten unterschiedliche Basisoperationen festgelegt, die sie nicht ohne weiteres füreinander anschlussfähig machen. Luhmann spricht daher von Interpenetration der beiden Systemtypen (Luhmann 1984, S. 286ff.). Affektivität kann aus dieser Perspektive nicht als Aspekt sozialer Systeme beschrieben werden, allenfalls als Umweltproblem, mit dem sich soziale Systeme ggf. zu beschäftigen haben.

Allerdings sind Affekte und Gefühle bei Luhmann auch nicht in seiner Konzeption psychischer Systeme zu finden[2]. Der Begriff des psychischen Systems ist für Luhmann „ausdrücklich nicht an den klassischen Begriff des Subjekts gebunden", ein psychisches System ist vielmehr „ein entsubjektiviertes beobachtbares, beobachtendes System", dessen Letztelemente Gedanken sind (Krause 1996, S. 164). Es wird also deutlich, dass aufgrund dieses

---

2) Wie wir sehen werden, lassen sich Affekte (im Unterschied zu Gefühlen und Emotionen) auch nicht hinreichend als psychische Phänomene bestimmen, da die körperliche Dimension hierbei von zentraler Bedeutung ist. Diese Dimension spielt in der Theorie Luhmanns allerdings keine nennenswerte Rolle.

Ansatzes die uns interessierenden affektiven Prozesse sowohl aus der Definition sozialer als auch der psychischer Systeme herausfallen, zumindest erweisen sie sich für die Theoriekonstruktion Luhmanns als weit gehend irrelevant.

Neben der allgemeinen Unterscheidung von sozialen und psychischen Systemen und der theoretischen Eliminierung von individuellen Akteuren als Systemeinheiten[3] trägt eine weitere systemtheoretische Unterscheidung zur Vernachlässigung affektiver Prozesse bei. Organisationen sind als Sonderfall sozialer Systeme anzusehen. Ihre zentralen Elemente sind Kommunikationen in Form von Entscheidungen (Luhmann 1992), die jeweils auf die Funktionen und Zwecke der Organisation ausgerichtet sind.

Eine Organisation ist Luhmann zufolge also ein auf der Basis von Entscheidungen operierendes soziales System, sie ist „die vorherrschende und wirkungsvolle Form der Funktionserfüllung und Leistungserbringung in fast allen funktional ausdifferenzierten Teilsystemen" der Gesellschaft (Krause 1996, S. 139). Ein zentrales Kennzeichen von Organisationen ist dabei die „Invarianz systemspezifischer Erwartungen gegenüber bestimmten personalen Mitgliedschaften und Motivationen oder Orientierungen der Mitglieder" (ebd.), d.h. die Bestandserhaltung von Organisation ist prinzipiell nicht an ihre Mitglieder als Personen gebunden, vielmehr wird umgekehrt die Anerkennung formalisierter Erwartungen zur Mitgliedschaftsbedingung. Insofern unterscheiden sich Organisationen von anderen sozialen Systemen (etwa Familien, Gruppen, sozialen Bewegungen etc.), in denen der Personalität der Systemmitglieder ein zentraler Stellenwert zukommt. Kollektive und professionalisierte Arbeitsprozesse finden in der modernen Gesellschaft überwiegend in Organisationen statt.

Organisationen sind also in erster Linie an der Erfüllung von Funktionen orientiert, nicht an den – im Prinzip austauschbaren – Personen. Für Gruppen und Familien sind dagegen die beteiligten Personen selbst wichtig, die von

---

3) Diese Eliminierung ist nicht ohne weiteres zwangsläufig. Ich verweise in diesem Zusammenhang, ohne diese theoretische Debatte an dieser Stelle weiterzuführen, auf Peter Hejl und Jürgen Kriz, die systemtheoretisch formulierte Alternativen vorlegen (Hejl 1990; Kriz 1997).

ihnen erbrachten Funktionen eher austauschbar[4]. Darüber hinaus hat in Organisationen der Sachaspekt von Handlungen und Entscheidungen Vorrang vor der Beziehungsqualität der Beteiligten, während die Aufrechterhaltung und Bestärkung der persönlichen Beziehung in personenbezogenen Systemen die zentrale Funktion von Kommunikation darstellt (Buchinger 1997, S. 11f.).

Der Begriffszusammenhang, in dem „Entscheidungen" stehen, betont ohnehin traditionell die *sachliche Dimension* von Organisationshandeln und entspricht dem klassischen Stereotyp, dass Prozesse in der Arbeitswelt sachlich, rational und möglichst frei von Emotionen ablaufen sollten, um die Organisationsziele auf die bestmögliche Weise zu verwirklichen. Neuere entscheidungstheoretische Arbeiten (Beach 1997; Mellers, Schwartz et al. 1998) machen aber deutlich, was Entscheider ohnehin schon immer wussten, auch wenn sie es vielleicht nicht zu sagen gewagt haben: dass nämlich die vermeintlich rein sachbezogenen Entscheidungen keineswegs grundsätzlich die Rationalität aufweisen, die ihnen unterstellt wird, sondern in hohem Masse auf affektiven Bewertungen beruhen, die nicht selten erst im Nachhinein rational begründet werden[5].

Stellt man also systemtheoretisch auf Entscheidungen als Basisoperation von Organisationen ab, muss man die Engführung auf die Rationalität ihrer Inhalte vermeiden: „Das heißt nicht zuletzt, dass die *Herrschaft der Sachdimension* [Hervorh. A.K.] über den Entscheidungsbegriff, zu der es nur so lange keine Alternative gibt, wie man diesen Begriff von Erwartungen an Rationalität her bestimmt, fallen muss. Stattdessen wird man Entscheidungen durch Festlegungen in der Sozialdimension und in der Zeitdimension von Sinn definieren müssen" (Kieserling 1999, S. 350). Zur entscheidenden Frage bei der praktischen Untersuchung von Organisationen wird daher: wie und unter welchen sozialen und zeitlichen Bedingungen kommen Entscheidungen überhaupt zustande?

---

4) In Familienunternehmen, die von Familienmitgliedern geführt werden, wird das Spannungsfeld, das sich aus dem Konflikt dieser unterschiedlichen Systemtypen ergibt, unmittelbar deutlich (vgl. Simon 2002).

5) Dies mag auch für jedwede „theoriebautechnische Entscheidung" – wie Luhmann gerne formulierte – zutreffen.

Der uns hier interessierende Aspekt dieser Frage führt uns in den Bereich der unmittelbaren, direkten und beobachtbaren Kommunikation von System-Mitgliedern in Organisationen. Zu klären bzw. zu entscheiden wäre, mit welcher Art von System man es hier zu tun hat. Diese Entscheidung ergibt sich nicht aus dem Gegenstand selbst, vielmehr ist „die Wahl eines Systemtyps ... Ergebnis der Entscheidungen des Konstrukteurs" (Hejl 1990, S. 212). In seiner ausgezeichneten Studie über Interaktionssysteme legt Kieserling nahe, Interaktion in Organisationen und die Organisationen selbst als unterschiedliche Systemtypen zu betrachten, da „Interaktionen nicht vollständig in Entscheidungen dekomponierbar sind. Entscheidung ist der Elementbegriff der Organisationstheorie. Interaktionen bilden ihre Elemente dagegen als Kommunikation unter Anwesenden" (Kieserling 1999, S. 355). Organisationen sind in erheblichem Umfang auf Interaktion angewiesen, die ein grundsätzliches Eigenleben führt, auch wenn die Organisation selbst Interaktion initiiert und organisiert. Nur weniges von dem, was in Interaktionen stattfindet, kann von der Organisation „als Entscheidung rekonstruiert werden" (ebd., S. 358), auf der anderen Seite beeinflussen viele Aspekte der persönlichen Kommunikation Entscheidungsprozesse und -ergebnisse in Organisationen in hohem Maße, nicht zuletzt eben auch ihre affektive Dimension: „Soweit Menschen ... Träger arbeitsbezogener Kommunikation sind, unterliegt diese ... der Eigendynamik menschlicher Kommunikationsprozesse, die nicht von der Emotionalität menschlicher Beziehungen loszulösen ist" (Buchinger 1997, S. 14).

Der Mitgliedschaftsrolle kommt also in Hinsicht auf unser Thema doppelte Bedeutung zu, einmal als „Interpenetrationsbühne" des Zusammenspiels psychischer und sozialer Systeme, auf der anderen Seite als Schnittstelle zwischen der Organisation und den von ihr gerahmten Interaktionssystemen.

Teamarbeit und Teamsupervision

Professionelle Teamarbeit ist – organisationstheoretisch betrachtet – eine auftragsbezogene Arbeitsform innerhalb von formalen Organisationen. Teams sind entgegen dem Selbstmissverständnis mancher Teams (besonders im Bereich der psychosozialen Versorgung) keine autonomen, personalen sozialen Einheiten, sondern kurz- oder langfristige Mitarbeiterkonstellationen in Organisationen, die in der Regel nicht selbst über ihre Zusammensetzung verfügen können und deren Legitimation sich aus der Erledigung der ihnen von der Organisation anvertrauten Arbeitsaufgabe ergibt.

In Anschluss an die oben entwickelten Perspektive lässt sich festhalten, dass sich Teamarbeit in erster Linie als Kommunikation unter Anwesenden realisiert, die sich selbst wiederum nach sachlichen, sozialen und zeitlichen Gesichtspunkten untersuchen lässt. Die Mitglieder des Interaktionssystems „Team" steuern Handlungen, sprachliche Äußerungen und andere Kommunikationen bei, die sich zum Teil direkt aus den inhaltlichen Arbeitserfordernissen der Organisation ableiten lassen, zum Teil auf die personalen Erfordernisse beziehen, die zur Aufrechterhaltung zwischenmenschlicher Kommunikation nötig sind, zum Teil aber auch eher mit persönlichen Bedürfnissen, Interessen und Konflikten zu tun haben, die sich weder aus den Organisationszwecken noch aus den Kooperationsanforderungen ergeben. Diese persönlichen Kommunikationsaspekte kommen für die Erfüllung der Arbeitsaufträge sowohl als Ressource wie als Behinderung in Frage, sie lassen sich theoretisch zwar der Umwelt des Systems Organisation zurechnen, sind aber für Interaktionssysteme in Organisationen konstitutiv.

Teamsupervision beobachtet unter diesem Blickwinkel nicht Organisation an sich, wohl aber Kommunikation von Anwesenden in Organisationen, also ein Interaktionssystem, an dem natürlich auch der Supervisor selbst teilnimmt. Das beobachtete Interaktionssystem ist daher nicht etwa ein Team bei der Arbeit („teamwork"), sondern die Kommunikation von anwesenden Teammitgliedern mit einem Supervisor, der als mittelbarer und unmittelbarer Adressat und Anbieter von Kommunikationsbeiträgen eine besondere Rolle spielt und sich daher selbst in die Beobachtung einbeziehen muss.

Unabhängig davon, ob das vereinbarte oder spontan präsentierte Thema ein Arbeitsproblem des Teams oder einzelner Teammitglieder betrifft, also primär sachbezogen ist, oder auf das Team selbst, d.h. primär auf die soziale Dimension professionellen Handelns fokussiert, wird Supervision in der Regel als Kontext verstanden und genutzt, in dem außergewöhnliche Probleme thematisiert werden können, die von den „unproblematischen", eher selbstverständlich erscheinenden Alltagsroutinen abweichen und in Bezug auf die ein aktueller Klärungs- oder Lösungsbedarf (Zeitdimension) gesehen wird.

Es ist evident, dass die Konstruktion eines Sachverhaltes als Problem in Verbindung mit der Knappheit von zeitlichen und sozialen Ressourcen (die selbst wiederum als Problem erlebt werden kann), eine affektive Spannung bei den beteiligten Akteuren erzeugt, die nach Auflösung drängt. Dies gilt nicht nur für Teamkonflikte im Besonderen, sondern ganz allgemein für jede professionelle Tätigkeit, die Sachverhalte unter Knappheitsbedingungen zum Problem machen muss, um sie nach professionellen Standards bearbeiten zu können.

Insofern ist jeder Arbeitsprozess, der nicht rein mechanisch und fremdgesteuert ist, grundsätzlich nicht nur kognitiv, sondern auch affektiv strukturiert. Spannung ist dabei nicht zwangsläufig negativ zu sehen. Im Gegenteil muss ein ausreichendes Spannungsniveau erlebbar sein, um einer gegebenen Aufgabe überhaupt mit Interesse und Aufmerksamkeit begegnen bzw. ihr Wichtigkeit zumessen zu können. Wird die Spannung jedoch zu groß, stellen sich Stressphänomene ein, die sehr schnell mit negativen Affekten einhergehen und Mitarbeiter wie Teams außerordentlich belasten, vor allem dann, wenn die negativen Affekte nicht mehr als Begleitphänomen belastender Arbeitsanforderungen betrachtet werden, die durch Kooperation und Solidarität im Team gemildert werden können, sondern direkt auf die Wahrnehmung von Mitarbeitern oder des ganzen Teams übertragen werden, die nun selbst als Stressoren erscheinen.

Die affektive Involviertheit von Mitarbeitern in Arbeitsprozesse steht also nicht im Gegensatz zu sachlich-rationalem Entscheidungshandeln in Organisationen, sondern muss vielmehr – in gewissem Maße – als Voraussetzung für den Organisationserfolg angesehen werden. Allerdings wird sie auf der Ebene der theoretischen Rekonstruktion von Organisationshandeln in der Regel eliminiert, in die Umwelt ausgelagert oder als vernachlässigbarer irrationaler Faktor angesehen – wenn sie nicht ausdrücklich im Kontext von Verhaltensvorschriften und Motivationserwartungen an die Mitarbeiter von der Organisation verlangt wird.

Es lassen sich hier zudem große Unterschiede je nach Organisationstyp finden. Während sich die Bearbeitung von Produkten, Akten usw. in technischen oder bürokratischen Organisationen zwar immer – wie angedeutet – in einem spezifischen affektiven Rahmen vollzieht, dieser selbst aber in der Regel selten zum Thema von Arbeitsprozessen gemacht wird (sondern sich vielmehr in den informellen Beziehungen, beiläufigen Äußerungen und der Stimmung am Arbeitsplatz bemerkbar macht), ist dies in Organisationen anders, die selbst die Bearbeitung von Affekten und Gefühlen zum Inhalt haben oder diese zur Erreichung der Organisationszwecke einsetzen. Affektive Kommunikation ist hier – etwa im Kontext des Gesundheitswesens, der Freizeitindustrie und anderer personenbezogener Dienstleistungen – nicht nur eine Dimension von Interaktion, sondern Arbeitsaufgabe selbst: im Kontakt zu Kunden, Publikum, Patienten.

Nachdem ich kurz erläutern werde, was unter dem Begriff der affektiven Kommunikation zu verstehen ist, werde ich mich in meinen weiteren Ausführungen daher auf Teams im psychosozialen und medizinischen Bereich – etwa Teams psychiatrischer Stationen – konzentrieren, weil hier der Doppelcharakter von Arbeitsauftrag und Arbeitsmittel besonders deutlich zu erkennen ist.

Affektive Kommunikation

Affekt, Gefühl, Emotion, Empathie

Unser Verständnis affektiver Kommunikation hat in den vergangenen Jahren einen ungeahnten Aufschwung erlebt. Während sich Affektforscher vor dem Hintergrund einer Tradition individuumszentrierter Psychologie und Psychotherapie lange mit der Bedeutung von Affekten und Gefühlen für die Entwicklung und Veränderung psychischer Strukturen beschäftigten und dafür auf die introspektiven Äußerungen Erwachsener (Forschungsprobanden oder Psychotherapiepatienten) angewiesen waren, liegt der Schwerpunkt heute auf der direkten, videogestützten Beobachtung von Interaktion und der Koordination und Regulation von Beziehungen.

Die neuen Beobachtungsmöglichkeiten voraus erlauben Mikroanalysen von Verhaltensabstimmungen im Bereich von wenigen Hundertstel Sekunden. Diese für die Regulation von Beziehung nachweisbar relevante Zeitspanne liegt weit unterhalb der Möglichkeit bewusster Wahrnehmung von Verhalten, die mindestens dreißig Hundertstel Sekunden braucht, bis sie aktualisiert werden kann.

Offenbar haben wir es hier mit angeborenen Fähigkeiten zur sozialen Kommunikation zu tun, die sich im Prozess der Evolution herausgebildet haben, um das Überleben von Individuen und Gruppen sicherzustellen und nicht gelernt werden müssen. Diese Fähigkeiten beschränken sich nicht auf Menschen und existieren unabhängig von Sprache, die ein relativ junges Medium sozialer Kommunikation darstellt, wenngleich durch den Spracherwerb völlig neue Dimensionen affektiver Kommunikation entstehen, die fortan mit älteren affektiven Signalsystemen interagieren. Affektive Kommunikation in Humansystemen ist also außerordentlich komplex und zeichnet sich durch eine enge Verschränkung von körperlich-expressiven und sprachlichen Elementen aus[6].

Aus diesem Grund scheint mir eine begriffliche Differenzierung von Affekt, Gefühl, Emotion und Empathie hilfreich zu sein[7]. Unter *Affekten* verstehe ich nach Basch und Krause angeborene, kulturunspezifische körperliche Reaktionsmuster auf innere oder äußere Reize, die jeweils eine spezifische Ausdrucksgestalt (Mimik, Gestik, Vokalisation) sowie eine physiologische (z.b. endokrine Aktivierung zur Herstellung von Handlungsbereitschaft) und motorische Komponente (Verhaltensanbahnung über die Skelettmuskulatur) aufweisen (Basch 1992, S. 80ff; Krause 1997). Affektforscher sind sich mehr oder weniger einig, dass es eine begrenzte Zahl von primären Affekten gibt, die sich von Geburt an bzw. im Verlaufe der ersten 15 Lebensmonate sukzessiv beobachten lassen, sie tauchen automatisch in Reaktion auf bestimmte Ereignisse auf und sind nicht an Bewusstsein gebunden. Sie lassen sich sowohl als Information für das Selbst als auch – vermittelt über die expressive Dimension – für sozial relevante Partner verstehen, die eine schnelle Orientierung in der Umwelt ermöglicht. Während Affekte intrapsychisch das Antriebsverhalten organisieren sowie die Distanzregulation zu sozialen und anderen Objekten steuern,

---

6) Aus dieser Perspektive könnte es m.E. für die Systemtheorie gewinnbringend sein, den Körper nicht nur als organismisches Substrat psychischer und sozialer Prozesse anzusehen, sondern als konstitutiv sowohl für die Entwicklung psychischer wie auch sozialer Systeme anzusehen. Dafür müsste die Engführung auf Sprache als Sinn konstituierendes Medium verlassen und psychische und soziale Phänomene als verkörperlichte rekonstruiert werden (Lakoff und Johnson 1999).

7) Diese Unterscheidung ist ein Vorschlag für eine Sprachkonvention. Die genannten Begriffe werden in der Fachliteratur sehr unterschiedlich, manchmal auch synonym verwendet.

ermöglicht ihre expressive Seite als „semantisiertes Ausdrucksverhalten" (Bischof 1989) die Aktivierung von Fremdregulationsleistungen (etwa Fürsorgeverhalten) und die Regulation von Gruppenverhalten, etwa zur Vermeidung von Konflikten[8].

Von *Gefühlen* spreche ich in Anlehnung an Basch und Krause, wenn zum affektiven Empfinden und affektiven Ausdruck *bewusstes* Erleben und *sprachliche* Kategorisierung hinzukommen. Empfindungen werden nun benennbar und sind damit der Reflexion zugänglich. Gefühle sind soziale Konstruktionen, sie sind an einen sozialen Sprachraum mit einem spezifischen Repertoire an Gefühlswörtern gebunden und unterliegen der intersubjektiven Bewertung. Wir können unsere Affekte nach wie vor empfinden, aber – als momentan Empfundenes – sprachlich nur als „Gefühle" kommunizieren.

Emotionen sind komplexe kognitiv-affektive Einheiten, die über Gefühle insofern hinausführen, als sie sich auf einen anderen Zeithorizont als den der Gegenwart beziehen. Die Voraussetzung für die Herausbildung von Emotionen ist ein biografischer Selbstentwurf, der sich narrativ auf die Vergangenheit wie die Zukunft beziehen kann und von daher erlaubt, dauerhafte emotionale Dispositionen bzw. Erwartungen (Liebe, Hass, Glück etc.) in Bezug auf soziale Kontexte zu entwickeln und aufrechtzuerhalten.

Schließlich nennt Basch (a.a.O.) noch *Empathie* als – reiferen – Aspekt affektiver Kommunikation, worunter die spezifische Fähigkeit verstanden werden kann, sich mit der Affektlage eines sozialen Partners teilweise zu identifizieren und dessen Perspektive zu übernehmen, sich aber gleichzeitig aus dieser Identifikation wieder herauszubegeben („Dezentrierung"), um ein Angebot zur Regulation der Befindlichkeit des Anderen im Kontext der Beziehung machen zu können (trösten, aufmuntern, Interesse wecken etc.).

---

8) So dient der gezeigte Wutaffekt eben evolutionsgeschichtlich nicht in erster Linie der Vorbereitung von aggressiven Handlungen, sondern gerade ihrer Vermeidung durch seinen Signalcharakter für den potentiellen Gegner, hat also eine Copingfunktion (Bischof 1989).

Spannungsregulation und Affektabstimmung

Kommunikation unter Anwesenden lässt sich nicht auf sprachliche Kommunikation reduzieren. Jeder soziale Austausch hat eine körperliche Dimension von Ausdrucksverhalten, die sich auf visuelle, auditive und taktile Wahrnehmung bezieht, und die mehr oder weniger mit den Sprechakten der beteiligten Akteure verbunden ist. Das gesprochene Wort wird durch affektive Kommunikation verstärkt, abgeschwächt, negiert oder in seiner Bedeutung verändert – in jedem Fall markiert affektive Kommunikation immer einen Rahmen (im Sinne eines „frame" bei: Goffman 1980), der Möglichkeiten der Bedeutungsgebung für sprachliche Äußerungen sowohl generiert als auch einschränkt.

Liegt die Bedeutung körperlich-affektiver Interaktion in emotional nahen Beziehungen – etwa Paarbeziehungen oder Eltern-Kind-Beziehungen – auf der Hand, ist sie gleichwohl auch im Arbeitskontext ständig erfahrbar. Die Körperlichkeit sozialer Kommunikation ist nicht nur beobachtbar und intellektuell erschließbar, sie kann von allen Beteiligten als Affekt, Stimmung oder Spannung unmittelbar empfunden werden. Gruppen tendieren häufig dazu, Stimmungen und Gefühle zu teilen, was zum Teil mit der ansteckenden Wirkung von Affekten, aber auch u.a. mit gemeinsamen Sozialisationserfahrungen, wechselseitigem Aufeinanderangewiesensein und gruppenspezifischen Regeln des Gefühlsausdrucks zu tun hat (Brief und Weiss 2002, S. 289). So wie es einen individuellen Habitus gibt, in dem sich individuelle Bewegungsmuster und körperliche wie soziale Praxis sichtbar und unverwechselbar niederschlagen (Bourdieu 1979), so scheint es mir auch in manchen Teams einen Teamhabitus zu geben, eine Art charakteristischen „Gruppenkörper", der auf eine besondere Art „schwingt" und zusammenwirkt und wiederum die Kommunikationsbeiträge der Mitglieder in typischer Weise rahmt, ohne dass dies von den Beteiligten ohne Weiteres reflektiert werden oder von einem Beobachter leicht verwörtert werden könnte[9].

---

9) „In den Habitus sind die Denk- und Sichtweisen, die Wahrnehmungsschemata, die Prinzipien des Urteilens und Bewertens eingegangen, die in einer Gesellschaft am Werk sind; er ist das »Körper gewordene Soziale«, schreiben Krais und Gebauer als Soziologen (Krais und Gebauer 2002) und es ist evident, dass diese Verkörperlichung von Sozialität nicht ohne die beschriebenen Mechanismen affektiver Kommunikation vonstatten gehen kann.

Macht man allerdings auf diese Phänomene aufmerksam, wird deutlich, dass eine solche Beobachtung durchaus an das Empfinden der Mitglieder anschlussfähig ist.

Säuglingsforscher verstehen unter Affektabstimmung (engl. „affect attunement", vgl. Stern 1992) die verbale oder nonverbale Bemühung von Pflegeperson und Kind, eine Übereinstimmung empfundener Affekte herzustellen, die beziehungsverstärkend wirkt. Die Voraussetzung hierfür ist die Fähigkeit zur Erkenntnis, dass der Andere nicht notwendigerweise die eigenen Empfindungen teilt, dass vielmehr ein solches geteiltes Empfinden in der Regel das Ergebnis regulierender Aktivitäten, z.B. eines bestimmten Ausdrucksverhaltens, spezifischer Fokussierungs- und Selektionsleistungen und innerer Anpassungsprozesse auf beiden Seiten ist. Affektabstimmung ist daher erst ab einem bestimmten Alter möglich, wenn das Kind kognitiv in der Lage ist, getrennte innere Welten zu konzeptualisieren (was in der Entwicklungspsychologie als „theory of mind" konzeptualisiert wird). Vor diesem Zeitpunkt spielt die Regulation von Spannungen eine zentrale Rolle, wobei seitens der Pflegeperson auf die entsprechenden Signale des Kindes reagiert wird und sie die zum Ausdruck gebrachten Spannungszustände des Kindes durch eigene Angebote regulieren hilft (Füttern, Beruhigen, Spielen, Wickeln etc.).

Zu einem späteren Entwicklungszeitpunkt werden die Regulation von Spannungen und Synchronisierung bzw. Abstimmung von Affekten zunehmend mit sprachlichen Mitteln geleistet. Effektive Kommunikation setzt voraus, dass hierfür sowohl ein ausreichendes Vokabular zur Verfügung steht als auch die soziale Kompetenz, Sprache als soziales Regulationsmedium einzusetzen. Man kann aber davon ausgehen, dass der erfolgreiche Einsatz dieser Kompetenzen umso schwerer ist, je höher das Erregungsniveau der Kommunikationspartner ist und je intensiver Spannungen und Affekte ihre Wahrnehmung und ihr Erleben prägen. Sprachliche Verständigung und kognitive Strategien als Regulationsprinzipien bei Spannungen und Konflikten haben daher in einem mittleren Aktivationsbereich zwischen Über- und Untererregung die besten Erfolgsaussichten (vgl. Bischof 1986, S. 451 f.). Umgekehrt lässt sich häufig feststellen, dass ein Übermaß an Spannungen und negativen Affekten dazu führen kann, dass in Beziehungen wie in Gruppen und Teams die Fähigkeit zur sprachlichen Reflexion der Teamdynamik (im Sinne einer Kybernetik 2. Ordnung, nämlich der Beobachtung von Beobachtungen) zunehmend verschwindet.

Regulation von Affekten in der Teamsupervision

Vor diesem Hintergrund lässt sich fragen, welchen Beitrag Supervision für die Spannungsregulation und affektive Koordination in Teams leisten kann. Die Arbeitsaufgaben, deren Erfüllung ja Zweck der Teamkooperation ist, können am besten erledigt werden, wenn die Teammitglieder zu effektiver sachbezogener Kommunikation in der Lage sind und nicht durch Spannungen und ein Übermaß an negativen Stimmungen beeinträchtigt werden. Supervision kann einerseits Beobachtungen über die Selbstregulationsfähigkeit des Teams zur Verfügung stellen, andererseits aber auch selbst regulierende Interventionen anbieten, um konflikthafte Beeinträchtigungen zu reduzieren.

Voraussetzung ist dabei, dass die Supervisorin gelernt hat, sich der ansteckenden Wirkung von Stimmungen und Spannungen zu entziehen, diese zu identifizieren und ihre Wahrnehmung auf eine Weise mitzuteilen, die die Spannung im Team nicht vergrößert[10]. Dafür muss sie einen optimalen Arbeitsabstand zum Team halten, der ihr eine ausreichende Nähe erlaubt, um die eigenen affektiven Reaktionen zu registrieren, und gleichzeitig die nötige Distanz bietet, um diese Wahrnehmung in den Dienst des Arbeitsauftrages des Teams zu stellen.

Erfahrungsgemäß kann die bloße Benennung einer – diffusen – Spannung bereits deshalb einen regulierenden Effekt haben, weil sie eine Fokussierung erlaubt, damit eine Orientierungsmöglichkeit verschafft und evtl. eine konstruktive Interaktion der Beteiligten in Gang setzen kann. Eine klare Orientierung wird bei hohem Spannungsniveau ja gerade dadurch erschwert, dass indirekt, in Andeutungen „zwischen den Zeilen" oder in der dritten Person geredet wird („man sollte sich mehr um seine eigenen Angelegenheiten kümmern ..."), das Gespräch bei bestimmten Themen erstirbt oder nur in Abwesenheit bestimmter Personen in Gang kommt, Blickkontakt vermieden wird usw.

---

10) Eine spannungsvergrößernde Schweigetechnik, die – weil gegen jede Alltagserwartung an Gesprächsverläufe verstoßend – in psychoanalytischen Therapien durchaus ihren Platz hat, in der Supervision von Teams und Arbeitsgruppen einzusetzen, ist daher in der Regel kontraproduktiv, weil sie die desorientierende Wirkung der affektiven Spannung nur vergrößert, statt zu ihrer Klärung beizutragen.

Ähnliches gilt auch für die Benennung von sichtbaren, aber nicht artikulierten Affekten. Der Bezugsrahmen für den Supervisor ist dabei die Unterstützung der Arbeitsfähigkeit des Teams, nicht die Selbsterfahrung der Teammitglieder. Ziel kann deshalb nicht die Verstärkung negativer Affekte sein (etwa im Sinne einer Technik des heißen Stuhls zur Reinszenierung, d.h. dramatischen Übersteigerung von Konflikten innerhalb des Teams o.ä.), erst recht nicht die Bearbeitung privater Konflikte. Ebenso wenig hilfreich ist es aber andererseits, die Neigung von Teams (oder einzelnen Mitarbeitern) zu akzeptieren, die Bearbeitung affektiver Spannungen mit dem Argument zurückzuweisen, dass „private" Konflikte in der Supervision nichts zu suchen hätten.

An dieser Stelle muss eine Differenzierung von „privat" und „persönlich" vorgenommen werden, die auch vom Supervisor aktiv in die Supervision eingeführt werden kann, denn in der beruflichen Kommunikation nehmen sich die Anwesenden immer auch als Personen war, die ihre eigene Affektivität in die Arbeit mit hinein nehmen, während der private (Nicht-)Austausch (etwa in den Pausen) einer anderen Dynamik unterliegt. Dies ist umso mehr der Fall, wenn der Arbeitsauftrag „Beziehungsarbeit" ist – etwa in therapeutischen, pflegerischen oder pädagogischen Kontexten –, die gar nicht unpersönlich geleistet werden kann. Es ist also von großer organisationsbezogener Relevanz, ob negative oder positive affektive Rückmeldungen einem Mitarbeiter als Kollegen oder Privatperson gelten. In ersterem Fall handelt es sich nicht um eine Privatsache, sondern betrifft die Regeln für die Rückmeldekultur des gesamten Teams, im zweiten Fall muss die Kommunikation teamöffentlich als irrelevant in Bezug auf den gemeinsamen Arbeitsauftrag markiert werden (auch dies eine supervisorische Aufgabe).

Affektregulation seitens der Supervisorin bleibt aber nicht bei der Identifikation und Benennung von wahrgenommenen Affekten stehen, sondern erfordert darüber hinaus aktives Affektmanagement. Um sich mit Arbeitsproblemen und damit verbundenen eigenen Schwierigkeiten ohne Angst oder Schamgefühle konstruktiv auseinander setzen zu können, müssen sich alle Mitglieder des Systems ausreichend sicher fühlen können – nicht nur in der Supervision selbst, sondern auch darüber hinaus[11]. Für ein Minimum an Sicherheit sorgen

---

11) Insofern muss sich jede Frage oder Intervention der Supervisorin nicht nur auf ihre Bedeutung für den Fortgang der Supervisionssitzung selbst, sondern auch für den weiteren Verlauf der Zusammenarbeit im Team befragen lassen.

zwar in der Regel vorhandene organisationsspezifische Gefühls- und Darstellungsregeln, in jedem Fall aber muss sich ein Supervisor für das Sicherheitsgefühl aller Beteiligten an der Supervision zuständig fühlen – schon allein deshalb, weil eine wichtige Funktion von Supervision die Infragestellung eben jener organisationsspezifischer Gefühls- und Darstellungsregeln ist. Dies kann er nur durch eine aktive, strukturierende Haltung erreichen, indem er jederzeit deutlich macht, dass er eine Steigerung negativer Affekte nicht zulässt und auch unterbindet, dass Teilnehmer in ihrer Persönlichkeit angegriffen oder beschämt werden.

Über die Herstellung eines äußeren sicheren Rahmens hinaus kann ein Supervisor affektmodulierend intervenieren, indem er durch zirkuläre Fragen, reframing und andere Interventionstechniken neue Gesichtspunkte in den Supervisionsprozess einbringt und damit Interesse an und Neugier auf die Hinterfragung eigener Alltagsroutinen weckt. Interesse ist ein angeborener Affekt (Izard 1994, S. 219 ff.), der mehr noch als Freude von zentraler Wichtigkeit für jedwede Arbeits- und Veränderungsprozesse ist. Eine Supervision, die für die Beteiligten nicht grundsätzlich interessant ist (oder im Verlaufe eines Supervisionsprozesses wird), wird in Bezug auf die Erfüllung des Arbeitsauftrages des Teams keine Spuren hinterlassen. Die Induktion von Interesse und Neugier durch die Supervisorin in die Selbstreflexion des Teams ist also eine bedeutsame affektregulierende Funktion der Supervision.

Allerdings hört sich das leichter an, als es oft scheint. Gerade bei der Bearbeitung von Teamkonflikten muss ja der Supervisor Interesse für negative Gefühle aufbringen und vermitteln, die unter Umständen auch gegen ihn selbst gerichtet sind. Er muss seinen eigenen Ärger, seine eigene Scham oder gar seinen Überdruss interessant finden können, um nicht diesen affektiven Signalen intuitiv (und gegen das Team) zu folgen und damit seinem Arbeitsauftrag untreu zu werden. In manchen Fällen kann es auch darum gehen, ob es gelingt, bei Teams, die zu einer Supervision verpflichtet wurden und kein eigenes Anliegen mit der Supervision verknüpfen, grundsätzlich Interesse und Neugier für das Supervisionsformat zu wecken.

Dies alles stellt also gewisse Anforderungen an die Fähigkeit des Supervisors, Affekte, Gefühle und Emotionen im Team identifizieren zu können und zeitnah und flexibel Regulationsangebote zur Verfügung zu stellen, die sowohl beruhigen wie stimulieren, Sicherheit verschaffen wie auch Interesse wecken können. Dafür muss er sich selbst auch in stürmischen interpersonalen Konfliktsituationen sicher fühlen und Freude an affektiver Kommunikation haben können, was sich letzten Endes für ein Team als Ressource erweisen kann.

Gefühlsregeln und Gefühlsarbeit

Die Ausführungen des letzten Abschnittes könnten den Eindruck erwecken, als unterschieden sich affektive Prozesse in organisationsspezifischen Interaktionen nur unwesentlich von denen in Paaren und Familien und als wäre die Interaktion in Teams dem freien Spiel von Affekten und Gefühlen ausgeliefert.

Dieser Eindruck ist nicht beabsichtigt und allenfalls ein Artefakt der theoretischen Aufbereitung. Um affektive Kommunikation in Organisationen verstehen zu können, müssen wir nämlich noch einen wesentlichen Gesichtspunkt in die Untersuchung einbeziehen, nämlich die Regeln der Gefühlsdarstellung und ihre strategische Nutzung durch die kommunizierenden Anwesenden. In dem Maße, in dem Affekte und Gefühle im Zuge sozialer Evolution als Ausdrucksverhalten semantische Funktionen erhalten, können sie – in bestimmten Grenzen – bewusst und gezielt zur Steuerung von Beziehungen eingesetzt werden. Während die primären Affekte angeboren und unabhängig von der jeweiligen Kultur erkannt werden, existieren jeweils kulturspezifische Regeln für die Darstellung dieser Affekte (so genannte „display rules", vgl. Ekman und Friesen 1969) – auch die Anlässe, zu denen Affekte gezeigt werden, variieren kulturabhängig. Als bekanntes Beispiel wird in der Literatur öfter die Regel angeführt, dass in den USA die Siegerin einer Sportveranstaltung zu weinen, während die Verliererin ein Lachen zu zeigen hat. Während Japaner auf (aggressive) Angriffe auf ihre Würde mit einem (sozialen) Lächeln reagieren, müssen Araber in der gleichen Situation (etwa auf die Beschämung durch Lachen oder Lächeln) mit Wut reagieren[12].

Gefühlsregeln differieren aber nicht nur kulturell, sondern sind auch historischen Veränderungen unterworfen. So haben sich hierzulande in den vergangenen Jahrzehnten die Regeln für die Darstellung und Versprachlichung von

---

12) Man stelle sich für einen Moment die daraus möglicherweise resultierende symmetrische Eskalation zwischen einem wütenden Araber und einem wütenden Japaner vor!

Gefühlen in der Öffentlichkeit wie in Organisationen, aber auch in Beziehungen, stark verändert. Während früher die Mitteilung persönlicher Empfindungen u.U. einen Bruch gesellschaftlicher Gepflogenheiten gleichkam, durch den andere in Bedrängnis geraten konnten, kann es heute durchaus als eine Verletzung sozialer Erwartungen gelten, wenn man die eigene Affektlage nicht preisgeben möchte.

„Display rules" spielen für Organisationen als spezifische Kulturen eine besondere Rolle, denn „generally, emotions are managed in response to the display rules for the organization or job" (Grandey 2000). Wie eingangs erwähnt, gibt es eine Reihe von Untersuchungen bzgl. unterschiedlicher Gefühlsregeln im Kontakt mit Kunden, Klienten oder Publikum, d.h. mit der Umwelt des organisationalen Systems. Während es für Mitarbeiter im Kundendienst angemessen erscheint, ihren Kunden mit Freundlichkeit und einem Lächeln zu begegnen, wird von Staatsanwälten, Polizisten und Steuereintreibern eher erwartet, zurückhaltende bis negativ-einschüchternde Affekte an den Tag zu legen – von Richtern und Therapeuten wird wiederum eine eher neutrale, offene Haltung gewünscht (ebd.).

Auch wenn die vorliegende Literatur sich in erster Linie (in Anlehnung an Hochschild 1983) mit Gefühlsregeln beschäftigt, die den Umgang mit der Umwelt von Organisationen bzw. mit den Adressaten professioneller Dienstleistungen regeln, lassen sich auch organisationsintern schnell Gefühlsregeln ausfindig machen, die für die Kommunikation unter Anwesenden mehr oder weniger verbindlich sind, und deren Verletzung einen besonderen Legitimationsbedarf mit sich bringt. Diese Regeln werden nur zum Teil expliziert („wir hängen es nicht an die große Glocke, wenn uns etwas gegen den Strich geht" oder „wenn der Chef einen von uns angreift, zeigen wir ihm, dass mit uns nicht zu spaßen ist"), zum größeren Teil durch Versuch und Irrtum gelernt - bei Strafe der Beschämung bei Verstößen. Als Supervisor bringt man die entsprechenden Gefühlsregeln oft gerade dadurch in Erfahrung, dass man sich selbst nach einer Frage oder Bemerkung aufgrund der Reaktion im Team beschämt fühlt. Gibt man dem Schamaffekt nach (durch Vermeidung, Rückgängigmachung etc.), besteht die Gefahr, sich an die teamspezifischen Gefühlsregeln anzupassen, anstatt ihre Beobachtung in den Supervisionsprozess einzubringen und damit einer Reflexion zugänglich zu machen.

Wird die Befolgung bestimmter Gefühlsregeln von Angehörigen eines Berufes verlangt, handelt es sich laut Hochschild um Gefühlsarbeit[13]. Wenn Animateure im Freizeit-Club dafür bezahlt werden, gute Laune zu verbreiten, Stewardessen für Freundlichkeit und Fürsorge, Pflegekräfte für Zuwendung und Mitleid usw., müssen die eigene Affektlage und das erwartete emotionale Profil miteinander in Übereinstimmung gebracht werden. Dienstleister müssen deshalb ständig ihre eigenen, „authentischen" Empfindungen unterdrücken und Affektregulation unter Anpassungsgesichtspunkten vollbringen.

Die Selbstpräsentation von Gefühlsarbeitern erhält damit eine zwangsläufig dramaturgische Dimension, deren alltäglicher Charakter von niemandem auf faszinierendere Art und Weise analysiert wurde als von Erving Goffman (1983). Hochschild untersucht zwei mögliche Vorgehensweisen der Gefühlsarbeit: die eine bezieht sich auf die oberflächliche Darstellung der erwarteten Affekte z.B. durch Kontrolle der Mimik und Gestik (etwa durch die Aufsetzung einer freundlichen Miene Akzeptanz und Zuneigung zu signalisieren), die andere auf den Versuch, sich innerlich durch Verschiebung der Aufmerksamkeit, kognitive Veränderung der Situationsbewertung oder Erinnerung an andere Situationen in einen affektiven Zustand zu versetzen, der es ermöglicht, die erwarteten Affekte zu produzieren[14] (Hochschild 1983) – so lernen Stewardessen beispielsweise, die Passagiere als kleine Kinder zu imaginieren, um gleich bleibende Freundlichkeit an den Tag legen zu können.

In psychiatrischen Teams scheint es manchmal genauso wichtig zu sein, die Patienten als krank (und damit schuldlos) ansehen zu können, um ihnen gegenüber auch in Ekel oder Verachtung erregenden Situationen Zuwendung aufbringen zu können (etwa in einer Akut-Aufnahme in einer Suchtabteilung), wie im einer Justizvollzugsanstalt, die Insassen als gefährlich und bösartig anzusehen, um kein Mitleid mit ihnen zu bekommen.

---

13) „emotional labor" im Kontrast zu „emotional work", was im Deutschen als „Beziehungsarbeit" übersetzt werden könnte.

14) Diese Vorgehensweise beschreibt Hochschild in Analogie zur Stanislawski-Methode, mit deren Hilfe Schauspieler lernen, durch intensive Reaktualisierung eigener – vergangener – affektiver Erfahrungen einen authentischen aktuellen Gefühlsausdruck hervorzubringen.

Während Hochschild Gefühlsarbeit kritisch einschätzt, weil sie auf Dauer subjektiven Stress hervorbringt, der bis zum burn-out führen kann und zudem besonders Frauen belastet, weil Gefühlsarbeit überdurchschnittlich häufig in so genannten „weiblichen" Berufen verlangt wird, gibt es auch andere Stimmen. So streicht Rastetter entlastende Funktionen von Gefühlsarbeit heraus: „Mit Hilfe von Emotionsarbeit sind die Beschäftigten besser in der Lage, sich kognitiv von ihren inneren Gefühlen zu distanzieren und die emotionale Balance aufrecht zu erhalten. Besonders deutlich wird dieser Mechanismus bei Berufen, die heftige und unerwünschte Gefühle hervorrufen können, z.b. bei Ärzten und Pflegern [...]. Durch Emotionsarbeit schaffen diese es, Gefühle des Ekels, der sexuellen Erregung oder des Ärgers abzuspalten und gleich bleibend sachlich zu handeln. Insgesamt bieten die Techniken der Emotionsarbeit Hilfe zur Bewältigung der am Arbeitsplatz geforderten Leistungen. Damit ist sie nicht nur als Anforderung analog zu manuellen oder planenden Tätigkeiten zu verstehen, sondern auch als individuelles Coping-Verhalten im Sinne von Stressreduzierung und Konfliktvermeidung" (Rastetter 1999, S. 378).

Werden in der Teamsupervision in Kliniken und Beratungseinrichtungen Fälle geschildert, lassen sich häufig Schwierigkeiten bei der Einhaltung der sozial und organisational vorgegebenen Gefühlsregeln als Anlass für eine Vorstellung in der Supervision ausmachen: Patienten, die Ärger, Abscheu oder Ekel statt Zuneigung oder Mitleid hervorrufen, Klienten, denen man mehr Zuwendung und Unterstützung anbieten möchte als die Organisation zulässt usw[15].

In diesen Fällen geht es nicht nur darum, die erforderliche Affektlage mit Hilfe einer externen Supervisorin wieder zurück zu gewinnen. Vielmehr kommt gerade in therapeutischen und beraterischen Teams nicht selten ein Konflikt zwischen einer professionellen Affektregulation im Dienste der optimalen Behandlung von Klienten und einem Authentizitätsanspruch hinsichtlich der Äußerung der eigenen Befindlichkeit an die Oberfläche (etwa: *„wenn mich etwas ankotzt, muss ich auch mal im Team meinen Gefühlen freien Lauf lassen dürfen!"* oder: *„schließlich kann niemand von mir verlangen, dass ich mich dem Team zuliebe in meiner Persönlichkeit verbiege"*), der auch Auswirkun-

---

15) Dabei geht es nicht selten um Patienten/Klienten/Kunden, die ihrerseits nicht in der Lage sind, die ihrer sozialen Situation entsprechenden Gefühlregeln einzuhalten, sondern sich aggressiv, fordernd oder apathisch benehmen, während sie gleichzeitig massiven Zuwendungsbedarf signalisieren.

gen auf die affektive Kommunikation des Teams selber hat. In manchen Fällen kann das Team als Entsorgungsstation für negative Affekte benutzt werden, die in der Beziehung zu den Klienten nicht ohne weiteres untergebracht werden können. Dabei ist es aber auf Gefühlsregeln angewiesen, die es erlauben, über Klienten zu schimpfen oder sich lustig zu machen, ohne dass der Arbeitsauftrag selbst, nämlich sich diesen Klienten fürsorglich zuzuwenden, in Frage gestellt ist. Wenn beispielsweise auf einer psychiatrischen Akutstation eine gute Spannungsregulation und Affektabstimmung mit den Patienten höchste Priorität genießen und dabei eine entsprechend aufwendige Gefühlsarbeit verlangen, kann bei den Mitarbeitern die Vorstellung aufkommen, dass das Team ein Rückzugsraum sein sollte, der frei von den Anforderungen an Gefühlsarbeit sein sollte.

Teams, die diese Möglichkeit der Selbstregulation nicht institutionalisiert haben oder nur unzureichend handhaben können, sind dabei allerdings schnell überfordert und in Gefahr, dass die negativen Affekte gegenüber den Klienten sich nun auch im Team ausbreiten. Schnell ist spürbar, dass die „Patientenlästerung" nun zu weit geht und in eine generelle negative Haltung der Arbeit gegenüber umschlägt, die Verantwortung für das schlechte Klima zwischen den Mitarbeitern herumgeschoben wird usw. – die Folge sind verstärktes Misstrauen, moralische Zweifel, Beschuldigungen, die zunehmend die Kooperationsmöglichkeiten belasten.

In diesen Fällen kann die Supervision ein geeigneter – sicherer – Ort sein, den spontanen, ereignisbezogenen Affektausdruck von Teammitgliedern mit den organisationsspezifischen display rules zu versöhnen, indem beide Dimensionen affektiver Kommunikation durch den Supervisor auf einer Metaebene der Reflexion zugänglich gemacht werden. Dabei ist sowohl dem Bedürfnis nach „authentischer" Selbstdarstellung (das selbst wiederum nicht naturwüchsig, sondern ein Produkt historisch relativ junger Darstellungsregeln im Kontext von Individualisierungsprozessen ist, vgl. Trilling 1983) Rechnung zu tragen, das in den letzten 30 Jahren einen enormen Legitimitätszuwachs zu verzeichnen hatte und ohne dessen Berücksichtigung heute in vielen psychosozialen Arbeitskontexten Motivationsverluste riskiert würden, als auch der Notwendigkeit, die Darstellung persönliche Motive, Affekte und Einstellungen klar zu begrenzen und auf den Arbeitsauftrag der Organisation, der unabhängig von den individuellen Handlungspräferenzen der Systemmitglieder vorliegt, rückzubeziehen.

Abschließende Bemerkungen

Neben den genannten Aspekten ließen sich an dieser Stelle noch viele weitere Gesichtspunkte affektiver Kommunikation in Teamsupervisionen entwickeln. So bleibt diese Arbeit beispielsweise aus Platzgründen eine gründlichere Untersuchung spezifischer Affekte in Supervisionsprozessen schuldig. Zu erwähnen wären hier insbesondere die so genannten „sozialen Affekte" Stolz, Schuld und Scham, die sämtlich eine große Bedeutung für die Selbst(wert)-regulation von Teammitgliedern und Teams haben. Eine konstruktive team-interne Rückmeldekultur bzgl. positiver und kritikwürdiger Leistungen – und damit die Durchführung modernen Qualitätsmanagements – hängt z.b. ganz wesentlich davon ab, ob es im Team erlaubt und seitens der Mitarbeiter möglich ist, die eigene Praxis relativ angst- und schamfrei zu präsentieren, oder ob die Supervision selbst als Quelle für ganz unterschiedliche Beschämungen erlebt wird: Kompetenzscham, Abhängigkeitsscham, Scham durch Lob etc. (Möller 1998). Diesen Fragen kann hier nicht weiter nachgegangen werden.

Aus den vorgestellten Überlegungen heraus dürfte dennoch nachvollziehbar geworden sein, dass Supervisoren in der Wahrnehmung von Teamprozessen wie in der eigenen Handlungsorientierung ständig einen Balanceakt in Bezug auf die sachlichen Erfordernisse der Organisationszwecke einerseits und der Dynamik der Kommunikation unter Anwesenden andererseits erbringen müs-sen, wobei Letzteres wiederum neben den inhaltlich-sachlichen Beiträgen der Supervisionsteilnehmer sowohl die Äußerungen spontaner affektiver Befindlichkeiten als auch die Einhaltung bzw. (gezielte oder ungeplante) Nicht-Einhaltung organisationsspezifischer Regeln für die Darstellung von Affekten und Gefühlen beinhaltet. Diese Notwendigkeit wurde in diesem Beitrag aus-schließlich theoretisch dargestellt. Auf Praxisbeispiele wurde nicht nur aus Platzgründen, sondern auch aus konzeptuellen Erwägungen heraus verzichtet, da sie im Kontext dieser Arbeit ausschließlich illustrative Funktionen erfüllt hätten.

Stattdessen wird es zukünftigen Arbeiten vorbehalten sein, die hier ansatzwei-se präsentierten theoretischen Elemente in qualitativen Fallstudien konkreter Supervisionsprozesse am Material selbst zu rekonstruieren.

Literatur

Basch, M. F. (1992): Die Kunst der Psychotherapie. Neueste theoretische Zugänge zur psychotherapeutischen Praxis. München: pfeiffer

Beach, L. R. (1997): The Psychology of Decision Making. People in Organizations. Thousands Oaks – London – New Delhi: Sage Publications

Bischof, N. (1986): Das Rätsel Ödipus. Die biologischen Wurzeln des Urkonflikts von Intimität und Autonomie. München: Piper

Bischof, N. (1989): „Emotionale Verwirrungen. Oder: Von den Schwierigkeiten im Umgang mit der Biologie (Wolfgang-Köhler-Vorlesung)". In: Psychologische Rundschau 40: 188-205

Bourdieu, P. (1979): Entwurf einer Theorie der Praxis. Frankfurt am Main: Suhrkamp

Brief, A. P.; Weiss, H. M. (2002): „Organizational Behavior: Affect in theWorkplace". In: Annu. Rev. Psychol. 53: 279–307

Buchinger, K. (1997): Supervision in Organisationen. Den Wandel begleiten. Heidelberg: Carl-Auer-Systeme

Ekman, P.; Friesen, W. V. (1969): "The repertoire of nonverbal behavior: Categories, origins, usage, and coding". In: Semiotica 1: 49- 98

Flam, H. (1994): Fear, Loyalty, and Greedy Organizations. In: S. Fineman (Hrsg.): Emotion in Organizations. London – Thousand Oaks – New Delhi: Sage Publications, 58-75.

Goffman, E. (1980): Rahmenanalyse. Ein Versuch über die Organisation von Alltagserfahrungen. Frankfurt am Main: Suhrkamp

Goffman, E. (1983): Wir alle spielen Theater. Die Selbstdarstellung im Alltag. München: Piper

Goleman, D. (1997): Emotionale Intelligenz. München: dtv

Grandey, A. A. (2000): „Emotion Regulation in the Workplace: A New Way to Conceptualize Emotional Labor". In: Journal of Occupational Health Psychology 5(1): 95-110

Hejl, P. M. (1990): Soziale Systeme: Körper ohne Gehirne oder Gehirne ohne Körper? Rezeptionsprobleme der Theorie autopoietischer Systeme in den Sozialwissenschaften. In: V. Riegas und C. Vetter (Hrsg.): Zur Biologie der Kognition. Ein Gespräch mit Humberto R. Maturana und Beiträge zur Diskussion seines Werkes. Frankfurt am Main: Suhrkamp, 205-236.

Hochschild, A. (1983): The Managed Heart. The Commercialization of Feeling. Berkeley: University of California Press

Izard, C. E. (1994): Die Emotionen des Menschen. Eine Einführung in die Grundlagen der Emotionspsychologie. Weinheim: Beltz, Psychologie-Verlags-Union

Kersting, H. J. (2002): Konstruktivistisch-systemische Supervision und Beziehung - Ermunterung zu einem neuen Forschungsprogramm. Prof. Britta Haye zum 60. Geburtstag am 5.1.2002 gewidmet. In: H. Neumann-Wirsig und H. J. Kersting (Hrsg.): In Arbeit. Systemische Supervision und Beratung. Aachen: Kersting-IBS, 55-72.

Kieserling, A. (1999): Kommunikation unter Anwesenden. Studien über Interaktionssysteme. Frankfurt am Main: Suhrkamp

Krais, B.; Gebauer, G. (2002): Habitus. Bielefeld: transcript Verlag

Krause, D. (1996): Luhmann-Lexikon. Eine Einführung in das Gesamtwerk von Luhmann, Niklas. Stuttgart: Enke

Krause, R. (1997): Allgemeine Psychoanalytische Krankheitslehre. Band 1: Grundlagen. Stuttgart – Berlin – Köln: Kohlhammer

Kriz, J. (1997): Systemtheorie. Eine Einführung für Psychotherapeuten, Psychologen und Mediziner. Wien: Facultas Universitätsverlag

Lakoff, G.; Johnson, M. (1999): Philosophy in the Flesh. New York: Basic Books

Luhmann, N. (1984): Soziale Systeme. Grundriß einer allgemeinen Theorie. Frankfurt am Main: Suhrkamp

Luhmann, N. (1992): Organisation. In: W. Küpper und G. Ortmann (Hrsg.): Mikropolitik. Rationalität, Macht und Spiele in Organisationen. Opladen: Westdeutscher Verlag, 165-185.

Mellers, B. A.; Schwartz, A. et al. (1998): „Judgment and Decision Making". In: Annu.Rev.Psychol. 49: 447-477

Möller, H. (1998): „Schamerleben in Supervisionsprozessen". In: Gruppendynamik 4: 403-419

Rastetter, D. (1999): „Emotionsarbeit. Stand der Forschung und offene Fragen". In: Arbeit **8**(4): 374-388

Simon, F. B. Hrsg. (2002): Die Familie des Familienunternehmens. Ein System zwischen Gefühl und Geschäft. Heidelberg: Carl-Auer-Systeme

Stern, D. N. (1992): Die Lebenserfahrung des Säuglings. Stuttgart: Klett-Cotta

Trilling, L. (1983): Das Ende der Aufrichtigkeit. Frankfurt am Main – Berlin – Wien: Ullstein

Welter-Enderlin, R.; Hildenbrand, B. Hrsg. (1998): Gefühle und Systeme. Die emotionale Rahmung beraterischer und therapeutischer Prozesse. Heidelberg: Carl-Auer-Systeme

RAUM – KöRPER – BEWEGUNG
in Supervision und Beratung

wie einen workshop zwischen
Buchdeckeln zum tanzen
bringen? – Ein Versuch

Doris Stöckli

Heidelberg. Ein modernes Hochhaus aus Glas und Stahl. Beim Betreten wird
das Innere „auf einen Blick" sichtbar: alle Arbeits-Räume haben eine Fenster-
front zur Stadt und eine Glaswand zum Innenhof, die rollenden Treppen zeigen
grosszügig, was sie in Bewegung versetzt.

Das Licht fällt vom Dach und von allen vier Seiten des Gebäudes. Der einzige
Raum ohne Aussenlicht: im Erdgeschoss. Eintritt in das Innere „der Tomate":
das Auditorium.

Rund um den Glaspalast, ein Wassergraben mit grossen Steinen – Einladung
zu einer bar-Fussmassage.

Vierter Stock. Ein **Arbeitsraum**, Stühle am Rand, ein Tisch. Neunzehn Frauen
und ein Mann treten ein, gehen im Raum, erkunden, nehmen den Raum in
Besitz , im eigenen Rhythmus. Lassen sich leiten von der Neugier, der Freude
und Vielfalt der eigenen Bewegung, variieren das Schritttempo, vorwärts,
rückwärts, Gänsemarsch, mit Hand und Fuss, auf Zehenspitzen und was ihnen
sonst noch einfällt.

Konzentrieren sich auf eigene(n) Raum – Körper – Bewegung. Aussen und Innen. Ohne Worte.
Was fällt ein, fällt zu, kommt in den Sinn, ausserhalb der gewohnten Bewegung in einem Arbeits-Raum? Ohne in Routine zu verfallen.

Beginnen andere im Raum wahrzunehmen, ahmen Bewegungen nach, die ihnen gefallen, fremd anmuten, neu sind und brauchen die ganze Aufmerksamkeit, um die fremde Bewegung präzise zu erfassen. Es entstehen neue bewegte Kreationen.

Alle suchen ihren Platz im Raum: auf Stuhl, am Boden, im Schneidersitz, mit hochgelagerten Beinen, an Wand gelehnt: Wache, belebte, aufmerksame Gesichter.

Was geschieht, wenn Menschen in Achtsamkeit, Spielfreude, Neugier, Lernoffenheit miteinander einen Raum betreten, bereiten, erkunden? Es fällt der Satz: „**Wir SIND Körper**"

Stanley Keleman

„ ... we walk in room ... how is the room to us ... how are we to the room ..."

Gabrielle Roth

„Dass räumliche Bedingungen die Interaktion zwischen Klienten und BeraterInnen sowie deren Lebensqualität beeinflussen, ist unbestritten, diesen Personen jedoch nicht immer bewusst. Meistens werden räumliche Bedingungen wegen technischen Einschränkungen oder eingeschliffenen Gewohnheiten als unbeeinflussbar wahrgenommen. Als Folge davon werden sie – im Sinne förderlicher Ressourcen – zu wenig genutzt."

Rudolf Welter
Architektur- und Umweltpsychologe

Jonglier-Bälle, Yo-Yos (für verschiedene Geschmäcker: Metallig-elegant bis hölzern-währschaft), Tennisbälle, Spickbälle, Handschmeichler, verschiedene Sitzgelegenheiten im Raum – sind Einladung zu spielerischer Bewegung und Interaktion. Fördert Konzentrations- und Koordinationsfähigkeiten.

Was wird wohl, wenn nach Supervisionen, Beratungen die Rücken gestärkt, Gelenke gelockert, Kiefer weich und entspannt, Geist wach und aufnahmefähig?

Den alltäglichen Arbeits-Raum wahrnehmen, gestalten, bildhaft in Worten verändern:

„Der narrative Raum

Abstellraum, Abtritt, Aufzug, Bad, Boudoir, Bruchbude, Büro, Chambre séparée, Cockpit, Couloir, die gute Stube, Diele, Dusche, Eingang, Erker, Estrich, Extrazimmer, Flur, Fremdenzimmer, Gang, Garage, Gasse, Gästezimmer, Gemach, Gesindestube, Giebelzimmer, Gondel,Gosse, Grossraum, heilige Hallen, Heiligtum, Höhle, Kabäuschen, Kabine, Kabinett, Kabuff, Kajüte, Kammer, Kasten, Keller, Kemenate, Kinderzimmer, Klo, Kombüse, Korridor, Küche, Labor, Laden, Lift, Loch, Loft, Logis, Mädchenzimmer, Mansarde, Nebenraum, Pforte, Prunkgemach, Räumlichkeit, Remise, Saal, Salon, Säulensaal, Schalander, Schlafzimmer, Schnürboden, Séparée, Speisekammer, Verlies, vier Wände, Vorzimmer, Wartsaal, Wartezimmer, WC, Wohnraum, Wohnzimmer, Zweizimmer-Wohnung."

SADS - Interkulturelles Theater, Zürich

Denken lässt sich auch im Stehen
oder Bewegungsgewohnheiten durchbrechen heisst auch
Denkmuster in Bewegung setzten:

Für Herz und Hirn:
Einladung zu kleinen Experimenten im Alltag

- Zehenspiel
- Finger-Yoga
- (z.B. Fingerkuppen beider Hände aufeinander legen)
- Atemrhythmus beobachten
- Bewegung einfrieren und Position verändern zugunsten einer tiefen Bauchatmung
- Augen im Raum tanzen lassen
- den Kopf sanft kreisen lassen, „Mohnblume im Kornfeld"
- Menschen, die auch nach längeren Sitzungen, lebendige
- Energie ausstrahlen, nach ihrem „Geheimnis" befragen
- mit geschlossenen Augen zuhören
- häufig Perspektivenwechsel durch Sitzplatzwechsel

Bewegung
beim Wort nehmen

„... die Leute haben ihre Schritte gemacht ...“
Petra Schreiber, „Über die Schulter geschaut – Coaching bei der Deutschen
Flugsicherung“ Referat an den Supervisionstagen

Gehen
Aus sich herausgehen
In sich gehen

Welcher Schritt passt zur jetzigen Situation -
    in Team, Firma, als Führungsperson
Gemeinsamen Schritt finden
Individuelle Schritte gleichzeitig möglich, erwünscht?
Schrittwechsel proben
Schritte verstärken – wiederholen – auflösen – neu

Wie läuft sich mit der Schulter voraus?
Wohin führt die neue Perspektive mit Blick über die Schulter?

Über
      die
            Rolltreppe
                  nach
                      unten

und vor dem Glaspalast der Heidelberger Druckmaschinen bewegt sich uner-
müdlich, in langsamen, weichen Bewegungen das „S-Printing Horse“ mit den
menschlichen Gesichtern - unaufhörlich, ausgreifend bis in den dritten
Stock.

Hören, was die Kunden sagen –
Vertraut damit werden, dass es tatsächlich
anders kommen kann!

Heidemarie Neumann-Wirsig

Liebe Leserin, lieber Leser,

darf ich Sie einladen zu einem gedanklichen Gespräch - zeitversetzt? Während ich beim Schreiben einen inneren Dialog mit Ihnen führe, können Sie das gleiche beim Lesen tun. Zunächst gehe ich davon aus, dass Sie interessiert sein könnten, wie ich lösungsorientiert berate, und ich möchte Ihnen gerne von meiner Arbeit erzählen.

Dabei stellen wir uns gegenseitig Fragen und formulieren mögliche Antworten, die zu weiteren Fragen führen und so weiter ... Indem ich damit beginne, Ihnen Fragen zu stellen, lade ich Sie ein, mit mir in den Dialog zu treten.

Wie beginnen Sie eigentlich Ihre Beratung? Was ist Ihre erste Frage, nachdem Sie den Kunden empfangen haben und der Small talk hinter Ihnen liegt? Wie lautet Ihre Lieblings- (oder Standard-) Eröffnungsfrage? Wie machen Sie dem Kunden deutlich, dass sozusagen in diesem Moment die Sitzung beginnt? Welche Spur legen Sie?

Da jede Frage unausweichlich eine Vorannahme enthält (Neumann-Wirsig 1996, S.90 ff), lade ich Sie an dieser Stelle zu einem kleinen Experiment ein: Schreiben Sie die drei für Sie wichtigsten oder von Ihnen am häufigsten benutzten Fragen in Ihrer Beratung auf. Nehmen Sie sich einen Moment Zeit und untersuchen Sie Ihre Fragen auf die in ihnen enthalten Vorannahmen.

Worauf basieren Ihre Fragen, was bringen sie zum Ausdruck? Wahrscheinlich werden Ihre Fragen Ihre Annahmen über Menschen und über Beratung implizieren und damit transportieren.

Im nächsten Schritt überprüfen Sie, ob Sie von den enthaltenen Vorannahmen auch wirklich überzeugt sind? Wenn Ihre Vorannahmen nicht mit Ihren Ansichten über Menschen und Beratung übereinstimmen, sollten Sie versuchen Ihre Fragen so zu formulieren, dass sie Ihre Überzeugungen widerspiegeln (Walter/Peller 1994, S. 26).

Wie haben Sie sich auf den Kunden vorbereitet, welche Bilder, Konstruktionen haben Sie sich von ihr oder ihm gemacht? Was kommt Ihnen in den Sinn, wenn Sie an sie oder ihn denken, was fokussieren Sie, was blenden Sie aus? Wenn Sie systemisch-konstruktivistisch geprägt sind, ist es Ihnen selbstverständlich, dass Ihre Konstruktionsprinzipien, Ihre Beobachtungskriterien vor allem etwas über Sie selbst aussagen und wenig über den Kunden?

Was tun Sie, um ein positives Klima, eine angenehme Atmosphäre herzustellen, in der sich der Kunde zur Zusammenarbeit mit Ihnen eingeladen fühlt?

Spuren legen

Meine Vorbereitungen konzentrieren sich im Wesentlichen auf drei Aspekte:

- Wie gestalte ich das Yes-Set?
- Welche Komplimente kann ich dem Kunden geben?
- Welche zwei alternativen Bilder von diesem Kunden konstruiere ich mir?

Das **Yes-Set** ist der Hypnosetherapie, wie Milton Erickson sie entwickelt hat, entnommen. Man hat beobachtet, dass der Mensch auf eine Reihe von Aussagen, die er als wahr erkennt und denen er innerlich oder sogar sichtbar zustimmt, eher geneigt ist, eine Frage zu akzeptieren oder in eine Richtung mitzugehen, die ein wenig von seinen bisherigen Überzeugungen oder Annahmen abweicht.

Kunden gehen üblicherweise davon aus, dass die Beraterin sie am Anfang nach ihrem Problem fragen wird. Darauf haben sie sich innerlich vorbereitet und in Gedanken bereits formuliert, was sie erzählen werden. Ist das der Fall, so hilft die Konstruktion des Yes-Set, den Weg der Lösungsorientierung vorzubereiten, in dem der Aufmerksamkeitsfokus verlagert wird und eine – in diesem Augenblick - zustimmende Haltung eingenommen werden kann. Beispiele für Aussagen zum Yes-Set sind: „Sie sind Führungskraft in...", „Sie sind Sozialarbeiterin", „...mit viel Berufserfahrung", „mit einer für Sie neuen Aufgabe", „Sie haben ein Projekt übernommen" usw. Mindestens drei dieser Aussagen sollten nacheinander formuliert werden. Die Grundlagen für das Yes-Set ergeben sich meistens aus den Vorinformationen. Das Yes-Set bewirkt auf jeden Fall eine fokussierte Aufmerksamkeit und unterstützt die Entwicklung einer angenehmen Atmosphäre.

Komplimente zu Beginn eines Coaching oder einer Supervision auszusprechen, heißt die positiven Dinge hervorheben, die man z.B. im Telefonat oder im ersten Moment des Gegenüberstehens beobachtet hat. Es dürfen auch Äußerlichkeiten sein: „... alles so geregelt, um pünktlich hier zu sein.", „... gerüstet für alle Wetterlagen.", „ vorbereitet auf unser Gespräch.", „ lange Anreise/große Entfernung akzeptiert." Diese Art der Komplimente hat eine kurze Haltbarkeit. Sie wird als angenehm empfunden und ist gleichzeitig schnell „verraucht".

Häufig ergeben sich Anhaltspunkte für Komplimente aus dem Small talk, wenn Sie z.B. den Kunden nach dem Verlauf seines Arbeitstages fragen oder nach seiner sonstigen Lebensgestaltung bzw. wie er üblicherweise seine Zeit verbringt. Komplimente, die auf diese Informationen aufgebaut werden, beginnen häufig so: „Mir scheint, Sie sind jemand die/der ..." oder „Nicht jeder an Ihrer Stelle würde ..." Diese Komplimente können ein kurzes Innehalten, Nachdenken, Nachspüren bewirken und zur Reflexion einladen. Ich habe beobachtet, dass sie sehr haltbar sein können und sie dem Kunden im Laufe der Beratung immer wieder in den Sinn kommen.

Die Komplimente ähneln einem freundlichen leichten Schulterklopfen. Bereits an dieser frühen Stelle des Gespräches gibt es manchmal schon Hinweise auf Stärken und Fähigkeiten des Kunden, die die Beraterin aufmerksam registrieren und evtl. in ein Kompliment einkleiden sollte.

Von der Beraterin erfordert das Gestalten von Komplimenten von Beginn an eine wache Aufmerksamkeit für den Kunden und seine Geschichten sowie die eigene Beobachtungsfokussierung auf Positives.

Möglicherweise spüren Sie als Leserin oder Leser an dieser Stelle ein Sträuben Ihrer Nackenhaare oder ähnliches. Das wäre durchaus nicht ungewöhnlich, da wir in unserem Kulturkreis in der Regel gelernt haben, dass „Eigenlob stinkt" und andere Lob „nur" einsetzen, um etwas zu erreichen. Sicherlich stimmen diese Erfahrungen für den Betroffenen und es macht Sinn, behutsam zu sein. Meine eigenen Erfahrungen und vor allem die Rückmeldungen meiner Kunden bestätigen mir, dass Lob, Anerkennung und Komplimente die Supervisandinnen und Coachees stärken und unterstützen. Voraussetzung dafür ist, dass Komplimente ehrlich gemeinte Rückmeldungen sind, die auf Beobachtungen der Beraterin beruhen. Alles unehrliche, trickhafte, technische spürt der Kunde sofort und wirkt nachteilig auf die Beratung.

Reagiert der Kunde auf das Kompliment irritiert oder findet er das Anerkennen eher befremdlich, kann es nützlich sein, ihn/sie zu fragen, mit welchen Worten, Sätzen, Handlungen er/sie sich selbst zu ermutigen und zu loben pflegt. (Wenn Sie mögen, können Sie diese Übungen auch einmal an sich selbst ausprobieren und die Wirkungen beobachten. Vielleicht ist es für Sie auch ungewohnt, sich selbst anzuerkennen.)

Seminarteilnehmer fragen gelegentlich, ob das Komplimentieren und Loben wirklich sein muss. Ich bin der Meinung ja, es muss sein. Es ist für mich der Ausdruck einer Haltung und einer bestimmten Einstellung Menschen gegenüber, die für mich untrennbar mit dem lösungsorientierten Arbeiten verbunden ist.

Die Technik des **zweiten Bildes** besteht darin, dass ich mir zunächst verdeutliche, welches Bild ich mir aufgrund der Vorinformationen von meinem Kunden kreiert habe, so als ob ich dieses Bild zeichnen wollte. Dabei achte ich auch auf meine gefühlsmäßigen Reaktionen. Das bedeutet, ich beobachte mich beim Beobachten. Im zweiten Schritt „male" ich mir (mindestens) ein zweites Bild, das zum ersten eher konträr ist und achte erneut auf meine Gefühle. Als Selbstsupervision stelle ich mir dann die Frage: „Angenommen, ich würde mich für die zweite Version entscheiden, welche Auswirkungen hätte das auf die Beratung?" Damit versuche ich die unterschiedlichen Wirkungen meiner Entscheidungen zu antizipieren. Der nächste Schritt besteht darin, mich selbst zu fragen: „Mal angenommen, es käme alles ganz anders...?"

Dieses Vorgehen hat eine befreiende Wirkung. Es ähnelt einem inneren Abschütteln und ruft gelegentlich ein inneres Schmunzeln hervor. Die Technik des zweiten Bildes ist eng verbunden mit einer anderen überaus wichtigen beraterischen Fertigkeit im lösungsorientierten Gespräch, dem Ausklammern des eigenen Bezugsrahmens. Darauf komme ich später noch zurück.

Bevor ich mein weiteres Vorgehen im lösungsorientierten Gespräch beschreibe, z.B. wie es nach den Komplimenten weitergeht, wende ich mich der Basis dieser Denk- und Arbeitsweise zu. Lösungsorientiert zu beraten heißt, das Paradigma zu wechseln, sich einer permanenten Herausforderung zu stellen, eine andere Brille aufzusetzen, das eigene Denken um 180° zu wenden. Anhand der Gegenüberstellung zweier Paradigmen, des gewohnten, Probleme zu analysieren und dazu Lösungen zu entwickeln und des neuen, sich direkt der Lösungskonstruktion zuzuwenden, möchte ich die Unterschiede verdeutlichen.

Der Paradigmenwechsel:

Den Problemen auf den Grund gehen oder der Lösung auf der Spur sein?!

Stellen Sie sich vor, Sie stehen an einer Wegkreuzung mit zwei Wegweisern. Auf dem ersten Schild steht: „Den Problemen auf den Grund gehen...", auf dem zweiten lesen Sie: "Der Lösung auf der Spur..." Für welche Richtung entscheiden Sie sich?

Den Beginn einer Beratung zu gestalten bedeutet neben vielem anderen, dem Kunden eine Richtung vorzuschlagen, eine Spur zu legen oder eine Einladung auszusprechen. Als Beraterin entscheiden Sie zunächst, welche der vielen Möglichkeiten Sie auswählen.

Möchten Sie den **Problemen** auf den Grund gehen, werden Sie z.B. fragen: „Was ist Ihr Problem?" Der Kunde ist damit eingeladen, in seinen gedanklichen Suchbewegungen nach dem Problem Ausschau zu halten. In der Folge werden Sie viele Informationen über das oder die Probleme sammeln. Immer weiter und ausführlicher schildert Ihnen der Kunde sein Problem in der Hoffnung, dass Sie ihn verstehen werden und eine Lösung für sein Problem wissen. Das Problem, sein Entstehen, seine Auswirkungen, seine Bedeutungen für den Kunden und andere werden ausführlich und sorgfältig exploriert. Sie gehen mit dem Kunden in die Tiefe, hören aufmerksam zu, Sie fühlen sich ein und versuchen, das Problem in seinen Dimensionen zu erfassen.

Arbeiten Sie systemisch, werden Sie beim Zuhören und Nachfragen beginnen, Hypothesen zu bilden und erste Interventionsideen zu entwickeln. Sie konstruieren Zusammenhänge und setzen Ihre Interventionen im Bewusstsein der Unmöglichkeit, Menschen instruieren zu können. Sie haben Ideen, wie es besser laufen könnte für den Kunden, wie der Kunde dahin kommen kann und was helfen könnte, dieses Problem zu lösen.

Fühlen Sie sich anderen Erklärungsmodellen verbunden, entwickeln Sie eine Diagnose als Grundlage Ihres weiteren Vorgehens und Ihrer Interventionen. Sie sind die Expertin, Sie wissen, was der Kunde tun oder lassen muss, wohin er sich im besten Fall entwickelt, was er lernen muss, was ihm helfen wird, sein Problem zu lösen. Der Weg ist klar und eindeutig. Sie sind sicher, dass es eine passende Lösung zu diesem Problem gibt.

In beiden Fällen sind Sie auf Grund Ihres Wissens, Könnens, Ihrer Erfahrung Expertin für die Lösung, die das Ende eines Weges markiert. Die Trennung zwischen Ihnen als Beobachterin und dem Kunden mit seinem Problem als zu Beobachtendem ist die Folge.

Das Sammeln von Informationen, das Verstehen der Zusammenhänge, das Erstellen von Hypothesen und Diagnosen verfolgt ein einziges Ziel: die passende Lösung zum Problem zu finden oder das System so zu stören, dass es von sich aus eine Lösung entwickelt. In jedem Fall soll das Problem gelöst werden. Problem und Lösung stehen nach wie vor in einem ursächlichen Zusammenhang.

Problemorientiertes Beraten hilft dabei, dass der Kunde Einsichten in vergangene Zusammenhänge gewinnt. Manches versteht er selbst besser oder anders, er kann sich die Dinge leichter erklären und weiß, was er warum tut oder auch lässt. Der Kunde wird eingeladen, sich mit seinen Schwierigkeiten auseinander zu setzen und ihnen nicht auszuweichen oder sie zu verdrängen. In den meisten Fällen sinkt der Energiepegel während der Auseinandersetzung mit den Problemen, und der Zugang zu den eigenen Ressourcen wird blockiert.

Die Motivation zur Veränderung, zum Beginn einer anderen Handlungsweise wird in dem Druck gesehen, den das Leiden erzeugt. Hier soll die Kraft entstehen, die gebraucht wird, um etwas anderes zu tun, zu empfinden, zu sehen usw.

Wenn Sie die **Lösungsspur** aufnehmen möchten, werden Sie bereits zu Beginn der Beratung Fragen in diese Richtung stellen, z.B. „Was ist Ihr Ziel, wenn Sie hierher kommen?" Die weiteren Fragen der Beraterin dienen der „Ergebnisexploration" und unterstützen den Kunden darin, sein gewünschtes Ergebnis der Beratung zu beschreiben. Die Idee dabei ist, dass man, um von A (dem Problem) nach B (der Lösung) zu kommen, mehr Informationen über die Lösung und/oder den Weg dahin benötig als Informationen über das Problem. Wenn Sie eine Reise planen, werden Sie sich auch vor allem mit dem Zielort und dem Weg dahin beschäftigen und weniger mit dem Ausgangspunkt Ihrer Reise.

Ein wesentlicher Teil lösungsorientierten Arbeitens besteht darin, die Wahrnehmung des Kunden, so wie er sie beschreibt, zu erkunden und zu bestätigen. Die Wahrnehmungen von Menschen sind ganzheitlich. Sie schließen die Gedanken, Gefühle, Verhaltensweisen und Erfahrungen ein (de Jong/Berg 1998, S. 64). Es gilt wertzuschätzen und anzuerkennen, dass es eine von mehreren Möglichkeiten ist, in dieser ganz speziellen Art und Weise seine Wirklichkeit zu konstruieren.

Meine Erfahrung zeigt mir, dass Menschen eher bereit sind, ihre Annahmen, Handlungen und Überzeugungen zu überdenken, wenn sie erkennen, dass ihre Auffassungen respektiert werden. Selbst wenn es mir unlogisch oder unrealistische vorkommt, wie der Kunde die Sache sieht oder erklärt, bemühe ich mich um ein akzeptierendes und neugieriges Verhalten.

Auf der Lösungsspur wird die Beraterin weder Hypothesen noch Diagnosen bilden, sondern mit den Wahrnehmungen und dem Bezugsrahmen des Kunden arbeiten. Der Bezugsrahmen stellt das Gesamtbild der Definitionen und Bedeutungsgebungen eines Menschen dar. Es sind die Bedeutungen und Bewertungen, die der Kunde seinen Erfahrungen und Handlungen beimisst.

Der Bezugsrahmen ist zu vergleichen mit den Regeln eines Spieles oder mit einem spezifischen Code. Er stellt ein Informations- und Strukturierungsmittel dar, das auf alle Ereignisse, Erlebnisse und Beobachtungen angewendet wird. So verfügt jeder Mensch über seinen eigenen Code, mit dem er sich die Dinge „verschlüsselt".

Elemente des Bezugsrahmens sind z. B.: Was und wer ist dem Kunden wichtig? Welche Personen, Beziehungen und Ereignisse sind bedeutsam und wie bewertet er die Geschehnisse?

Während die lösungsorientierte Beraterin sich auf den Bezugsrahmen des Kunden konzentriert, ihn erkundet und erforscht, entwirft die Systemikerin auf dem Hintergrund ihres eigenen Bezugsrahmens, zu dem auch das fachliche Wissen und Können gehören, ihre Hypothesen und Interventionen. Selbst wenn sie „nur" irritieren oder anregen möchte, geht sie von ihrem eigenen Bezugrahmen aus, dass Irritieren und Anregen irgendwie nützlich für den Kunden sein könnten.

Unter anderem unterscheidet sich an dieser Stelle systemisches Arbeiten vom lösungsorientierten, das dem Kunden hilft seinen ganz speziellen, eigenen Weg zu entwickeln. Nur, wenn der Kunde in der Irritation durch die Beraterin eine hilfreiche Unterstützung annimmt und das so beschreibt, ist die Beraterin eingeladen zu irritieren.

Indem die Beraterin sich am Bezugsrahmen des Kunden orientiert und darauf bedacht ist zu erforschen, was für den Kunden beim Entwickeln seiner Lösungen nützlich und unterstützend ist, wird der Kunde zum Experten. Er allein weiß, was er Schritt für Schritt tun wird, damit sich die Dinge für ihn bessern. Dabei sind die Ausnahmen und die kleinen Erfolge wichtige Elemente, denn sie zeigen in Richtung Lösung. Die Beraterin ist die Expertin für die Fragetechnik, der Kunde ist der Experte für die inhaltliche Entwicklung seiner Lösung.

Ein Beratungsgespräch ist ein Interaktionsprozess professioneller Art zwischen jemandem, der Hilfe sucht und einem, der über entsprechendes know how verfügt und Hilfe anbietet. In diesem Interaktionssystem haben alle Beteiligten Einfluss auf einander und sind von einander abhängig. Es entsteht ein gemeinsamer, einmaliger Konstruktionsprozess, der in der lösungsorientierten Beratung auf die Entwicklung von Lösungen ausgerichtet ist. Die Trennung zwischen Beobachterin und zu Beobachtendem ist aufgehoben.

Die Suche nach Ausnahmen gehört neben anderem zu den wichtigsten Schritten im lösungsorientierten Beratungsgespräch. Anstatt nach den Ursachen des Problems zu forschen, konzentriert sich die Beraterin zusammen mit den Kunden auf die Zeiten, in denen das Problem hätte grundsätzlich auftreten können, sich aber nicht gezeigt hat. Interessant ist herauszufinden, wie der Kunde die Ausnahme zustande gebracht hat, was und wer die Ausnahme ermöglicht hat und wie sie erneut herbeigeführt werden kann. In den Antworten auf die Fragen nach den Ausnahmen zeigen sich bereits Lösungen. In diesem Sinne stellen Lösungen den Beginn neuer und nicht das Beenden alter Verhaltensweisen dar.

Das möglicherweise Unglaublichste an lösungsorientierter Beratung ist, dass sie ganz auf das Problem und seine Erklärung verzichten kann, weil die Analyse des Problems und der Ursachen keine notwendige Bedingung für die Konstruktion von Lösungen darstellt. Ich habe schon häufig Beratungsgespräche geführt, bei denen ich vom Problem des Kunden tatsächlich nichts wusste, weil ich nicht danach gefragt habe, er mir von sich aus nichts davon erzählt hat, und es für die Erfindung einer Lösung unerheblich war. In solchen Beratungsgesprächen kann der Kunde das gewünschte Ergebnis der Beratung zu Beginn beschreiben, und – viel wichtiger noch – empfindet es nicht als Geringschätzung, wenn wir seinem Problem keine Aufmerksamkeit schenken.

Probleme sind wie Lösungen Bedeutungsgebungen, indem eine Situation, ein Erlebnis, eine Beobachtung als Problem bzw. Lösung angesehen wird (Neumann-Wirsig 1996, S. 94) Sie stehen nicht in kausalem Zusammenhang, sondern auf einer Ebene, der der Bewertung einer Begebenheit. So kann z.B. die Vorstellung, vor vielen Menschen reden zu müssen, bei dem einen eine Horrorvision hervorrufen, für den anderen wirkt diese Idee wie ein Lebenselixier.

Insa Sparrer stellt eine Verbindung zu Wittgenstein her: „Hier weist Wittgenstein darauf hin, dass Probleme und Lösungen von gänzlich verschiedener Art und nicht auseinander ableitbar sind." (Sparrer 2001, S. 31).

Die Lösungsspur schafft keine Erkenntnisse über das Problem, sein mutmaßliches Zustandekommen und seine Zusammenhänge. Stattdessen ist sie eine konsequente Ausrichtung auf das Handeln und die Beobachtung von Tun, von Merkmalen der Unterscheidung.

Veränderungen sind in zweierlei Hinsicht beobachtbar: nach innen nur durch die Person selbst, in dem sie anders fühlt, anders denkt, anders wahrnimmt. Die innere Veränderung zeigt sich in verändertem Tun, anderen Handlungen, die wieder veränderte Beobachtungen nach sich ziehen. Von außen ist die innere Veränderung nur an der veränderten Handlungsweise erkennbar. Aber auch umgekehrt lässt sich dieser Prozess beobachten: veränderte Handlung führt zu veränderten inneren Zuständen. Gefühle, Gedanken, Wahrnehmungen, Interpretationen verändern sich.

Die lösungsorientierte Beratung nutzt die Interpunktion, in dem sie bei der Handlung, dem Tun beginnt, die Beobachtung darauf fokussiert und die Fragen in diese Richtung stellt. Dadurch hilft und unterstützt sie den Kunden, zu handeln.

Während beim problemorientierten Beraten die Motivation durch Leiden und Druck entsteht, setzt die lösungsorientierte Vorgehensweise auf die Kraft der (kleinen) Erfolge. Nichts ist so motivierend wie das Gefühl etwas zu können, fähig zu sein, die Dinge in die Hand zu nehmen, zu wissen, dass etwas gelingt, und das eigene Leben in die gewünschte Richtung steuern zu können. Die Motivation, die Dinge zu tun, die hilfreich, wichtig und nötig sind, entsteht durch die Vision eines besseren, hoffnungsvolleren Lebenszustands. Beim lösungsorientierten Beraten lädt die Beraterin den Kunden ein, ein anderes Bild von sich selbst zu entwerfen, einen gewünschten Zustand zu beschreiben, in dem Energien und die Ressourcen fließen. Wenn Kunden ein Bild von dem entwickeln, was sie wollen (stark, durchsetzungsfähig, selbstsicher), kann ein solches Bild sehr verlockend und motivierend sein.

Gehen wir nun zurück an die Wegkreuzung, fassen wir zusammen und ergänzen die Richtungsschilder um die unterschiedlichen Erkennungsmerkmale:

Den Problemen auf den Grund gehen ...	Der Lösung auf der Spur ...
Probleme lösen	Lösungen (er)finden
Viele Informationen zum Problem sammeln	Informationen über das gewünschte Ergebnis der Beratung sammeln
Hypothesen/Diagnosen bilden	Mit dem Bezugsrahmen des Kunden arbeiten
Trennung zwischen Beobachterin und zu Beobachtendem	Interaktion zwischen Beraterin und Kunde
Beraterin als Expertin	Kunde als Experte
Finden einer zum Problem passenden Lösung	Suche nach Ausnahmen und kleinen Erfolgen
Hilfe zum Gewinnen von Einsichten in vergangene Zusammenhänge	Hilfe zum Handeln
Auseinandersetzung mit den Schwierigkeiten	Entwickeln eines hoffnungsvolleren Zustandes
Motivation durch Leiden	Motivation durch Visionen und Erfolg

Abb. 1: Gemeinsam mit Karl-Peter Kirsch entwickelte Gegenüberstellung

Der Paradigmenwechsel hat einerseits Auswirkungen auf die Grundannahmen und die Haltung der Beraterin, andererseits sind sie der Boden des Paradigmas. Beides ist untrennbar miteinander verflochten und beeinflusst sich gegenseitig. Die Entscheidung für die Lösungsspur hat Konsequenzen für die Beraterin selbst und ihre Arbeit. Wie bei jedem Paradigma ist es schwierig, verschiedene Paradigmen parallel „zu glauben".

Insa Sparrer formuliert die Auswirkungen des „Spurwechsels" in bezug auf die Klientin und mit Wittgenstein so: „Der Umschwung vom Problem- in den Lösungszustand ist, wie Wittgenstein es ausdrückt, ein Wechsel von der Welt des Unglücklichen in die Welt des Glücklichen. Die Klientin ändert nicht einzelne Ereignisse, sondern sie ändert ihre Haltung zur Welt. Dadurch wird ihre Welt eine völlig andere" (Sparrer 2001, S. 37).

Hier wird einmal mehr deutlich, dass der lösungsorientierte Ansatz wie kein anderer auf konstruktivistischem Fundament steht. Wir ändern nicht die Welt an sich, sondern wir verändern sie durch unsere Wahrnehmung und Bedeutungsgebung der Ereignisse; wir nennen die Situation Problem oder Lösung. So erschaffen wir uns unsere eigene Wirklichkeit.

Grundannahmen und Haltung

Dem Paradigmenwechsel folgend stelle ich nun einige prägnante Aussagen vor, die die Haltung sowie das ihr zugrundeliegende Menschenbild und Beratungsverständnis des lösungsorientierten Arbeitens charakterisieren.

Kunden wollen sich verändern

Eine Grundannahme der Beratung ist, dass Kunden sich wirklich ändern wollen, wenn sie in die Beratung kommen. Dabei sind manche über die Art und Weise, WIE sie sich ändern sollen, nicht gerade glücklich. Sie haben in der Vergangenheit verschiedenes unternommen, um ihre Situation zu verändern. Leider haben diese Bemühungen aber nicht zu dem gewünschten Ergebnis geführt. Manchmal haben sich die Dinge sogar noch verschlimmert (de Shazer 1999, S. 34).

Im Kontakt mit dem Kunden eröffnen sich grundsätzlich zwei Haltungs-
alternativen und damit Beziehungsangebote: der Kunde ist kooperationsbereit
und will sich verändern, oder es bestehen Zweifel an seinem Willen (Können)
zur Kooperation. Ich habe mich entschieden, mich vom Gedanken der
Kooperationsbereitschaft des Kunden leiten zu lassen. Es stellt für mich einen
gravierenden Unterschied in der Begegnung mit

Menschen dar, ob ich von dieser Annahme ausgehe oder davon, dass der
Kunde prinzipiell die Kooperation verweigern wird. Die Unterstellung der
Kooperationsbereitschaft unterstützt eine offene Atmosphäre und vermeidet,
den Kunden in eine schwierige Position zu bringen. Sie fördert beim Kunden
das Gefühl des Verstandenwerdens, reduziert „Widerstand" und bereitet den
Boden für die Entwicklung von Lösungen.

Möglicherweise fragen Sie jetzt, ob ich gelegentlich auch falsche, unwahre
Dinge erzählt bekomme? Nein, diesen Eindruck habe ich nicht. Ganz im Gegenteil! Ich erlebe, dass die Kunden schnell bereit sind, mir Vertrauen entgegen zu
bringen und sich auf die Zusammenarbeit mit mir einzulassen.

Die Frage nach der Unwahrheit impliziert, dass es eine richtige und eine falsche
Wahrnehmung gibt. Indem ich die Wahrnehmung, die Geschichten des Kunden als seine akzeptiere und interessiert darin bin, wie der Kunde die Dinge
sieht und erlebt, erübrigt sich die Bewertung als Unwahrheit. Der Klient muss
mich nicht für sich gewinnen und sich nicht gegen mich wehren, weder durch
Tricks wie „unwahre Geschichten" noch durch Einschmeicheln. Ich bin schon
da, wo er mich haben möchte: auf seiner Seite. Auf der Seite des Kunden
stehen heißt nicht, gegen andere zu sein oder sich mit ihm zu verbünden,
sondern bedeutet, ihn ernst zu nehmen und ihn in seinem Wunsch nach
Veränderung zu unterstützen. Wenn er spürt, dass ich an ihm interessiert bin,
wächst seine Bereitschaft zu Kooperation und Veränderung.

Eine allparteiliche Haltung heißt sowohl für den Kunden als auch für alle
andere Beteiligte Stellung zu beziehen (Sowohl-als-auch-Position). Es ist wichtig, die Sichtweise der Kunden zu verstehen und gleichzeitig jede einseitige
Parteinahme zu vermeiden. Das erfordert Toleranz und Nichturteilen der Beraterin. Allparteilichkeit ist - wie vieles andere im lösungsorientierten Arbeiten -
keine Technik, sondern Ausdruck einer inneren Haltung.

Kooperation ist unvermeidlich

Spätestens seit Watzlawick wissen wir, dass Kommunikation im zwischenmenschlichen Kontext nicht zu vermeiden ist. Ebenso unvermeidlich ist die Kooperation zwischen Beraterin und Kunde. Jedoch kann die Art und Weise, wie wir miteinander kooperieren, sehr unterschiedlich sein. Die Spannbreite reicht von einem Aufeinander-bezogen-sein, sich gegenseitig unterstützen, Ideen aufgreifen und weiterführen, im Kontakt mit dem jeweils anderen sein und bleiben, bis zu Formen von Widerstand und Konflikt. Kooperation ist nicht zu verstehen als Harmoniebestreben oder reibungsloses Funktionieren, sondern als ein interaktives Geschehen, das nicht ein für alle mal erarbeitet und festgelegt wird, sondern ständig neu hergestellt und erhalten werden muss.

Als lösungsorientierte Beraterin „umfahre ich großräumig" jede Art von Kommunikation, die unsere Interaktion in Richtung Widerstand führen könnte. Außerdem vermeide ich alle Formen von Angriff und Konfrontation, Erklärungen und Wissen, was das Problem ist und wie es sich lösen lässt.

Allerdings beschränken sich die Handlungen als Beraterin nicht auf Vermeidungen. Im Gegenteil! Kooperation lässt sich aktiv fördern und aufbauen, indem man u.a.

- von einer positiven Motivation des Kunden ausgeht,
- genau hinhört, was dem Kunden zur Zeit wichtig ist,
- ihm mit Respekt und Wertschätzung begegnet,
- nach kleinen Erfolgen des Kunden sucht,
- positive Worte verwendet und sie
- mit einladenden Gesten unterstreicht.

Die Beachtung und Anwendung dieser Empfehlungen unterstützt den Aufbau eines kooperativen Rahmens, einer Beziehung zu dem Kunden, die die Konstruktion von Lösungen begünstigt.

Zeigt sich Widerstand im Interaktionsprozess, so ist das ein Signal für die Beraterin. Möglicherweise hat sie etwas übersehen, überhört oder nicht verstanden, was dem Kunden wichtig ist.

Manchmal ist es auch ein Hinweis darauf, dass die Beraterin das Problem und seine Schwere nicht genügend gewürdigt hat.

Menschen haben Ressourcen

Als lösungsorientierte Beraterin gehe ich davon aus, dass Menschen Ressourcen zeigen, die ihnen helfen ihr Leben zu bewältigen und ihr Ziel nach einem zufriedenen (Arbeits-)Leben

zu erreichen. Dabei ist nicht nur an die großen Fähigkeiten und Stärken zu denken, sondern an die vielen kleinen Selbstverständlichkeiten. Da ist z.B. die Sozialarbeiterin im Brennpunkt, die jeden Tag ihre schwierige und unbefriedigende Arbeit macht. Wie schafft sie es, sich täglich erneut um die Klienten zu bemühen und den Erschwernissen des Amtes standzuhalten? Ressourcen sind Handlungsalternativen, Fähigkeiten und Fertigkeiten gleichermaßen.

Dass Menschen trotz aller Lebenskämpfe Ressourcen entwickeln und so ordnen können, das sich die Qualität ihres Lebens und ihrer Arbeit verbessert, belegt sowohl die Erfahrung des Alltags wie die der Beratungsarbeit.

Im Beratungsgespräch ist darauf zu achten, zu beobachten, aufmerksam hinzuhören, was und wie der Kunde erzählt, und dabei die Ressourcen zu entdecken, die der Kunden oft selbst nicht wahrnimmt, weil sie ihm zur Zeit nicht zugänglich sind, er sie nicht als solche bewertet oder er seine Ressourcen gering schätzt. Dabei zeigen manche Kunden im Gespräch z.B. eine beeindruckende Klarheit und Stringenz ihrer Gedanken, andere überraschen mit ihrem Humor und wieder andere äußern sich warm und mitfühlend über Dritte.

Die „Entdeckung" von Ressourcen besteht darin, aufmerksam und konsequent die mehr oder weniger zufälligen Handlungen und Erlebnisse des Kunden auf ihre Ressourcenhaftigkeit zu untersuchen und zu sortieren. Genau genommen ist nicht das Besitzen von Ressourcen gemeint, sondern die Suche nach und das Erleben von Ressourcenzuständen. „Um konsistent zu sein, dürften wir überhaupt nicht von Defiziten und Ressourcen sprechen, sondern ausschließlich Prozesse und Bedeutungen diskutieren" (Walter/Peller 1994, S. 42)..

Ausrichtung auf Positives

Die Ausrichtung auf Positives bewirkt und unterstützt die Entdeckung von noch mehr Positivem sowie die Konstruktion von Lösungen. Die Beobachtung von Positivem versetzt den Kunden in einen hoffnungsvolleren Zustand, der ihm einen besseren Zugang zu seinen Energien und Ressourcen ermöglicht. Der Kunde ist dadurch zunehmend weniger auf die Hilfe der Beraterin angewiesen und wird unabhängiger von ihr.

Während problemorientiertes Arbeiten den Leidensdruck als Motivationsverstärker betont, der die Energie für die Veränderung freisetzen soll, entspricht die Fokussierung des Positiven einer Leistungssteigerung durch Erfolg. So wie bereits ein kurzes, fünfminütiges Gespräch über Probleme eine Art Problemtrance erzeugt (die Stimme wirkt getragen, der Körper beugt sich, die Stimmlage sinkt), führt andererseits die Betonung des Gelingens, der Erfolge und Stärken, auf das Gute im Schlechten, in eine Lösungstrance (die Stimme ist kräftig, der Körper richtet sich auf und die Stimmung klingt locker bis lustig). Jede Trance stellt in diesem Sinne eine Aufmerksamkeitsfokussierung dar, d.h. eine Verengung der Wahrnehmung auf bestimmte Bereiche unter Ausblendung anderer.

Das Beobachten von Stärken und Positivem erschwert auf Seiten der Beraterin, den Kunden für seine Schwierigkeiten (innerlich) zu tadeln. Stattdessen führt es eher zu Beobachtungen, wie die Kunden bisher ihr Leben gemeistert haben. Dabei bleibt das Entdecken der Stärken ein gemeinsamer Explorationsprozess, der bei konsequenter Betonung erneut die Motivation erhöht.

Die Ausrichtung auf Positives bedeutet vor allem auch eine sprachliche Einstellung auf das „halbvolle Glas".

Kleine Änderungen führen zu großen

Menschen scheinen es zu bevorzugen, bei jedem Problem erneut die gleiche Lösungsidee anzuwenden. Es entstehen sozusagen Handlungsmuster, die, auch wenn sie sich als untauglich erwiesen haben, wiederholt werden. Das Denken in Kausalitäten verengt den Blick und reduziert die Handlungsmöglichkeiten. Im Wenn-dann scheint sogar die Zukunft durch die gegenwärtige Situation vorbestimmt. Wir adaptieren vergangene Wirkungsketten und blenden alternative Möglichkeiten aus.

Indem kleine Änderungen in das Ablaufschema eingeführt werden, geschehen Musterunterbrechungen. Wirkungsketten, die bisher als zwingend erlebt wurden, lösen sich, so dass kleine Änderungen das Ganze verändern. In diesem Sinn ist lösungsorientiertes Arbeiten systemisches Arbeiten.

Das bedeutet nicht, dass alle Schwierigkeiten auf einmal beseitigt sind, sondern dass sich Zugänge zu Lösungen eröffnen.

Kleine Schritte sind auch Schritte in die gewünschte Richtung, auf dem Lösungsweg.

Die Kraft der kleinen Erfolge offenbart sich im Erleben des Kunden, dass er Veränderung bewirken kann. Der Zugang zu den eigenen Ressourcen wird erleichtert und die Zuversicht, dass kleine wie große Probleme gelöst werden können, gestärkt.

Die Annahme, dass kleine Änderungen zu großen Änderungen führen, offeriert gelegentlich einen schlichteren Weg als bisher und kann einfache Handlungen und Verhaltensänderungen ermöglichen.

Manchmal werde ich gefragt, ob diese Veränderungen denn von Dauer seien, da Änderungen des Verhaltens auf einer eher oberflächlichen Ebene stattfinden. Ich habe mich von den Ideen der Oberfläche, Tiefe, Höhe, Breite etc. verabschiedet. Sie implizieren ein Besser und Schlechter. Ich orientiere mich an den Rückmeldungen der Kunden. Nur sie können entscheiden, ob der Weg, den sie gehen, hilfreich und nützlich ist. Lösungsorientiertes Beraten ist ein Prozess, in dem die Beraterin den Selbstheilungs- und Selbstorganisationskräften des Kunden völlig vertraut. Ihre Aufgabe besteht darin, den dafür förderlichen Kontext zu gestalten (Sparrer 2001, S.28).

Ausnahmen verweisen auf die Lösung

Eine wichtige Grundannahme und gleichzeitig Vorgehensweise, die ich unter der Überschrift „nützliche Techniken" noch näher beschreiben werde, ist die Suche nach den Ausnahmen, den problemfreien Momenten, Zeiten in denen das Problem nicht aufgetreten ist, aber hätte grundsätzlich auftreten können. Diese Ausnahmen stellen Lösungen in der Vergangenheit dar, indem der Kunde Situationen, die der Problemsituation ähnelten, anders erlebt und in denen er anders gehandelt hat (vielleicht auch nur ein klein wenig). Es sind Lösungen, die der Kunde bereits erreicht hat und die seine Hoffnung stärken, dass er sein Ziel erreichen kann. Die Ausnahmen sind sozusagen der Beweis, dass es bereits anders möglich war und er dazu beigetragen hat. Sie sind ein Wegweiser für die Lösung, eine Einladung, das bereits Gelungene auszuweiten. Darüber hinaus bewirkt die Konzentration auf Ausnahmen, dass die Probleme neben ihnen kleiner erscheinen.

Ausnahmesituationen sehr gründlich zu untersuchen und zu beschreiben bedeutet das Vergegenwärtigen vergangener Situationen, in denen das Problem ganz oder teilweise verschwunden war. Diese Exploration trägt dazu bei, Ressourcen zu erinnern, unterstützende Kontexte wahrzunehmen und hilfreiches Verhalten anderer Personen in den Blick zu nehmen. Statt den Mangel zu fokussieren, kommen die kleinen Erfolge in den Mittelpunkt. Im Grunde geht es um das Erinnern an das, was bereits zur Verfügung steht, was geholfen hat und was gebraucht wird. Bei der Fokussierung der Ausnahme kommt der innere Reichtum des Kunden und sein Kontakt zu unterstützenden Menschen und Möglichkeiten zum Tragen.

Nützliche Techniken

Fragen nach dem Ziel

Beim lösungsorientierten Beraten unterstelle ich dem Kunden, dass er kommt, weil er sich verändern möchte. Er möchte in seinem Arbeitsleben oder in seinem sonstigen Leben etwas anders haben. Das ist im weitesten Sinne sein Ziel. Das gilt auch für Zwangskontexte, in denen der Kunde nicht freiwillig kommt, sondern auf Veranlassung eines Dritten. Für die Erreichung seines Zieles (der unfreiwillige Kunde möchte vielleicht ohne die Einmischung des Dritten leben) ist er bereit, etwas auf sich zu nehmen, wie z.B. Zeit und Geld zu investieren.

Eine der ersten Aufgaben der Beraterin besteht darin, mit großer Sorgfalt zu untersuchen, was der Kunde will, d.h. das Ziel des Kunden mit ihm zusammen herauszufinden. Das kann sie mit den folgenden zielfokussierenden Fragen tun:

- „Worin besteht Ihr Ziel, wenn Sie hierher kommen?"
- „Was soll nach unserem Gespräch anders für Sie sein?"
- „Was bringt Sie heute hierher?"
- „Angenommen unser Gespräch ist zu Ende, was werden Sie anders machen?"
- „Woran werden Sie merken, dass Ihr Kommen der Mühe wert war?"
- Was möchten Sie, dass sich für Sie ändert?"
- „Was möchten Sie in Ihrem (Arbeits-)Leben anders haben?"
- „Woran werden Sie merken, dass Ihr Problem gelöst ist?"

Die Zielbeschreibung besteht darin, ein konkretes, lebendiges Bild davon zu entwerfen, wie das (Arbeits-)Leben des Kunden aussehen wird, wenn das Problem ganz oder teilweise verschwunden ist. Es ist die Beschreibung eines Lösungszustandes, der ein anderes, neues Bild des Kunden und alternative Verhaltensweisen beinhaltet.

Die Aufmerksamkeitsfokussierung auf das Ziel setzt häufig den Suchprozess nach den Merkmalen der Unterscheidung zwischen gegenwärtiger und zukünftiger Situation erst in Gang. Das ist an sich schon eine Veränderung.

Ziele müssen, um nützlich für den Kunden zu sein, bestimmte Kriterien erfüllen. Insoo Kim Berg (Berg 1992, S. 72 ff) und Peter De Jong (De Jong/Berg 1998, S. 114 ff) haben diese Kriterien in ihren Büchern sehr ausführlich und praxisnah beschrieben.

Häufig nennt der Kunde auf eine Zielfrage eine relativ vage, abstrakte Definition (besser kooperieren, anders fühlen, entlastet sein). Fragen helfen, diese Definitionen zu konkretisieren und in beobachtbares Verhalten zu kleiden wie z.B. „Woran werden Sie zu aller erst merken, dass Sie auf dem Weg sind, (ein wenig) besser zu kooperieren?", „Was tun Sie genau?", „Woran könnten andere das merken?" „Wann machen Sie bereits etwas von dem, was Sie wollen?" Ziele, die auf der Verhaltensebene beschrieben sind, bewirken einerseits mehr Handlungsoptionen und eine Steigerung in der Bereitschaft die Ziele umzusetzen, andererseits dienen sie als beobachtbare Messlatte für den Kunden und die Beraterin.

Eine gewisse Penetranz bei der Erarbeitung des Zieles ist nötig und wird auf beiden Seiten häufig als harte Arbeit erlebt.

Antworten auf die Zielfrage, die die Abwesenheit von etwas beinhalten („Dann fühle ich mich nicht mehr so hilflos") bedürfen ebenfalls der sorgfältigen Nachfrage: „Was ist stattdessen da?" Das ist deshalb wichtig, weil der Blick auf die Abwesenheit von etwas statt einer Lösung das Abwesende fokussiert. Außerdem stellt das Gegenteil des Problems nicht unbedingt die Lösung dar; z.B. statt: „Die Kollegin wäre nicht mehr so dominant" „Ich bin klar und mache meine Grenzen deutlich."

Auch im Coaching und in der Supervision kommt es vor, dass Kunden sich voller Aggression über Kollegen, Vorgesetzte oder andere Dritte äußern. Am liebsten wäre ihnen, der andere wäre „nicht mehr da". Darin sehen sie ihr Ziel. An dieser Stelle ist es hilfreich, wenn die Beraterin weder erschrickt noch Angst bekommt, sondern mit einer gewissen Hartnäckigkeit und wiederholt die Frage nach den Auswirkungen und Konsequenzen stellt „Was wäre dann (noch) anders?" Diese Fragen unterstützen den Kunden, Ziele zu entwickeln, die für ihn konstruktiv und hilfreich sind wie z.B. „Meine Kompetenzen zeigen"

Fragen nach Ausnahmen

Innerhalb der beraterischen Haltung in der lösungsorientierten Arbeitsweise ist die Annahme, dass Ausnahmen bereits Lösungen in der Vergangenheit sind und auf Lösungen in der Zukunft hinweisen, von großer Bedeutung (siehe „Ausnahmen weisen auf die Lösung"). Gleichzeitig haben sich Fragestellungen zur Exploration von Ausnahmesituationen als hilfreiche Technik erwiesen, wenn die Beraterin der Lösung auf der Spur bleibt.

Die Fragen dienen dazu, die Unterschiede der vergangenen zur gegenwärtigen Situation herauszufinden. Was unterscheidet die Ausnahmezeiten von den Problemzeiten? Indem man nach den Unterschieden fragt, erhält sowohl der Kunde als auch die Beraterin Informationen. Die Unterschiede zeigen auf, was sich in der Vergangenheit in der entsprechenden Situation als hilfreich erwiesen hat. Dabei kann die Ausnahmesituation auch darin bestehen, dass sich das Problem weniger stark zeigte.

Fragen nach Ausnahmen können in drei Richtungen gestellt werden:

- nach der Zielfrage: „Wann tun Sie schon etwas von dem, was Sie möchten?"

- nach der Problembeschreibung: „Wann tritt das Problem nicht auf?" oder „Gab es Zeiten, in denen das Problem nicht oder weniger stark auftrat?"

- nach der Wunderfrage: "Gab es eine Zeit, in der bereits Teile des Wunders da waren?"

Diese und ähnliche Fragen laden den Kunden ein, seine inneren Suchprozesse auf problemfreie Zeiten zu richten. Er beginnt, andere Teile seines Erinnerungsspektrums auszuleuchten.

Kann der Kunde eine Ausnahme beschreiben, besteht die weitere Arbeit darin, mit hoher Aufmerksamkeit herauszufinden, wie die Ausnahme zustande kam und was und wer das Zustandekommen ermöglicht hat. Häufig verwende ich an dieser Stelle die Frage: „Erzählen Sie, wie genau haben Sie das gemacht?"

In der Art des Vorgehens ähnelt dieser Schritt der Problemerkundung anderer Beratungsansätze. Allerdings mit dem relevanten Unterschied der Erkundung der Fähigkeiten, Ressourcen und des Könnens statt der Defizite und Schwierigkeiten.

Manchmal fällt dem Kunden keine Ausnahmesituation ein; dann hilft es, den Kontext zu erweitern und relevante Personen durch circuläre Fragen mit einzubeziehen wie z.b. „Angenommen, ich würde Ihren Mann/Ihre Frau fragen, wann Sie zuletzt klar und deutlich Ihre Meinung vertreten haben, was würde er/sie sagen?". Werden zufällige Ausnahmen beschrieben oder solche, auf die er/sie kaum/keinen Einfluss hat (als es der Firma noch wirtschaftlich gut ging), werden diese Nennungen nicht bewertet, sondern die Beraterin ermuntert den Kunden, nach weiteren Ausnahmen zu suchen.

Die Exploration von Ausnahmen fördert häufig Stärken und Fähigkeiten des Kunden zu Tage, die geübte Beraterinnen dann paraphrasieren und komplimentieren. Darüber hinaus hilft die Beraterin dem Kunden, seine Fähigkeiten und Stärken wertzuschätzen und zu nutzen, indem sie mit der Anwendung des Prinzip „E.A.R.S". (Eberling/Vogt-Hillmann 1998, S.26) das Gespräch weiterführt.:

E = Elicit = Auswählen

A = Amplify = Erweitern,

R = Reinforce = Verstärken;

S = Start over = Von vorne beginnen,

An dieser Stelle des Beratungsgesprächs vollzieht sich in der Regel eine beobachtbare Veränderung der Physiognomie beim Kunden.

Die Entdeckung der Stärken versetzt ihn in einen erfahrungsbezogenen Ressourcen-Zustand, der sich an Mimik, Haltung und Sprache deutlich erkennen lässt. Die Zuversicht steigt, den gewünschten (Lösungs-)Zustand erreichen zu können, in dem sich Handlungsräume eröffnen und Kreativität einstellt.

Wunderfrage

Ein Kernstück der lösungsorientierten Beratung ist die Wunderfrage, wie sie Steve de Shazer (1995) und sein Team für die Therapie entwickelt haben. Er hat mit der Wunderfrage die Kristallkugeltechnik von Milton Erikson modifiziert. Sie ist eine überaus nützliche und besondere Technik auch im Coaching und der Supervision.

Während die Zielbeschreibung noch aus der Problemperspektive heraus geschieht, ermöglicht die Wunderfrage eine andere Art und Weise, sich der Lösung in der Zukunft zu nähern. In der Antwort auf die Wunderfrage beschreibt der Kunde weit mehr als ein Ziel, er erlaubt der Beraterin, Einblicke in einen zukünftigen, komplexen Lösungszustand zu nehmen, der die Konsequenzen und beziehungsmäßigen Auswirkungen nach dem Verschwinden des Anliegens mit einschließt. Es entsteht ein lebhaftes Bild, wie das Leben nach dem Verschwinden des Problems oder Anliegens sein wird.

Insa Sparrer (Sparrer 2001, S. 56 ff) trifft eine bemerkenswerte Unterscheidung zwischen dem Formulieren und dem Stellen der Wunderfrage. Dass die Wunderfrage dem Kunden gestellt wurde, kann die Beraterin daran erkennen, dass der Kunde seine zukünftigen Erfahrungen der Lösungssituation im Moment der Beantwortung erlebt und beschreiben kann, d.h. er *erlebt* den Zustand der Lösung. Diese Erfahrung initiiert und verstärkt in besonderem Maße die Zuversicht auf eine Lösung.

Damit das geschehen kann, muss die Wunderfrage so formuliert sein, dass sie dem Kontext entspricht und aus einer fragenden Haltung heraus gestellt ist. Sie wird geradezu mit viel Geduld, Einfühlungsvermögen und Beobachtung des Kunden zelebriert. Mit der Formulierung der Wunderfrage wird eine Tranceinduktion bewirkt, die es erst ermöglicht, dass der Kunde den Lösungszustand erleben kann.

Die Wirkung der Wunderfrage liegt zum einen im Wort „Wunder" selbst. Es lädt den Kunden ein, sozusagen unbegrenzt über Möglichkeiten nachzudenken, und erlaubt ihm, seiner Vorstellungskraft Raum zu geben. Eine weitere Wirkung besteht in der Fokussierung auf die Zukunft ohne den Bezug zum Problemzustand.

Die Wunderfrage besteht aus 3 Phasen:

- Das Problem verschwindet, während der Kunde schläft!
- Wie findet der Kunde heraus, dass ein Wunder geschehen ist?
- Er konstruiert Teile des Wunders!

Der Gegenindikator zeigt sich in der Antwort des Kunden. Bleibt er mit seiner Antwort im Problemzustand, dann wurde die Wunderfrage eigentlich nicht gestellt. Eine Wiederholung der Wunderfrage an dieser Stelle ist sinnlos und hilft dem Kunden nicht.

Sowohl bei Sparrer (Sparrer 2001, S. 56 ff) als auch bei De Jong, P. und Kim Berg, I. (De Jong/ Berg 1998, S125 ff) finden sich ausführliche Hilfen und Empfehlungen für die Formulierung der Wunderfrage.

Skalierungsfragen

Skalierungsfragen sind, wie die Wunderfrage, charakteristisch für die lösungs-orientierte Beratung. Sie sind ein vielseitiges und pragmatisches Instrument, das hilft, Dinge zu erfassen, die abstrakt gehalten sind und konkretisiert werden müssen. Der Kunde wird eingeladen, z.B. Zuversicht, Motivation oder Fortschritte einzuschätzen. Damit werden komplexe Aspekte für den Kunden selbst und für die Beraterin zugänglicher. Die Vorteile der Skalierungsfragen liegt einmal in der Selbsteinschätzung des Kunden; zum anderen ermöglicht die Frage nach den beobachtbaren relevanten Unterschieden ein Verstehen und Beobachten, woran Veränderung erkennbar ist. Erstaunlicherweise kön-nen Beraterin und Kunde anhand der Skalierungsfragen miteinander über etwas sprechen, ohne dass die Beraterin genau weiß was es ist. Zum Beispiel nennt der Kunde die Zahl 5 in Bezug auf seine Zuversicht, dass sich die Dinge bessern. Die Beraterin erforscht nicht, was genau 5 definiert, sondern bittet den Kunden zu beschreiben, was anders wäre, wenn er die Zahl 6 genannt hätte. Die Information entsteht durch die Beschreibung des Unterschieds und seiner Merkmale.

Bei der Skalierung definiert die Beraterin die beiden Pole der Skala bezogen auf einen bestimmten Zeitraum. Ich bevorzuge die Skalen von 0 bis 10. Den Wert 10 beschreibe ich und 0 bleibt von mir unbestimmt. 0 meint lediglich das Gegenteil von 10. Der Kunde bestimmt dann selbst, was für ihn 0 bedeutet.

Wichtig sind nicht der Einschätzungspunkt, sondern die Unterschiede in der Bewegung zwischen den beiden Polen.

Beziehungsfragen

Systemische Fragen (circuläre Fragen, Beziehungsfragen) sind in der systemischen Therapie eine unverzichtbare Frageform, um einerseits Informationen zu gewinnen und andererseits Informationen zu erzeugen. Sie orientieren sich an der Natur, der Circularität von Beziehungen, und helfen, Bedeutungsgebungen, Wertungen und Weltansichten zu irritieren.

Sie werden zum Sammeln von Informationen über die innere Dynamik und die Dynamik in den kontextuellen Bezügen als auch mit einer intervenierenden Absicht gestellt. Sie beabsichtigen, das Weltbild, vor allem die Bewertungen des eigenen und des Verhaltens anderer, in Frage zu stellen. Sie streuen die Idee, dass man die Dinge auch anders sehen kann. (Simon/Rech-Simon 2000)

„banale" Fragen

Die Kunst des banalen Fragens zeigt sich in der häufigen Verwendung der W-Fragen Wer, Wie, Was: „Wie genau haben Sie das gemacht?" „Was war nützlich?" „Wer bemerkt es zuerst?"

Dagegen sind die Fragen Wieso, Weshalb, Warum im lösungsorientierten Kontext eher unbrauchbar. Sie laden den Kunden ein, in die Vergangenheit zu blicken und Erklärungen bis Rechtfertigungen zu entwickeln. Sie helfen nicht, Lösungen zu entwickeln.

Eine ebenfalls eher banale Frage lautet: „Was noch?". Sie wird immer dann gestellt, wenn der Kunde bereits ein Merkmal genannt hat, das den Lösungszustand charakterisiert und er ermuntert werden soll, weitere beobachtbare Verhaltensweisen, die in diese gewünschte Richtung gehen, zu nennen. Die Erfahrung zeigt, dass dem Kunden erst nach dem 3. bis 5. „Was noch?" keine weiteren Unterscheidungen mehr einfallen.

Auch die schlichte Frage „und?" oder das Aufgreifen eines Schlüsselwortes mit entsprechender Intonierung „Geduld?" wirken als Einladungen, in Richtung Lösung weiter zu denken und zu sprechen.

Bewältigungsfragen (Copingfragen)

Bewältigungsfragen sind Einladungen an den Kunden, die Denkrichtung zu ändern. Sie unterstützen dabei, den Weg der Niedergeschlagenheit, der Angst, der Einsamkeit zu verlassen, um sich dem zuzuwenden, was der Kunde getan hat, um seinen Schmerz und seine Begleiterscheinungen zu bewältigen. Copingfragen sind eine besondere Form der Lösungssprache und eine besondere Art der Ausnahmensuche, indem sie die Energiepotentiale in den Blick nehmen, die es dem Kunden ermöglicht haben, mit schwierigen oder sehr schwierigen Situationen umzugehen. Dahinter steht die Überzeugung, dass Menschen ihre ganz individuelle Art haben, mit Kränkungen, Verletzungen, Demütigungen, äußerst schwierigen Situationen und traumatischen Erfahrungen fertig zu werden.

Lösungsorientierte Beratung mit Copingfragen setzt ein hohes Maß an Empathie, Einfühlungsvermögen, Vertrauen und Achtsamkeit der Beraterin voraus. Ohne diese grundlegenden Fertigkeiten jeder Beratungsarbeit würden Fragen wie „Wie haben Sie es geschafft, so lange zurecht zu kommen?" oder „Wie kommt es, dass alles nicht noch schlimmer ist?" geradezu zynisch klingen.

In Copinggesprächen hat es sich als nützlich erwiesen, nach der Schilderung des Anliegens und Problems zu fragen: „Was haben Sie bisher (ein klein wenig) als hilfreich erlebt?" Diese Frage impliziert die Vorannahme, dass der Kunde bereits etwas getan hat, was ihm helfen könnte, mit seiner schwierigen Situation fertig zu werden (mit jemandem sprechen, sich zurück ziehen, lesen, putzen, sich mit anderem beschäftigen u.a.m.) Das leitet einen Prozess des Entdeckens ein, bei dem der Kunde erfährt, dass er nicht „ohnmächtig am Boden" liegt, sondern dabei ist, seine Situation zu bewältigen.

Positive Konnotation

Umdeutungen stellen einen Sachverhalt, ein Ereignis, ein Erlebnis in einen anderen Bedeutungszusammenhang. Dem Geschehen wird ein anderer Sinn zuteil. An dem Wasserstand im Glas ändert sich nichts. Lediglich die Bedeutung halbleer bzw. halbvoll hat Auswirkungen, gerade auch auf das emotionale Erleben. Verhaltensweisen, die als Schwäche erlebt wurden, können als Stärken interpretiert werden und umgekehrt. Aus Defiziten lassen sich Ressourcen konstruieren, für festgelegte Erklärungen eröffnen sich Alternativen.

Die positive Konnotation nutzt die Kontextbedingtheit jeglichen Verhaltens, indem ein vom Kunden als „negativ" bewertetes Verhalten in einen „positiven" Bezugsrahmen gestellt wird. Damit eröffnen sich neue Optionen für den Kunden. Er kann die Dinge weiterhin so sehen wie bisher; er kann sich aber auch entscheiden, den angebotenen Rahmenwechsel zu übernehmen, zumindest zu überdenken.

Bei der Formulierung der Umdeutung schlüpft die Beraterin sozusagen in die Schuhe des Kunden, um einen Zugang zu bekommen, in welchem Kontext das Geschehene, das Problem sinnvoll wäre. Häufig ergeben sich aus dem Gegenteil eines Schlüsselwortes (Ohnmacht – Macht) Hinweise für die Umdeutung.

Komplimente

Komplimente durchziehen wie ein besonderer Wirkfaden das Gewebe des gesamten lösungsorientierten Gesprächs von Anfang bis zum Ende. Über die Nützlichkeit von Komplimenten zu Beginn einer Beratung habe ich bereits „gesprochen".

Komplimente haben den Sinn, das zu würdigen, was der Kunde bereits tut und ihn bei seiner Lösungsentwicklung unterstützt. Sie greifen deshalb einerseits auf das zurück, was der Kunde konkret berichtet hat, und andererseits auf die Beobachtungen der Beraterin, wie er berichtet.

So verfügt jeder Kunde über seinen ganz persönlichen Kommunikationsstil. Manche äußern klar und präzise ihre Gedanken, andere verwenden Metaphern und Bilder im Gespräch, sie zeigen sich kompromissbereit, in der Lage hart zu arbeiten oder Freiräume zu nutzen usw.. Solche potentiell nützlichen Fähigkeiten der Kunden anzusprechen, nennt man komplimentieren (De Jong/Berg 1998, S. 60).

Ich unterscheide drei Ebenen des Komplimentierens:

Die erste Ebene besteht darin, ein Verhalten des Kunden zu beobachten und ihm diese Beobachtung anerkennend mitzuteilen: „... alles so organisiert, dass Sie pünktlich hier sein können." Die Wirkung liegt in der Anerkennung der Person und Ihres Tuns. Etwas vermeintlich „Selbstverständliches" wird hervorgehoben.

Eine Steigerung des Kompliments bedeutet dem Kunden zu sagen: „Nicht jeder an Ihrer Stelle organisiert seine Angelegenheiten so wie Sie, um pünktlich zu einer Verabredung zu kommen." Diese Ebene des Komplimentierens betont das Verhalten als Fähigkeit und hat verstärkende Wirkung. Die Aussage impliziert einen wahrnehmbaren Unterschied zu anderen Mensch und unterstreicht so die Einzigartigkeit dieses Kunden.

Die dritte Möglichkeit eines Kompliments besteht darin, eine Frage zu formulieren, die der Kunde nicht beantwortet, sondern die ihn zum Nachdenken anregt. In unserem Beispiel könnte die Frage lauten: „Wie kommt es, dass Sie so pünktlich sind?" Wenn Sie einen Moment gedanklich dieser Frage nachgehen, werden Sie sehr wahrscheinlich einen Such- und Beschreibungsprozess bei sich beobachten können.

Alles was man an einem Kunden bemerkt, was auf irgend eine Weise den Selbstwert und sein Gefühl von Kompetenz stärken kann, gleichgültig ob es sich um Äußeres oder Handlungsmöglichkeiten, Fähigkeiten oder Fertigkeiten handelt, verdient ein Kompliment.

Eine besondere Fertigkeit im lösungsorientierten Gespräch:

Ausklammern des eigenen Bezugsrahmens

Viele Fertigkeiten, die sich Beraterinnen in ihrer Ausbildung und Praxis erwerben, gelten für viele oder alle Beratungsansätze. Dazu gehören sicherlich Empathie und Einfühlungsvermögen, offene Fragen, Beobachtung und Einsatz verbalen und nonverbalen Verhaltens und vieles andere mehr. Darüber hinaus ist die Fertigkeit, den eigenen Bezugsrahmen auszuklammern, ein besonderes Erfordernis lösungsorientierten Arbeitens.

Der Bezugsrahmen ist der Code, wie Gehörtes, Gesehenes, Erlebtes verstanden wird. Er ist die Folie, auf der wir wahrnehmen, interpretieren, einordnen, er ist der Filter unserer eigenen Erfahrungen und Überzeugungen. Dieser Vorgang geschieht bei jedem Menschen und ist letztlich nicht zu verhindern, sondern nur bewusst zu handhaben. Deshalb bedeutet das Ausklammern des eigenen Bezugsrahmens, dem Kunden zuzuhören, ohne mit eigenen Gedanken auf das Gehörte zu reagieren. Die Beraterin hört der Geschichte des Kunden aus dessen Perspektive mit Respekt zu und verzichtet dabei auf den Filter der beruflichen und persönlichen Erfahrungen und Wissens, auf ihre Konstruktion von Wirklichkeit. Sie nimmt die Haltung des „Nicht-Wissens" im Sinne von Nicht-besser-Wissen ein.

Diese Gesprächsfertigkeit, die trainiert werden kann und muss, ermöglicht es, mit dem Bezugsrahmen des Kunden zu arbeiten, sich seiner Wahrnehmung anzuschließen und dabei auf Hypothesen und Diagnosen zu verzichten.

Grundsätzlich kann man sagen, dass das Einüben der lösungsorientierten Gesprächsführung ein Training in Toleranz, Nichturteilen und Zurückstellen des eigenen Bezugsrahmens der Beraterin ist.

Struktur einer lösungsorientierten Beratung

Zu Beginn habe ich Sie, liebe Leserin, lieber Leser, gefragt, wie Sie den Anfang einer Beratung gestalten, und Ihnen anschließend geschildert, was ich tue, wenn ich die Spur für eine lösungsorientierte Beratung lege.

Danach habe ich zwei Paradigmen gegenüber gestellt, um die Unterschiede zu verdeutlichen, und habe die Grundannahmen und Haltung sowie die nützlichen Techniken beschrieben.

Nun stelle ich Ihnen die Gesprächsstruktur vor, die sich als hilfreich erwiesen hat.

Sie ist zu verstehen als roter Faden der mal locker und dann wieder enger in der Hand liegt, der sich mal auf dem Boden ringelt, um dann wieder aufgenommen zu werden. Das bedeutet, dass wir im Gespräch möglicherweise von einem Punkt zum anderen „springen", weil der Kunden mit seinen Antworten, die direktes Feedback auf meinen Fragen sind, das Gespräch leitet, und ich den roten Faden im Blick behalte.

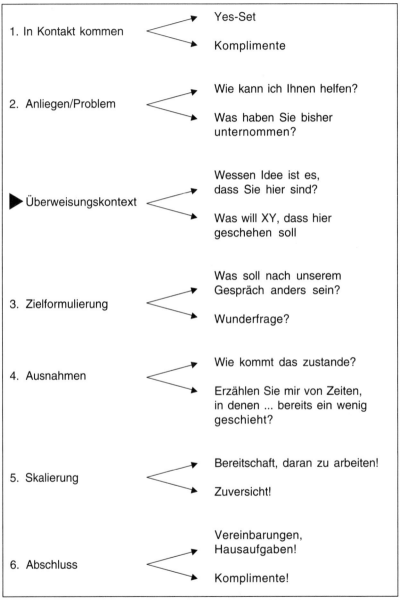

Abb. 2: Gesprächsablauf

Die lösungsorientierte Beraterin unterstützt die Suchprozesse des Kunden mit Fragen, damit er seine eigene Lösung leichter finden kann.

Und indem sie danach fragt, woran das Auftauchen einer Lösung zu erkennen ist, nehmen beide zu diesem Lösungszustand Kontakt auf. Sie treten gemeinsam dieser Seite des Lebens näher und verändern sich bereits dadurch.

Lösungen zeigen sich in den Antworten auf Fragen nach
- dem, was gut ist und so bleiben soll/kann;
- den Ausnahmen des Problems;
- dem Ziel;
- der Wunderfrage.

Lösungsorientiertes Arbeiten setzt einen Prozess in Gang, der den Kräften und der Selbstorganisation des Kunden völlig vertraut.

Dieses hohe Maß an Vertrauen bei gleichzeitiger Zurückhaltung der eigenen (fachlichen) Meinung, auch wenn die Beraterin glaubt zu wissen, was für den Kunden gut sein könnte, erlauben dem Kunden seine spezifischen Lösungen zu entwickeln. Die Beraterin erwartet auf ihre Fragen keine bestimmten Antworten, sondern ermutigt durch ihr aufmerksames, interessiertes Zuhören, auch Themen anzusprechen, die sonst eher ausgeschlossen oder tabuisiert sind.

Ob lösungsorientiertes Beraten hilfreich für den Kunden ist, zeigt sich an der Nützlichkeit für die Ziele des Kunden. Der Kunde ist der Experte für seine Ziele und Lösungen, die Beraterin verfügt über die methodische Vorgehensweise und die Haltung, um den Kunden in seiner Zielereichung zu unterstützen.

Lösungsorientiertes Beraten ist zugleich einfach und schwierig. Einfach ist es für mich, weil ich mich völlig auf meinen Kunden konzentrieren kann, weil ich nur genau hinhören muss um zu hören, was der Kunde sagt, weil ich nicht wissen muss, was richtig und was falsch ist, ich nichts dahinter suchen muss, weil ich Vertrauen entgegenbringen kann und mein Interesse und meine Neugier an Menschen wach bleiben, weil ich ständig mit meinen Kunden und Kollegen lerne und Feedback bekomme, weil es mir Spaß bereitet, herauszufinden welche genutzten und ungenutzten Möglichkeiten Kunden zur Verfügung stehen, und weil es leicht ist, sich mit Visionen und hoffnungsvollen Lebensentwürfen zu beschäftigen, anstatt in Probleme einzutauchen.

Schwierig ist es, weil das Erlernen lösungsorientierter Beratung zunächst sehr einfach, geradezu simpel erscheint; beim intensiveren Beschäftigen damit die ungeahnten Konsequenzen deutlich werden; weil es eine konsequente Veränderung der Grundeinstellung zu Menschen und Beratung braucht; weil es ein Verzicht auf längere Bindung an den Kunden bedeutet, weil die Ergebnisse der Beratung einzig dem Kunden zuzuschreiben sind.

Für mich bedeutet: die Formulierung „zugleich einfach und schwierig" eine willkürliche Bedeutungsgebung mit Blick auf Sie, die Leserin, den Leser. Die Beschreibungen von einfach und schwierig sind Beobachtungen von Wirkungen, die ich gemacht habe, die ich alle sowohl unter „einfach" als auch „schwierig" einordnen könnte.

Sie unterstützen mich dabei, den Lösungen auf der Spur zu sein und sie sind tief eingraviert in meinen Bezugsrahmen. Was einfach und was schwierig erscheint, ist von meiner bzw. Ihrer Bedeutungsgebung abhängig. In diesem Sinne ist lösungsorientierte Beratung für mich nur „einfach".

Literatur:

Berg, Insoo Kim. 1992. Familien-Zusammenhalt(en). Dortmund: modernes lernen. Band 8.

De Jong, Peter und Berg, Insoo Kim. 1998. Lösungen (er-)finden. Das Werkstattbuch der lösungsorientierten Kurztherapie. Dortmund: modernes lernen. Band 17

de Shazer, Steve. 1999. Wege der erfolgreichen Kurztherapie. Stuttgart: Klett-Cotta.

Eberling, Wolfgang und Hargens, Jürgen (Hg.). 1996. Einfach kurz und gut. Teil 2. Dortmund: Borgmann

Eberling, Wolfgang und Vogt-Hillmann, Manfred. 1998. Kurzgefasst. Zum Stand der lösungsorientierten Praxis in Europa. Dortmund: Borgmann

Neumann-Wirsig, Heidi. 1996. Am Anfang steht die Lösung. In Kersting, Heinz J. und Neumann-Wirsig, Heidi (Hg.). Systemische Perspektiven in der Supervision und Organisationsentwicklung. Aachen: Kersting-IBS: 87-102

Simon, Fritz, B. und Rech-Simon. 2000. Zirkuläres Fragen. Heidelberg: Auer

Sparrer, Insa. 2001. Wunder, Lösung und System. Heidelberg: Auer

Walter, L. John und Peller, E. Jane. 1994. Lösungsorientierte Kurztherapie. Ein Lehr- und Lernbuch. Dortmund: modernes lernen. Band 9.

Coaching als Instrument betrieblicher Personalentwicklung

Chancen und Herausforderungen in der Begegnung zweier Systeme

Mechthild Herzer und Fridbert Hanke

Im Coaching für Organisationsmitglieder begegnen sich zwei Systeme unterschiedlicher Größe und Komplexität: Das Unternehmen mit seiner betrieblichen Rationalität und Struktur, seinen Verfahren, Regelwerken und Kommunikationen auf der einen – die sehr individuelle, intensive Beratungsform für die Person auf der anderen Seite. Die Gestaltung der Nahtstelle beider Systeme wird in der Regel durch die betriebliche Personalentwicklung gemanagt. Ihr Kerngeschäft ist, die Entwicklung der Menschen mit der strategischen Entwicklung der Organisation in Einklang zu bringen. Coaching im Unternehmensauftrag durchzuführen, bedeutet, die jeweiligen Ziele des Unternehmens zu unterstützen und sich in die Verfahren ,einzuklinken', die der interne Dienstleister Personalentwicklung für die Inanspruchnahme der externen Dienstleistung Coaching entwickelt hat. Wir stellen in diesem Beitrag vor, worum es in der Personalentwicklung und im Coaching geht und welche Bedeutung beide Handlungsfelder für die Organisationen haben. Anschließend beschreiben wir kurz unterschiedliche Formen der Einbindung des Systems Coaching in das System Unternehmen und erörtern die jeweilige Rolle der Personal-Entwicklung (PE.).

Wir kommen mit unserem Beitrag zu folgenden Ergebnissen:

- *Der Funktion oder Abteilung PE kommt bei der Gestaltung der Beziehung zwischen beiden Systemen eine wichtige Rolle zu, weil sich in ihrem Auftrag die Verknüpfung von organisationalen und individuellen Entwicklungszielen spiegelt.*

- *Je klarer die Nahtstelle zwischen externem Coaching und Unternehmen gestaltet wird, desto effizienter kann Coaching als Instrument der betrieblichen Personalentwicklung genutzt werden.*

- *Sofern Coaching im Kontext betrieblicher Personalentwicklung angefragt wird, sollten Coaches wissen, wie die Personalentwicklung in dem sie beauftragenden Unternehmen funktioniert (Selbstverständnis, Struktur, Konzepte, Instrumentarien), um mit dem beauftragenden System angemessen kommunizieren zu können.*

Ziele und Handlungsfelder von Personalentwicklung

Personalentwicklung wird heute in vielen Unternehmen als wichtiges strategisches Handlungsfeld und bedeutender Erfolgsfaktor gesehen. Dahinter steht die Erkenntnis, dass nicht neueste Technologien oder kluge betriebswirtschaftliche Entscheidungen, sondern in erster Linie die Menschen in den Unternehmen ausschlaggebend dafür sind, dass ein Unternehmen erfolgreich im Markt operiert. Diese Erkenntnis ist nicht neu: Die Wettbewerbsfaktoren: Schnelligkeit und Wandlungsfähigkeit, Kundenorientierung, hohe Qualität bei angemessenen Preisen, ein schonender Umgang mit Ressourcen usw. können nur erreicht werden, wenn nicht nur ausgewählte und hochdotierte Führungskräfte, sondern alle Mitarbeiterinnen und Mitarbeiter eines Unternehmens flexibel, lern- und wandlungsfähig sind, wenn sie qualitätsbewusst denken und handeln; wenn sie motiviert sind, mitdenken und kreative Problemlösungen (und Angebote) im Interesse des Kunden und der Organisationsziele entwickeln; wenn sie fachlich kompetent sind und sozial verantwortlich im Team agieren können.

In den letzten Jahren hat sich in vielen Unternehmen das Verständnis von Personalentwicklung gewandelt. Als sich die Begrifflichkeit in deutschen Unternehmen etablierte, wurden darunter meist die Angebote des Unternehmens

zur Fort- und Weiterbildung der Mitarbeiter und zur Erhöhung der Management-
kompetenz der Führungskräfte verstanden. Die Personalabteilung oder die
Abteilung Weiterbildung / das betriebliche Bildungswesen, sofern es dies als
ausgewiesene Stelle oder Funktion gab, war unter anderem damit betraut, die
benötigten Maßnahmen: Trainings, Seminare intern anzubieten (einzukaufen)
oder passende Angebote des externen Marktes auszuwählen und die Seminar-
teilnahme zu organisieren, zu bewilligen, zu budgetieren. Ziel war es, die
individuellen Qualifikationen der Mitarbeiter für den jeweiligen Arbeitsplatz zu
fördern.

Heute wird Personalentwicklung als wichtiges Pendant der betrieblichen
Organisationsentwicklung und unverzichtbare Managementaufgabe verstanden. Sie stellt *das* Bindeglied zwischen unternehmens- und mitarbeiterbezo-
genen Zielen dar. Um sich weiterentwickeln und seine Ziele erreichen zu
können braucht ein Unternehmen kompetente und motivierte Mitarbeiter. Im
Interesse der Mitarbeiter liegt es, sich fachlich und persönlich weiterzuquali-
fizieren und die Fähigkeiten zur Zusammenarbeit zu professionalisieren, um
ihre Attraktivität für das Unternehmen und den Arbeitsmarkt zu sichern. Dazu
brauchen sie ein leistungs- und überlebensfähiges Unternehmen, das ihnen
die Grundvoraussetzungen für die eigene Selbstentfaltung, Leistungsbereit-
schaft und Leistungsfähigkeit und die Weiterentwicklung des sozialen Ko-
operationsumfeldes bietet.

Personalentwicklung umfasst *alle* Maßnahmen, die helfen, die fachlichen und
persönlichen Voraussetzungen zu erwerben und zu sichern, die für die Aufgabenerfüllung im Sinne der organisationalen Ziele erforderlich sind oder
voraussichtlich bedeutsam werden.

Eine umfassende Definition könnte aus unserer Sicht lauten: Personalentwicklung umfasst die Planung, Konzeption, Organisation, Durchführung und Überprüfung aller erforderlichen Maßnahmen und Handlungen an der Nahtstelle
zwischen Organisations- und Mitarbeiterentwicklung. Ihr Ziel ist es, die Hand-
lungs- und Gestaltungspotentiale der Mitarbeiter, Mitarbeitergruppen und
Organisationseinheiten mit den aktuellen und zukünftigen Anforderungen der
Organisation innerhalb des Marktes in Übereinstimmung zu bringen.

Personalentwicklung als Funktionalität und Funktion

Wenn man Personalentwicklung als „Kern der Unternehmensführung" betrachtet, ist Personalentwicklung mehr als ein Bündel verschiedener Maßnahmen, Aktionen und Einzelaktivitäten. Sie ist eine **Funktionalität** (Einsiedler 2000, Ergänzungslieferung 2.3.1) die von vielen Stellen und Systemen im Unternehmen zu erbringen ist.

Gleichzeitig wird mit dem Begriff PE eine organisatorische Einheit beschrieben: Die **Funktion** (Abteilung, Stelle...), deren Aufgabe es ist, die Funktionalität Personalentwicklung systematisch im Unternehmen zu verankern.

Die Funktion Personalentwicklung

Geht es um die Funktion Personalentwicklung (Wir bezeichnen die Funktion im folgenden Text mit PE), so steht im Kern der Betrachtung, wie die operative Einheit Personalentwicklung organisiert ist, wie deren Angebote strukturiert sind und wie ihre Beziehung zu anderen Organisationseinheiten, ihre Vernetzung mit Strategien und Konzepten des Unternehmens ausgestaltet ist.

Das strategische Ziel der Funktion Personalentwicklung ist es, dafür zu sorgen, dass sich die richtigen Personen zur richtigen Zeit in den richtigen Positionen befinden.

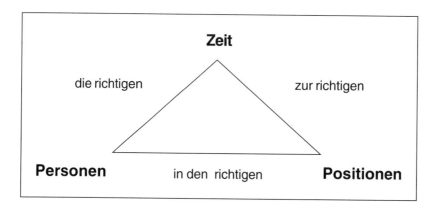

Sie muss dazu die Verknüpfung von Personalentwicklungsmaßnahmen mit strategischen Planungen und Entwicklungen im Unternehmen, bspw. Organisationsveränderungen gewährleisten und entsprechende Konzepte, Standards und Vorgehensweisen entwickeln. Ihr Aufgabengebiet erstreckt sich von der Beratung der Unternehmensleitung über die Ermittlung des Personalentwicklungsbedarfs, die Bereitstellung der Hilfsmittel zur Ausübung der entsprechenden Management- und Führungsfunktionen bis zur Festlegung, Durchführung und Überwachung einzelner Entwicklungsmaßnahmen. Sie ist im Unternehmen ,zuständig' für die Entwicklung und Realisierung der PE-Konzeption und bietet in diesem Zusammenhang meist eine Reihe von Maßnahmen an, die die Entwicklung der Individuen, Gruppen und Systeme im Unternehmen ermöglichen und unterstützen sollen. Indem sie Instrumente und Angebote bereitstellt und Maßnahmen durchführt

- übernimmt sie Aufgaben der Personalentwicklung direkt (z.B. Führungskräftetraining, Projektleitertraining, Mitarbeiterschulung);

- unterstützt sie Führungskräfte, die mit Personalentwicklungsaufgaben betraut sind, in ihrer Aufgabenwahrnehmung.

Ihre Angebotspalette und ihre Konzepte sind in engem Zusammenhang mit der strategischen Ausrichtung des Unternehmens zu sehen. An ihnen lässt sich erkennen, welche Strategie das Unternehmen im Hinblick auf die Ressource Personal verfolgt (und ob es überhaupt eine verfolgt).

Umfassende PE-Konzeptionen zeichnen sich aus durch die Vernetzung aller Maßnahmen zur Erfassung, Förderung und Weiterentwicklung von Mitarbeiterpotentialen. Dazu gehören unter anderem eine zielorientierte Qualifizierung von Mitarbeiter/innen zur Übernahme bestimmter Aufgaben oder Positionen, die Einführung von Führungsinstrumenten, die inhaltliche Anreicherung oder der Wechsel von Arbeitsplätzen/ Funktionen und anderes mehr.

Beispiel für ein klassisches ‚Set' der Aufgabenbereiche einer PE-Funktion. Konzeption, Planung, Organisation, Durchführung, Evaluation folgender Maßnahmen:

1. Personalbeschaffung
- Professionell gestaltete Bedarfsanalyse und Personalgewinnung

2. Personalauswahl
- Auswahlgespräche u. Auswahlverfahren, wie z. B. „Assessment-Center"
- Hospitationen

3. Personaleinstellung
- Einführungs- und Einarbeitungsphase für neue Mitarbeiterinnen und Mitarbeiter
- Verfahren für den Umgang mit der Probezeit
- Patenschaften für die Einstiegsphase

4. Personaleinsatz unter Gesichtspunkten v. Qualifizierung und Weiterentwicklung
- Job Enlargement (quantitative Ausweitung)
- Job Enrichment (qualitative Ausweitung)
- Job rotation (Wechsel der Tätigkeiten)
- Team- und Gruppenarbeit

5. Personalförderung
- Programme und Seminare zur Führungskräfte-Entwicklung
- Entwicklung von Personalbeurteilungssystemen
- Einführung von Führungsinstrumenten, z. B. Zielvereinbarung, Beurteilungsgespräche, regelmäßige Mitarbeitergespräche, Führungsfeedback
- Fort- und Weiterbildung, z. B. Projektleiterqualifizierung, Moderatoren-training, EDV-Kurse ...
- Supervision, Coaching

6. Personalfreistellung
- Um- und Neuplatzierung
- Begleitung in den Ruhestand
- Hilfen zur Neuorientierung bei Arbeitsplatzwechsel

Personalentwicklung als Funktionalität

Als Funktionalität ist die Aufgabenstellung zu verstehen, Personalentwicklung zu realisieren. Diese Aufgabenstellung umfasst alle Aktivitäten und Maßnahmen von Funktionseinheiten und Rolleninhabern, die Personalentwicklung betreiben:

- Das strategische Management hat die Aufgabe, die kulturellen Rahmenbedingungen, Strukturen, Ziele und Handlungsfelder der gesamten Personalentwicklung im Unternehmen zu definieren und zu gestalten.

- Eine wichtige Aufgabe des operativen Managements und damit aller Dienstvorgesetzten ist es, die Entwicklung ihrer Mitarbeiterinnen und Mitarbeiter (Personen, Teams, Gruppen / Systeme) zu planen, zu fördern, zu unterstützen, zu reflektieren und zu überprüfen.

Die Betrachtung der Funktionalität gibt Auskunft darüber, wie – in welchen Formen - in der gesamten Organisation Personalentwicklung realisiert wird, wer was verantwortet und wie die Management-Ebenen einbezogen sind:

- Gibt es unterschiedliche Verantwortlichkeiten für die Personalentwicklung der Mitarbeiter auf unterschiedlichen Führungsebenen?

- Wie systematisch wird Personalentwicklung durch die Führungskräfte gesteuert, realisiert, überprüft?

- Welche Führungskraft muss (oder ,darf' – je nach Betrachtungsweise im System) mit ihren Mitarbeiter/innen welche Arten von Personalentwicklungsinstrumenten realisieren?

Beispiele für die praktische Handhabung der Funktionalität

In vielen mittleren und großen Unternehmen sind bestimmte Führungsinstrumente als Standards eingeführt, wie z. B. jährliche Mitarbeitergespräche, Zielvereinbarungsgespräche und Beurteilungsgespräche, die von allen Dienstvorgesetzten verbindlich gehandhabt werden sollen. Trotzdem kann es zwischen den einzelnen Unternehmen große Unterschiede geben, wie konsequent und in welcher Qualität diese Gespräche tatsächlich geführt werden und wie ihre Durchführung, ihre Qualität und ihre Auswirkungen überprüft werden.

Meist ist in den Unternehmen die Verantwortung der Führungskräfte für die Personalentwicklung ihrer Mitarbeiter ‚abgestuft', je nach ihrer formalen Position. Die Gesprächsführung mit den Mitarbeiter/innen anhand der ‚formalen' Personalentwicklungsinstrumente, (z. B. der oben aufgeführten Gesprächsformen) ist Aufgabe der Dienstvorgesetzten, auch wenn diese manche Mitarbeiter im Alltag fast nie zu Gesicht bekommen. Fachvorgesetzte wie z. B. Projektleiter oder Teamleiter ‚dürfen' diese Gespräche offiziell nicht führen. In ihrer Funktion sollen sie ‚lediglich' auf die fachliche Arbeitsleistung der Mitarbeiter und auf die Zusammenarbeit im Team / in der Arbeitsgruppe Einfluss nehmen. In kleineren und mittleren Unternehmen, wie z. B. Handwerksbetrieben oder auch Unternehmen in der Pionierphase ist die Personalentwicklung als Funktionalität meist wenig geregelt. Ob und inwieweit sich Vorgesetzte als Personalentwickler ihrer Mitarbeiter verstehen, sich um deren fachliche Weiterentwicklung kümmern, mit ihnen Personalentwicklungsgespräche führen usw. bleibt ihnen oft selbst überlassen. Personalentwicklung ist in der Regel ‚Chefsache' - insofern, als Personalentscheidungen, Entscheidungen über Fort- und Weiterbildungen, Gehaltsfragen usw. beim Firmeninhaber oder der Geschäftsführung liegen.

Sehr unterschiedlich kann die Funktionalität auch in Unternehmen gehandhabt werden, in denen Bereiche oder Abteilungen unterschiedlichen Fachdisziplinen unterstellt sind, wie z.B. in einem Krankenhaus. Dort kann im Pflegebereich eine klare und transparente Struktur vorliegen, bei der jeder Mitarbeiterin deutlich ist, wer der jeweilige Dienstvorgesetzte ist mit dem Fragen der eigenen Personalentwicklung erörtert werden können. Im gleichen Krankenhaus kann im medizinischen Bereich ein hohes Maß an Unklarheit darüber bestehen, wer denn – neben der fachlichen Ansprechfunktion – für welche Mitarbeiter/innen aus dem ärztlichen Dienst Führungs- und damit auch Personalentwicklungsverantwortung trägt.

Ungeachtet dessen, wie die Funktionalität Personalentwicklung in den jeweiligen Unternehmen tatsächlich praktiziert wird steht jedoch meist in den schriftlich niedergelegten Führungsleitlinien, dass Personalentwicklung Führungsaufgabe jedes Vorgesetzten sei – eine Aufgabe, die zum Wohle der Mitarbeiter/innen und des Unternehmens zu realisieren sei. Und es gibt sie als Idee und Wunsch in den Köpfen vieler Mitarbeiterinnen und Mitarbeiter: Dass ihre Führungskraft auch ihre persönliche und fachliche Weiterentwicklung im Auge haben und fördern solle und sich nicht nur als oberster Experte des jeweiligen Fachgebietes verstehe.

Personalentwicklung als Führungsaufgabe

Personalentwicklung als eine der wichtigsten Führungsaufgaben zu begreifen, führt in den Unternehmen in der Konsequenz dazu, die Rolle von Führungskräften neu zu definieren. Führung bedeutet dann nicht nur Aufgabenzuweisung und Überwachung der fachlichen Aufgabenerfüllung. Es gilt, den Mitarbeitern gegenüber eine unterstützende und beratende Haltung einzunehmen, indem

- die ‚richtigen' Mitarbeiter für die Aufgaben ausgewählt werden;
- der einzelne Mitarbeiter[1] mit seinen Fähigkeiten und seiner Persönlichkeit optimal im Unternehmen eingesetzt wird;
- Unterstützung zur persönlichen und fachlichen Entwicklung gegeben wird;
- die Kompetenzen von Mitarbeitern für die Bewältigung von Arbeitsanforderungen entsprechend gefördert werden;
- gemeinsam mit dem Mitarbeiter Ursachen für Leistungsmängel und Verhaltensprobleme herausgefunden und Verbesserungen erarbeitet werden;
- Teamarbeit und die Entwicklung der entsprechenden sozialen Kompetenzen gefördert werden;
- Mitarbeiter eingeschätzt und beurteilt werden und zwar nicht nur in fachlicher Hinsicht, sondern auch dahingehend, ob das Mitarbeiterverhalten den Anforderungen an Teamarbeit und Kooperation gerecht wird;
- bei Problemen unterstützend eingegriffen und zwischen Mitarbeiter-, Team- und Organisationsinteressen vermittelt wird;
- ein Führungsstil praktiziert wird, der mit den propagierten Unternehmenswerten und Führungsleitlinien in Einklang steht;
- die zur Verfügung gestellten Führungsinstrumentarien professionell genutzt werden, d.h., die jeweils erforderlichen Personalentwicklungsgespräche optimal geführt werden;
- jedem Mitarbeiter die individuell erforderliche Aufmerksamkeit und Zuwendung gegeben wird.

---

1) Aus Gründen der besseren Lesbarkeit verwenden wir in diesem Beitrag des Öfteren die männliche Form. Selbstverständlich sind mit den Begriffen ‚der Mitarbeiter', ‚der Klient' ‚der Vorgesetzte', ‚der Coach' Männer und Frauen gleichermaßen gemeint.

Auf dem Hintergrund dieser hohen Erwartungen an eine ‚entwicklungs-orientierte Führung' gewinnt Coaching zunehmend an Bedeutung:

Es unterstützt Führungskräfte bei der Übernahme und Ausübung dieser komplexen Führungsrolle und ist äußerst hilfreich beim Ausbalancieren der spannungsvollen und z. T. widersprüchlichen Erwartungen: Zicl- und Budget-orientierung, wirtschaftliche Steuerung der Unternehmenseinheit und eine individuell zugeschnittene Personalführung und Personalentwicklung von Einzelnen und Gruppen miteinander zu verbinden.

Es kann im Auftrag der Führungskraft als externe Dienstleistung zur gezielten Förderung von einzelnen Mitarbeiter/innen oder Gruppen zur Verfügung gestellt werden, z. B., wenn die eigene zur Verfügung stehende Zeit, die erforderliche kommunikative Kompetenz oder die spezifischen Kenntnisse der individuellen Systembedingungen nicht ausreichen, die erforderlichen Maßnahmen zu realisieren.

Coaching im Rahmen von Personalentwicklung

Coaching hat mittlerweile einen festen Platz im PE-Instrumentarium vieler Unternehmen. PE-Funktionen entwickeln für die Ziele und die Bedingungen in den Unternehmen Standards, Maßnahmen und Konzepte. Diese sind in der Regel auf Bereiche, Gruppen und Funktionen zugeschnitten, aber nicht auf die individuellen Bedingungen einzelner Personen oder kleiner Gruppierungen. Da gerade durch Coaching auf individuelle Fragestellungen, Herausforderungen und Probleme bestimmter Personen und Gruppen gezielt eingegangen werden kann, gewinnt es für die PE zunehmend an Bedeutung. Als innovatives, individuell zugeschnittenes und persönlichkeitsorientiertes Personalentwicklungsinstrument schließt Coaching eine Lücke zwischen Fort- und Weiterbildungsangeboten, Führungsinstrumenten und Veränderungsprojekten der Organisation einerseits und der besonderen Situation, den spezifischen Lern-, Entwicklungs- und Veränderungsbedarfe, sowie den subjektiven Bewältigungsstrategien der Personen andererseits.

Im Interesse der Organisation und der mitarbeitenden Personen können dadurch aktuelle Problemstellungen beseitigt (Defizitansatz), zukünftige Problem- oder Konfliktsituationen vermieden (Präventionsansatz) oder vorhandene Potentiale effizient gefördert werden (Potentialansatz).

Formen von Coaching

Gerade in großen Unternehmen findet man Coaching in unterschiedlichen Formen vor. Wir nennen einmal die vier häufigsten Varianten.

- Coaching ist als **Baustein** in andere Maßnahmen integriert, z.b. im Rahmen von Fort- und Weiterbildungsangeboten, oder im Rahmen von Organisationsveränderungsprozessen. In diesen Zusammenhängen wird es meist verbindlich für die Teilnehmer der jeweiligen Maßnahmen zur Förderung individueller Lern- und Verarbeitungsprozesse und als Transferunterstützung angeboten.

- Coaching wird durch die PE als Instrument individueller und situationsspezifischer Beratung bereitgestellt: **Externes Coaching.**

- Coaching wird durch entsprechend qualifizierte Mitarbeiter der PE angeboten: **Internes Coaching.**

- Coaching wird als Bestandteil der Führungsaufgabe verstanden (meist in Unternehmen mit internationaler Prägung der Management-Kultur): Um seiner Aufgabe der ‚entwicklungsorientierten Führung' gerecht zu werden, führt der Vorgesetzte Coaching-Gespräche mit seinen Mitarbeitern: **Coaching durch den Vorgesetzten.**

Ähnlich wie der Begriff ‚Teamarbeit' wird mittlerweile auch der Coaching-Begriff in vielen Unternehmen ,inflationär' – für alle möglichen Gesprächsformen - verwendet.

Externes Coaching als Unterstützung der Funktionalität Personalentwicklung

Wir möchten im Folgenden einmal einige Beispiele anführen, wie externes Coaching zur Unterstützung der Funktionalität Personalentwicklung bei Führungskräften und Mitarbeiter/innen eingesetzt werden kann. Dabei beziehen wir uns auf Einzelcoaching.

Coaching ist eine besondere Beratungs- und Arbeitsbeziehung zwischen Klient und Coach, die sich in einem bestimmten zeitlichen und inhaltlichen Prozess realisiert. Der Prozess zielt auf eine Erweiterung der bestehenden Verhaltens- und Gestaltungsmöglichkeiten durch die Förderung der individuellen Persönlichkeitspotentiale, Wahrnehmungsmöglichkeiten und Reflexionsfähigkeiten. Die Stärkung der Selbsthilfekräfte des Klienten steht hier im Mittelpunkt. Der Klient[2] hat hier einen durch das vereinbarte Arbeitsbündnis definierten zeitlichen und inhaltlichen Rahmen, bei dem er davon ausgehen kann, dass die besprochenen Themen vertraulich behandelt werden. Da kein hierarchisches Gefälle und keine Abhängigkeitsbeziehungen zwischen Coach und Klienten bestehen, sind sehr offene Beratungsgespräche möglich. In individuell auf ihn zugeschnittenen Beratungsgesprächen kann er seine Themen, seine Sichtweisen, sein Erleben und seine Gedanken veröffentlichen und diese unter unterschiedlichen Gesichtspunkten reflektieren. Diese Möglichkeit steht oft im Alltag der Organisation nicht zur Verfügung.

Unterstützung der Vorgesetztenrolle:

Der Vorgesetzte kann zum Beispiel betrachten: Was sind die Probleme und Herausforderungen und was sind Kontextbedingungen, die seine Rollenwahrnehmung als ‚Personalentwickler' des Mitarbeiters beeinflussen, welche Handlungsmöglichkeiten hat er, welche Verhaltensweisen möchte, sollte und kann er wie verändern.

- Er kann hier Einstellungen, Haltungen und Schwächen thematisieren, die möglicherweise innerhalb der Organisation als ‚problematisch' und ‚nichtakzeptabel' gewertet würden, z.B., dass er Mühe hat, die geforderten Personalentwicklungsgespräche zu führen, nach seiner Einschätzung nicht über die kommunikativen Kompetenzen verfügt, mit bestimmten Mitarbeitern am liebsten nicht sprechen möchte, weil die Arbeitsbeziehung gestört ist, mit anderen in einem Rollenkonflikt steht, weil es auch private Beziehungen gibt, usw.

- Ebenso kann er bisher wenig wahrgenommene oder sich selbst kaum eingestandene Stärken zur Wahrnehmung seiner Rolle herausfinden.

---

2) Ein Coachee ist nach dem englischen Sprachgebrauch derjenige, an dem etwas vollzogen wird. Um die Eigenaktivität und Verantwortlichkeit der Person zu unterstreichen, verwenden wir daher den Begriff des Klienten. Der Begriff Kunde ließ sich in diesem Zusammenhang leider nicht verwenden, weil es im Coaching-Prozess mehrere Kunden geben kann.

- Er kann einen Weg dafür finden, wie er Führung wahrnehmen kann, auch wenn ihm keine disziplinarischen Führungsinstrumente oder Sanktionsmöglichkeiten zur Verfügung stehen.

- Damit besteht in diesem Rahmen die Möglichkeit, bestimmte ‚tiefer liegende' Einschränkungen und Potentiale in Ruhe zu betrachten und die Bedingungen umfassender in den Blick zu nehmen, die die eigene Rollenwahrnehmung negativ oder positiv beeinflussen können. Gemeinsam mit dem Coach können die Ressourcen herausgearbeitet werden, die zur Verfügung stehen oder erschlossen werden können, um die Führungsaufgaben angemessen zu bewältigen.

Unterstützung der Personalentwicklung aus der Mitarbeiterperspektive:

- Führungskräfte wie Mitarbeiter haben im Rahmen des Coaching Gelegenheit, ihre Aufgabenwahrnehmung zu reflektieren. Fragen der individuellen Motivation, des Umgangs mit neuen oder widersprüchlichen Anforderungen und Verhaltenserwartungen, der Entwicklungsperspektiven in der Organisation und Rollenkonflikte können hier erörtert und geklärt werden.

- Im Kontext von Personalentwicklungsgesprächen bietet das Coaching die Gelegenheit, die mit dem jeweiligen Vorgesetzten vereinbarten Ziele, Entwicklungsnotwendigkeiten und anstehenden Lernprozesse zu reflektieren, zu planen und auszuwerten., z. B. bezüglich Kooperation, sozialem und kommunikativem Verhalten, Konfliktbewältigung und Problemlösung

Beratungsleistungen des externen Coachs

Der Coach hat die Rolle eines Gesprächspartners, Initiators und Katalysators. Er ist nicht Teil des organisatorischen und hierarchischen Systems, aus dem der Klient berichtet und kann daher ‚neutrale' oder ‚allparteiliche' Sichtweisen und Positionen einnehmen.

Er ermöglicht die aktuelle Entlastung des Klienten in besonders schwierigen, gefühlsbeladenen Phasen, indem er zuhört, sich einfühlt in die Gefühlslage des Gegenübers und das Verstehen der Situation fördert.

Er regt zum Nachdenken über vergangene Erfahrungen und zum Vordenken alternativer Möglichkeiten an, ermutigt den Klienten, ‚Routinen zu verlassen und mit neuen Sichtweisen zu experimentieren.

Er leitet an zum gedanklichen Probehandeln, unterstützt bei der Planung von realen Probehandlungen und bei der Reflexion der dadurch gewonnenen Erfahrungen.

Er fördert die Selbstwahrnehmung des Klienten, indem er ihm das Herausfinden von ‚Mustern' im Denken, Fühlen und Handeln ermöglicht und ihn mit eigenen Beobachtungen (Kommunikationsverhalten, Körpersprache des Klienten usw.) in der aktuellen Beratungssituation konfrontiert.

Er fördert die Erweiterung der Wahrnehmungs- und Verhaltensmöglichkeiten durch die Konfrontation mit anderen Sichtweisen und Interpretationsmöglichkeiten einer als problematisch geschilderten Situation und durch die Betrachtung von Zusammenhängen, Vernetzungen und Wechselwirkungen zwischen den verschiedenen Aspekten / handelnden Akteuren in einer Situation.

Er achtet darauf, dass die Kontexte mit in den Blick genommen werden. Wenn Coaching im Auftrag der Organisation oder des Vorgesetzten durchgeführt wird, sorgt er für klare Kontrakte und die erforderliche Transparenz und Kommunikation über das Coaching und seine Ergebnisse.

Coaching und Organisation: Die Verbindung zweier Systeme

Jede Organisation ist ein soziales, vernetztes und komplexes System, das aus Strukturen, Regeln, Beziehungen, Kommunikationen und Handlungen besteht. Auch Coaching ist ein soziales System mit eigenen Regeln, Kommunikations- und Beziehungsformen. Wenn Coaching wirksam sein soll, muss es anschlussfähig sein an die Konstruktionen und die Rationalität des Unternehmens, ohne seine Irritationseigenschaften zu verlieren.

Für die Arbeit im Coaching bedeutsam ist, wie diese Beratungsform in das Unternehmen integriert wird.

- Ist es als kontinuierliches Reflexionsinstrument und Lernunterstützung in die Kultur des Unternehmens implementiert, oder wird es lediglich punktuell bei besonders heiklem Bedarfe angeboten?

- Ist es eine akzeptierte Arbeitsform oder eher stigmatisiert und muss im Verborgenen durchgeführt werden?

- Müssen Unternehmensmitglieder, die Coaching in Anspruch nehmen wollen, dies gegen Widerstände im Unternehmen durchfechten, oder haben sie dazu einen formal geregelten Zugang über festgelegte und transparente Verfahren?

- Wird Coaching als konstruktive Unterstützung, als Anerkennung und Wertschätzung der wertvollen Ressource Mitarbeiter oder als Disziplinierungsmaßnahme für nicht funktionierende Systemmitglieder verstanden?

Die unterschiedlichen Einbindungsformen sind der Rahmen, in dem das Coaching stattfindet und wirken in die Coaching-Beziehung hinein, z. B.

- durch die damit geschaffene Verbindlichkeit für den Coach und seinen Klienten, das Coaching im Sinne der Unternehmensziele durchzuführen,

- durch die Zahl der Beteiligten am Coaching-Kontrakt und die damit verbundene Anforderung, die verschiedenen Interessen auszuhandeln und zu berücksichtigen

- durch die damit verbundene oder verhinderte Chance, Ergebnisse aus dem Coaching-Prozess offiziell in das System Unternehmen zu integrieren, z.B. durch Auswertungsgespräche mit dem jeweiligen Vorgesetzten.

Die PE als Nahtstelle zwischen Coaching-Prozess und Unternehmen

Die Funktion PE ist eine wesentliche Nahtstelle zwischen beiden Systemen. Meist tritt sie als vermittelnde Dienstleisterin zwischen dem internen Auftraggeber und dem Coach auf (Suche eines geeigneten Coachs, Herstellen des Erstkontakts, Regelung der organisatorischen Aspekte, Unterstützung bei der Vertragsgestaltung), in vielen Fällen auch als Auftraggeberin gegenüber dem Externen (in Vertretung des Auftraggebers: Organisation / Vorgesetzter) mit der Konsequenz, dass sie die direkte Vertragspartnerin darstellt und in den Kontrakt einbezogen ist.

Die PE steht damit in einem strukturellen Spannungsfeld, denn sie hat die Interessen und Ziele der Organisation mit den Entwicklungsbedürfnissen und –zielen der Person zu verbinden und dafür zu sorgen, dass das externe Coaching den Erwartungen aller beteiligter Systeme Rechnung trägt. Sie hat einerseits Abläufe, Rahmenbedingungen und Grobziele zu definieren, darf andererseits aber nicht in die inhaltliche Arbeit des Coaching eingreifen. Viele PE-Funktionen steuern die Qualität des Coaching und seine Wirksamkeit im Sinne der Unternehmensziele dadurch, dass sie die Verfahren gestalten, wie die externe Dienstleistung in das Unternehmen eingebunden wird.

Kontextmarkierungen als ‚Botschaft'

So wie man nicht nicht kommunizieren kann, kann man für diese Verfahren auch sagen: Es kann nicht ‚keine Verfahren' geben. Auch 'kein Verfahren' ist ein Verfahren.

- Es kann Coaching-Kontrakte geben, bei denen der Coach mit dem Unternehmen, das das Coaching finanziert, formal nicht in Berührung kommt, sondern nur mit seinem Klienten verhandelt und aus dessen eigenem, betrieblichem Budget auch bezahlt wird. In diesem Fall ist die einzige Verbindung zwischen Coaching und Unternehmen die Person des Klienten. Möglicherweise weiß niemand sonst im Unternehmen um das Coaching.

- Es kann hochstrukturierte Bewerbungsverfahren im Vorfeld einer Auftragsbeziehung zwischen Unternehmen und Coach geben; Kontrakte die mit unterschiedlichen Beteiligten und Stellen in mehreren Runden geschlossen werden; Auswertungs-Gespräche, die mit verschiedenen Personen, evtl. auch mit schriftlichem Ergebnisprotokoll, erfolgen.

Oft lassen diese Verfahren erkennen

- welcher Stellenwert dem Thema ‚Personalentwicklung' im Unternehmen beigemessen wird;
- wie sich die Funktion PE im Unternehmen versteht;
- welcher Stellenwert dem Coaching im Unternehmen und für das Unternehmen beigemessen wird;
- wer am Coaching und seinem Erfolg interessiert ist;

- welche Formen des Lernens und der persönlichen Entwicklung im Unternehmen ermöglicht werden und wie diese strukturell verankert sind.

Da ein Coach nicht den Auftrag hat, das Unternehmen zu verändern, sondern seinem Klienten Lernprozesse zu ermöglichen, stellen die unterschiedlichen Formen der Einbindung Kontexte für den Coaching-Prozess dar. Sie wirken in das Coaching hinein insofern, als sie ‚Botschaften' transportieren und die Möglichkeiten mit definieren, Coaching – Auswirkungen im Unternehmen explizit zu beobachten und zu kommunizieren. Wir möchten dies anhand von Beispielen unterschiedlicher Einbindungsformen veranschaulichen.

Beispiel 1:

Die Verbindung zwischen Coaching und Unternehmen wird sehr detailliert über die Funktion Personalentwicklung geregelt. Nachdem der Coaching-Bedarf des Mitarbeiters durch den Vorgesetzten bei der PE ‚angemeldet' ist, sucht sie den Coach aus, stellt die Verbindung zwischen Coach, Vorgesetztem und Klienten her, organisiert Vorgespräche und Kontraktgespräche und stellt Vordrucke für die schriftliche Kontraktformulierung bereit. Sie überweist das Honorar des Coachs und sorgt dafür, dass die Zielerreichung anhand von Auswertungsgesprächen zwischen den Kontraktpartnern überprüft wird. Sie definiert damit das komplette Verfahren, wie Coaching in die Unternehmensabläufe integriert wird. Die ‚Botschaft', die dieses Vorgehen transportiert: ‚Wir sorgen für die Entwicklung des Mitarbeiters, kümmern uns um eine gute Qualität des entsprechenden Angebots und sorgen im Rahmen unserer Möglichkeiten auch für eine erfolgreiche Durchführung des Coaching.'

Eine solche perfekte Rundum-Betreuung kann sehr effizient für den Beratungsprozess sein, da die Kommunikationswege zwischen beiden Systemen nicht mehr mühsam ausgehandelt werden müssen. Es gibt die Verpflichtung für den Coach und den Mitarbeiter, das Coaching im Sinne der Unternehmensziele durchzuführen. Und es gibt geregelte Formen der Kommunikation darüber, wie Ergebnisse und Erkenntnisse aus dem Coaching in den Unternehmensalltag integriert und ggf. von anderen Stellen unterstützt werden können.

Beispiel 2:

Die PE oder eine Abteilung mit der entsprechenden Funktion organisiert (auf Anfrage des Vorgesetzten oder auf Anfrage des Mitarbeiters direkt) den Kontakt zwischen Coach und Mitarbeiter und begleicht das Honorar, wenn die Meldung: ‚Coaching vollzogen' sie erreicht. Alle weiteren Verfahren bzgl. Kontraktgestaltung, Zielformulierung, Ergebnisüberprüfung werden vom Coaching-System aus definiert. Die ‚Botschaft', die dieses Verfahren transportiert: ‚Wir übernehmen eine begrenzte Dienstleistung für den Mitarbeiter, damit dieser erhält. was ihm zusteht. Für dessen Qualität und alle damit zusammenhängenden Kommunikationsprozesse sind wir nicht zuständig.' Dadurch, dass das Unternehmen das Coaching- Honorar bezahlt, sind der Mitarbeiter und der Coach verpflichtet, das Coaching auch im Sinne der Unternehmensziele durchzuführen. Das Unternehmen ‚verschenkt' allerdings die Möglichkeit, bei der Auswahl des Coaches mitzureden, die Coaching-Ziele mit zu definieren und bestimmte Themen aus diesem Beratungssystem offiziell in der Organisation zu besprechen und zu verhandeln. Der Einbezug des Vorgesetzten in den Coaching-Kontrakt und eine strukturierte Kommunikation zwischen dem Coaching-System und dem Unternehmen wird nur stattfinden, wenn der Coach darauf besteht und es dem Mitarbeiter gelingt, den Vorgesetzten dafür zu gewinnen.

Beispiele 3 und 4:

Coaching wird im Unternehmen als persönliches Projekt betrachtet. Dass es jemand in Anspruch nimmt, wird registriert. Es wird toleriert, dass man es während der Arbeitszeit durchführt (vergleichbar privaten Telefonaten am Arbeitsplatz), es muss aber selbst organisiert und das Honorar privat finanziert werden.

Oder:

Coaching wird im Unternehmen tabuisiert. Es wird nicht darüber gesprochen. Organisationsmitglieder, die es in ihrer Freizeit und auf eigene Rechnung in Anspruch nehmen, sollten davon im Unternehmen nichts verlauten lassen, um nicht als ‚Versager' abgestempelt zu werden.

Bei diesen beiden Beispielen einer ungeregelten Einbindung des Coaching organisiert sich der Mitarbeiter eine Dienstleistung zur Förderung seiner beruflichen und persönlichen Entwicklung, der im Unternehmen keine Bedeutung zugemessen wird, bzw. der ein Negativ-Image anhaftet. Die ‚Botschaften', die diese Verfahren transportieren: ‚Das, was Du zu brauchen glaubst, musst Du Dir schon selbst besorgen.' ‚Dass Du das für Dich richtig findest wäre für uns, wenn wir es wüssten, ein Beleg dafür, dass Du Deinen Aufgaben nicht gewachsen und für uns der Falsche bist.'

Eine Funktion Personalentwicklung wird nicht sichtbar. Wenn eine solche dem Namen nach existiert, so wird diese eher die klassischen Fort- und Weiterbildungsangebote verwalten. In solchen Fällen, in denen es mit dem Unternehmen keinen Kontrakt gibt, liegt es im Ermessen des Coachs und des Mitarbeiters, inwieweit die Unternehmensziele im Coaching beachtet werden oder nicht – zumal sie den Interessen des Mitarbeiters, der das Coaching bezahlt, entgegen stehen können. Der Einbezug des Vorgesetzten in den Coaching- Kontrakt ist von der Seite des Unternehmens aus nicht eingeplant und wäre äußerst fremd zur gelebten Kultur. Sofern Coaching im Unternehmen als ein solches individuelles Projekt betrachtet wird oder geheim gehalten werden muss, geht dies oft einher mit einer Kultur des Negierens oder Tabuisierens von Unterstützungsbedarf – den die Mitarbeiter sehen, dem im Unternehmen aber kein Raum gegeben wird und für den keine Ressourcen zur Verfügung gestellt werden. Oft sind in Coaching-Prozessen, die unter solchen Kontext-Bedingungen stattfinden, Konflikte mit den Unternehmenszielen und –werten und entsprechende Trennungsüberlegungen des Mitarbeiters die zentralen Themen.

Eine solche ungeregelte Einbindung des Coaching führt dazu, dass die Erkenntnisse und Lernerfahrungen aus dem Coaching-Prozess in der Organisation nicht offiziell kommuniziert werden können. Zwar hat der Klient einen Nutzen vom Coaching und auch das Unternehmen (der Vorgesetzte, die Abteilung, die Mitarbeiter, die Fachkollegen, die Kunden) werden durch sein verändertes Verhalten einen Nutzen haben, aber aus dem Coaching-System können keine expliziten Impulse für Lernprozesse in der Organisation gesendet und aufgenommen werden, wie dies zum Beispiel in gemeinsamen Auswertungsgesprächen mit dem Vorgesetzten möglich wäre.

Unser Fazit:

Coaching ist ein wirkungsvolles Instrument der individuellen Personalentwicklung. Als **Instrument** der **betrieblichen** Personalentwicklung kann es jedoch erst dann seine volle Wirksamkeit entfalten, wenn es in der Kultur des Unternehmens verankert ist. Die oben aufgeführten Beispiele lassen erkennen, dass eine klare Einbindung mit zu den wichtigsten Voraussetzungen für wirksames Coaching – im Sinne der Verbindung zwischen individuellen Zielen und Unternehmenszielen, zwischen individueller Entwicklung und Unternehmensentwicklung – gehört. Je klarer die Nahtstelle zwischen externem Coaching und Unternehmen gestaltet wird, desto effizienter kann Coaching als Instrument der betrieblichen Personalentwicklung genutzt werden. Für die Gestaltung dieser Nahtstelle sind wichtig:

- Der anerkannte Stellenwert von Coaching als Dienstleistung zur Unterstützung der Führungskräfte in ihrer Personalentwicklungsaufgabe und als Dienstleistung für Mitarbeiter zur Unterstützung ihrer persönlichen und beruflichen Entwicklung im Unternehmen;

- Verabredete und transparente Verfahren, die gewährleisten, dass das System Coaching und das System Unternehmen gut miteinander verbunden werden und dass die individuellen Lernprozesse im Coaching auch Lernprozesse bei anderen Beteiligten im Unternehmen nach sich ziehen können.

Die PE als Funktion hat einen wesentlichen Einfluss darauf, wie die Nahtstelle zwischen dem System Coaching und dem System Unternehmen gestaltet ist. Sie kann darauf einwirken, dass es im Unternehmen eine Kultur des Lernens, der Reflexion und des Umgangs mit Fehlern gibt, in der Coaching eine passende, akzeptierte und erwünschte Arbeitsform ist. Sie kann dafür sorgen, dass diese externe Dienstleistung nach transparenten, zugänglichen Verfahren in der erforderlichen Qualität und Menge an die richtigen Stellen ‚geliefert' wird und die notwendigen Abstimmungsprozesse zwischen außen und innen erfolgen. Auch Coaches haben einen wesentlichen Einfluss darauf, wie diese Nahtstelle gestaltet werden kann. Sie nehmen Einfluss darauf durch die Gestaltung von Coaching-Kontrakten. Darüber hinaus können sie im Vorfeld von Coaching-Prozessen ihre Ansprechpartner in PE-Funktionen beraten, wie es gelingen kann, Coaching im Unternehmen ‚kulturfähig' zu machen. Um mit dem organisatorischen Teilsystem PE entsprechend kommunizieren zu können, müssen sie allerdings wissen, wie die PE in dem jeweiligen Unternehmen ‚funktioniert', was ihr Selbstverständnis, Konzepte und Instrumentarien sind, und wie sie eingebunden ist in das Gesamtsystem.

Literatur

Einsiedler, Herbert E. 2000. Personalentwicklung als Funktion einer Organisation. In: Geißler / v. Landsberg / Reinartz (Hrsg.). Handbuch Personalentwicklung und Coaching, Köln: Deutscher Wirtschaftsdienst.

Niederlassungscoaching bei der Deutschen Flugsicherung GmbH
- ein neuer systemischer Ansatz in der Führungskräfteentwicklung

Petra Schreiber

Ein Einstieg

Vieles ist über Coaching geschrieben worden - schwerpunktmäßig über das Thema Einzelcoaching. Bei einer Internetrecherche bin ich auf über 200 Bucheinträge gestoßen – ohne die Vielzahl an Artikeln, die in Fachzeitschriften erschienen sind. Unter anderem ein Zeichen für die Popularität und den großen Markt, der in den letzten Jahren rund um das Thema Coaching entstanden ist. Was gibt es also zu Coaching noch zu sagen?

Meiner Meinung nach sind es vor allem die Erfahrungen mit Coaching in der Praxis, die zum Lernen, Ausprobieren, Weiterdenken und zu neuen Wegen anregen können. Es ist die Umsetzung der Theorie in den jeweiligen Unternehmensalltag und die so erzielten, manches Mal überraschenden Erfolge und Erkenntnisse.

In diesem Beitrag werde ich deshalb über Erfahrungen und Erkenntnisse mit einem von mir entwickelten Coachingkonzept berichten. Es ist aus den spezifischen Erfordernissen einer bestehenden Unternehmenskultur heraus entstanden und mir bisher in keinem Coachingbuch begegnet. Die ursprünglich zugrunde liegende Fragestellung dabei war: wie muss Führungskräfteentwicklung in einem „geschlossenen System" (d.h. in einem langjährig bestehenden System mit geringen personellen Veränderungen) aussehen, wo nicht die Entwicklung Einzelner, sondern des gesamten Systems erforderlich ist?

Beim Niederlassungscoaching (NL-Coaching) handelt es sich um ein Pilotprojekt, das über zwei Jahre erprobt und evaluiert wurde. Dieses Coachingkonzept erwies sich immer wieder als unerschöpfliche Quelle von systemischen Betrachtungen, kontroversen Diskussionen, weiterführenden Fragen und neuen Überlegungen.

Der Beitrag im Überblick

Am Anfang des Beitrags steht ein kurzes Unternehmensportrait, um die Einbettung des Konzeptes besser einordnen zu können. Vertiefen werde ich hier vor allem die kulturellen Besonderheiten der Deutschen Flugsicherung und den Anlass des NL-Coaching. Dann folgt eine Definition von NL-Coaching, vor allem in Abgrenzung zu bestehenden Begriffen. Im Anschluss daran werde ich die expliziten und impliziten Ziele des NL-Coaching vorstellen und erläutern. Im darauf folgenden Abschnitt werde ich das ursprüngliche Konzept des NL-Coaching vorstellen und was daraus im Laufe der Pilotphase geworden ist. Um einen tieferen Einblick in die Praxis des NL-Coaching zu bekommen, präsentiere ich danach typische Anliegen der Führungskräfte im Rahmen von NL-Coaching. Es folgt der Abschnitt Evaluation, in dem ich auf die Evaluationsziele, das Design und die wichtigsten Ergebnisse eingehe. Neben den Evaluationsergebnissen gibt es eine Reihe von weiteren „Effekten", die durch das NL-Coaching erzielt wurden. Sie werden im Abschnitt über den Nutzen des NL-Coaching dargestellt. Für die Durchführung von zukünftigen NL-Coachings folgen dann zwei Abschnitte, in denen Lessons Learned und Erfolgsfaktoren von NL-Coaching vorgestellt werden. Im Anschluss daran werde ich über die Aktivitäten in der Zeit nach dem Pilotprojekt berichten. Das Ende des Beitrags bildet ein Abschnitt über „bedenkenswerte" Aspekte im Zusammenhang mit dem NL-Coaching. Ich werde hier zwei häufig geführte Diskussionspunkte des NL-Coaching aufführen.

Der Rahmen – die Deutsche Flugsicherung GmbH

Zum besseren Verständnis des Konzeptes NL-Coaching steht zu Beginn dieses Beitrags ein kurzes Unternehmensportrait.

Zahlen, Daten, Fakten

Die Hauptaufgabe der Deutschen Flugsicherung GmbH (DFS) ist die Kontrolle des Flugverkehrs im Luftraum Deutschland. Sie ist als bundeseigenes, privatrechtlich organisiertes Unternehmen seit dem 1.1.93 Nachfolgerin der Bundesanstalt für Flugsicherung, einer Bundesbehörde, die 39 Jahre Bestand hatte. Das Dienstleistungsunternehmen DFS beschäftigt rund 5400 Mitarbeiter: Fluglotsen, Flugsicherungsfachkräfte, Ingenieure, Techniker und Kaufleute an 17 Flughäfen sowie in Langen (Hessen) und Karlsruhe. Im verkehrsreichsten Luftraum der Welt kontrolliert die DFS täglich bis zu 8000 Flüge. Im Jahr sind dies durchschnittlich insgesamt 2,56 Millionen Flüge: Linien-, Charter- und Frachtflüge. Dabei begleitet die DFS den Flug vom Start bis zur Landung. Die DFS erzielt ihre Erlöse aus Gebühren, die sie von den Luftfahrzeughaltern für die Dienstleistung Flugsicherung erhebt. Dabei dürfen keine Gewinne erzielt werden – die Kosten müssen aus den Gebühreneinnahmen gedeckt werden.

Über die Kultur und das „Besondere" der DFS

Wie jedes Unternehmen, so verfügt auch die DFS über verschiedene Subkulturen, so dass es *die* Kultur womöglich nicht gibt. Dennoch ist der Einfluss der Lotsen - die im Unternehmen die größte Mitarbeitergruppe stellen - und ihrer Kultur auf das gesamte Unternehmen am deutlichsten spürbar. Gerade wegen dieser Kultur ist das Konzept des NL-Coaching entstanden.

Was macht die DFS zu einem „besonderen" Unternehmen bzw. was macht die „Lotsenkultur" aus? In diesem Zusammenhang ist zunächst wichtig zu wissen, dass die DFS für Lotsen im Grunde genommen die einzige Arbeitgeberin in Deutschland ist. Nach dem Abitur werden junge Menschen von der DFS als Lotsen ausgebildet und bleiben in der Regel bis zum Ausscheiden aus dem Berufsleben Mitarbeiter der DFS. Durch die Attraktivität und die hohe Identifikation mit dem Beruf, den sicheren Arbeitsplatz und die guten Verdienstmöglichkeiten zählt der Wechsel zu einem anderen Arbeitgeber eher zu den großen

Ausnahmen. So ist die Kultur des Betriebes (das Wort Betrieb ist vergleichbar mit dem Produktionsbereich in anderen Unternehmen und bezeichnet bei der DFS das Kerngeschäft: Führen von Flugzeugen) gekennzeichnet durch langjährige gewachsene Strukturen. Man kennt sich über lange Zeiträume hinweg. Man könnte zuweilen fast von „familienähnlichen" Strukturen sprechen, in denen es z.b. als „Überlaufen" angesehen wird, wenn ein Lotse in seiner Laufbahn in eine Führungsfunktion wechselt und damit die Nähe zu den Kollegen verliert. Lotsen sind stolz auf ihren Beruf und verstehen sich als die wichtigste, aber häufig auch als am wenigsten gewürdigte Gruppe im Unternehmen. Aussagen wie: „wir verdienen doch das Geld" oder „wir brauchen kein Management" sind dafür charakteristisch. So ist es nicht verwunderlich, dass sich Lotsen in der Regel mehr mit ihrer Tätigkeit als mit dem Unternehmen DFS identifizieren.

Außerdem waren die meisten oberen und mittleren Führungskräfte der wichtigsten Geschäftsbereiche früher selbst Lotsen bzw. sind es noch. In der Regel werden nur sie als Führungskräfte akzeptiert. Auf diese Weise bleibt das System in sich „geschlossen" und es findet kaum eine Durchmischung durch externes Personal statt.

Ein weiteres wichtiges Kulturelement ist gleichzeitig Hauptprodukt der DFS: das Sicherheitsdenken bzw. eine Null-Fehler-Kultur. In der Kultur herrscht Sicherheitsdenken vor und dem Kunden wird Sicherheit als Dienstleistung verkauft. Sicherheitsdenken hat insofern den höchsten Stellenwert im Unternehmen und übt einen großen Einfluss auf die gesamte Kultur aus. Sie prägt auch die Sicht auf alle nicht-betrieblichen Bereiche des Unternehmens, für die dieser Grundsatz teilweise nicht anwendbar ist (z.B. auf den administrativen-oder technischen Bereich). So kann es bspw. in der Führung von Mitarbeitern oder bei Managemententscheidungen zwangsläufig einmal zu einer Fehlentscheidung kommen. Die Auswirkung dieser Fehlentscheidung ist dann allerdings nicht vergleichbar mit einem Fehler im betrieblichen Bereich. Dennoch sind auch im nicht-betrieblichen Bereich Absicherungstendenzen nach allen Seiten hin zu beobachten.

Zuletzt wirkt die Art der Lotsentätigkeit kulturprägend: Lotsen tragen eine sehr hohe Verantwortung und müssen in kürzester Zeit richtige Entscheidungen treffen. Sie tun dies in der Regel in eigener Verantwortung: wenn ein Lotse an seinem Arbeitsplatz arbeitet, dann muss er entscheiden und ständig eine

Antwort parat haben, es kann ihm niemand reinreden – er sagt, wo es langgeht, d.h. wohin der Pilot zu fliegen hat – ohne Diskussion. Autonomie und Eigenverantwortung, die für die Ausübung des Berufs unbedingt erforderlich ist, stellen außerhalb dieses „Settings", wo Entscheidungen länger dauern, wo viele Personen mitreden müssen, wo andere sagen, was zu tun ist, nicht nur Führungskräfte vor große Herausforderungen.

Überdies ist immer wieder zu beobachten, dass es im Betrieb an Führungsvorbildern mangelt, da die Führungsidentität dieser Führungskräfte (die in der Regel selbst Lotsen waren oder sind) vor allem geprägt ist von der eigenen Lotsenidentität, d.h. dass sich die Führungskräfte meist mehr als Lotsen, denn als Führungskräfte verstehen.

Anlass des NL-Coaching: wie kam es dazu?

Immer wieder ist die Personalentwicklung mit der Aussage „die Führung muss besser werden" konfrontiert worden. Darauf wurde mit einem vielfältigen Angebot an Führungsseminaren, Workshops, Großgruppenveranstaltungen und Beratungsangeboten reagiert. Dennoch musste angesichts der bestehenden Kultur und der generellen Begrenztheit von Trainings-off-the-job festgestellt werden, dass durchgreifende, langfristige Erfolge im Hinblick auf die bereits geschilderten Probleme der Führungskultur eher eine Ausnahme blieben. Dies hat vielfältige Gründe. Einer davon ist sicherlich, dass das System seine eigenen Regeln hat. Solange neues Verhalten nicht durchgängig „belohnt und gestärkt" wird, bleiben Maßnahmen der Führungskräfteentwicklung eher persönlichkeitsbildende Maßnahmen, die nur wenig Auswirkungen im gesamten System haben.

Es war erforderlich, neue Wege in der Führungskräfteentwicklung zu gehen und dies sollte mit der Einführung von Führungskräftecoaching erreicht werden. Es schien die beste Möglichkeit zu sein, Führungskräfte verstärkt vor Ort, d.h. „systemnah" und langfristig zu unterstützen. Um diese neue Methode einzuführen und um eine möglichst hohe Akzeptanz im Unternehmen zu erzielen, kam die Idee eines Pilotprojektes auf. Statt Einzelcoaching für eine kleine Anzahl von Führungskräften sollte eine ganze Niederlassung einbezogen werden. Es sollte mehr sein, als Einzelcoaching.

Zu dieser Zeit kam begünstigend hinzu, dass in einer Niederlassung, die mit einschneidenden Veränderungen konfrontiert war ein Führungswechsel anstand. Zudem gab es zu diesem Zeitpunkt vor Ort gehäuft Konflikt- und Problemfälle. Mit einer progressiven Führungskraft, die das Pilotangebot annahm, war der Weg für die Einführung von NL-Coaching bereitet.

Niederlassungscoaching – eine Begriffsklärung

Im Rahmen von NL-Coaching werden alle Führungskräfte eines Systems bzw. Bereiches hierarchieübergreifend über einen längeren Zeitraum vor Ort gecoacht. Das Neue an diesem Ansatz ist, dass *alle* Führungskräfte gecoacht werden, d.h. nicht nur einzelne Führungskräfte bzw. eine Führungsebene, wie es normalerweise üblich ist, sondern alle Führungskräfte eines Systems – in diesem Fall eine Niederlassung mit vier Führungsebenen.

Diese Form des Coaching ist in der Fachliteratur so bisher nicht aufgeführt. Meiner Meinung nach kann das NL-Coaching am ehesten als „System-Coaching" bezeichnet werden. Eine Definition zum System-Coaching von Horst Rückle trifft dies noch am ehesten, auch wenn dort lediglich die Rede von einem „Führungsteam" ist und diese Gruppe nicht näher beschrieben wird:

„Beim Systemcoaching wird in der Regel ein gesamtes Führungsteam oder eine Gruppe von Mitarbeitern von einem oder oft von mehreren Coaches beraten. .. Das Systemcoaching wird bei konkreten Aufgabenstellungen, die Teams oder Gruppen in Aufgaben wie Umstrukturierungen oder Neuorientierungen betreffen, genutzt. Das Gesamtsystem wird gestützt, indem die Zusammenarbeit und Kommunikationsfähigkeit der Gruppe gestärkt wird" (Rückle 1992, S.30).

Mit dem Wort Führungsteam könnte also auch durchaus nur eine Führungsebene gemeint sein, was dann wiederum die Idee des NL-Coachings nicht vollständig wiedergeben würde. Dennoch trifft der Begriff „System-Coaching" den Kern der Idee ganz gut: die Einbindung des gesamten Systems in einen Entwicklungsprozess. Doch was war der Grund für die Einbeziehung aller Führungskräfte? Aufgrund der bestehenden Führungskultur stand der Wunsch im Vordergrund, alle Führungskräfte in einen Entwicklungsprozess einzubinden, so dass die Möglichkeit eines „systemischen Effektes" wahrscheinlicher würde und ein höherer Nutzen zu erwarten war. Ein weiterer Grund war die Idee, so die Akzeptanz des Coaching insgesamt zu erhöhen, d.h. indem alle mitmachen und obere Führungskräfte „mit gutem Beispiel vorangehen". Außerdem sollte eine Identifizierung von „möglichen Symptomträgern" (z.b. wer an allem Schuld ist) verhindert werden.

Ziele des Niederlassungscoaching: was erreicht werden sollte ...

Im Rahmen des NL-Coaching gab es explizite und implizite Ziele. Zu den expliziten zählen folgende:

- Führungskräfte bei den anstehenden Veränderungen unterstützen und die gesamte Niederlassung für weitere Veränderungen stärken

- Dauerhafte Verbesserungen von Führungsqualität und Betriebsklima ermöglichen

- Unterstützung der Führungskräfte bei der Umsetzung ihrer Führungsverantwortung

- Lösung vorhandener Probleme und Verbesserung der Konfliktkultur

- Aufbau von langfristigen kollegialen Führungsrunden.

Das sind im Grunde die Ziele, die sich die Personalentwicklung gemeinsam mit dem Leiter der Niederlassung „auf die Fahnen" geschrieben hat.

Als implizite Ziele sind diejenigen zu nennen, die den Personalentwicklungsbereich bewogen haben, einen neuen Weg in der Führungskräfteentwicklung im Rahmen der bestehenden Kultur der DFS zu gehen. Ich werde diese im Folgenden skizzieren:

Die meisten Führungskräfte der DFS sind, wie bereits an anderer Stelle erwähnt, Lotsen oder ehemalige Lotsen. Die Tätigkeit ist geprägt von Anweisung und der Befolgung dieser Anweisung, von hoher Verantwortung, dem schnellen Treffen von Entscheidungen und einer Null-Fehler-Kultur. Es ist insofern zum einen nicht einfach, Lotsen zu führen, die im Alltag sonst sagen, wo es langgeht. Und zum anderen kommen auch Führungskräfte, die im Stil von „Befehl und Gehorsam" führen (da sie ja selbst Lotsen sind) leicht an Grenzen, wenn es um Anweisungen und Kritik außerhalb der Kernlotsentätigkeit kommt. Für eine „neue" Führung, wie sie vom Management für die

Zukunft angestrebt wird, ist es unter den gegebenen Rahmenbedingungen meiner Meinung nach wichtig, sich von der Identifikation als Lotse zum Teil zu lösen und zu einer neuen Rolle zu finden, die

- den partnerschaftlichen Dialog ermöglicht, statt Befehl und Gehorsam
- eine wirksame und klare Sprache praktiziert, statt Ohnmacht im Führungsalltag
- das Ausfüllen und Leben der eigenen Führungsrolle unterstützt, statt dem Prinzip „Gleicher unter Gleichen" folgen zu wollen
- in Führungsfehlern Wachstumschancen sieht, statt die Null-Fehler-Kultur und die Idee unfehlbar zu sein (der „Herrscher der Lüfte") auch auf das Führungsgeschäft zu übertragen.

Die Schwierigkeit vor Ort besteht nun zumeist darin, dass es nur wenig Vorbilder bzw. „Modelle" gibt, an denen die Führungskräfte diese neue Rolle lernen könnten. Da Führungskräfte von außen nicht akzeptiert werden, „speist" sich das System immer wieder aus sich selbst und hat sich in der Vergangenheit als „überlebensfähig" erwiesen (auch im systemischen Sinne).

Zum impliziten Hauptziel von NL-Coaching zählt vor diesem Hintergrund die Entwicklung einer neuen Führungsidentität neben der Lotsenidentität.

Dies war der Kernansatzpunkt von NL-Coaching. Zum einen die Chance, mit Coaching die Lösung von vorhandenen Problemen vor Ort zu unterstützen und zum anderen die Führungskultur längerfristig zu beeinflussen. Ein weiteres Ziel war auch, das Beratungsangebot „Führungskräftecoaching" in der DFS zu forcieren.

Das Konzept des Niederlassungscoaching

Beim Start des Pilotprojektes sah das Konzept NL-Coaching folgende Elemente vor:

- Auftakt mit einer Informationsveranstaltung für alle Führungskräfte über Ziele und Ablauf von NL-Coaching
- Kaskadenartige Vorgehensweise bzgl. der Reihenfolge des Coaching, d.h. Beginn beim Leiter der Niederlassung und dann weiter abwärts bis zur untersten Führungsebene
- Angebot von Einzelcoaching für die obere und mittlere Führungsebene
- Angebot von Gruppencoaching für die untere Führungsebene
- Kontinuierliche Begleitung der Führungskräfte über einen Zeitraum von insgesamt einem Jahr
- Verpflichtendes Erstgespräch, danach freiwillige Teilnahme
- Ein externer Coach für die gesamte Niederlassung

Mit der kaskadenartigen Vorgehensweise sollte die Akzeptanz des Coaching erhöht werden, denn so war gewährleistet, dass die oberen Führungskräfte „mit gutem Beispiel" vorangehen, ihre eigene Entwicklung ernst nehmen und somit als Vorbilder agieren. Der sonst vorherrschenden Meinung, dass man „bei den oberen Führungskräften am wenigsten macht", wurde hier vorgegriffen.

Die Idee von Gruppencoaching für die unteren Führungsebenen ist aus der Annahme entstanden, dass aufgrund gleicher Führungsaufgaben auf dieser Führungsebene die Synergieeffekte und das Lernen voneinander am höchsten eingeschätzt wurde. Außerdem wurde die Einführung von kollegialen Führungsrunden angestrebt, so dass nach Ende des Pilotprojektes die Fortführung des begonnenen Entwicklungsprozesses sichergestellt wäre. Ein weiterer Grund waren finanzielle Überlegungen. Bei 18 Führungskräften auf der unteren Ebene wurde die Durchführung von Einzelcoachings als nicht realisierbar angesehen.

Mit der Festlegung des Pilotprojektes auf ein Jahr sollte der Tatsache Rechnung getragen werden, dass Entwicklung in einer über Jahre gewachsenen Kultur Zeit braucht und einmalige Aktionen meist wenig nachhaltige Erfolge aufweisen.

Die Entscheidung, eine Pflichtteilnahme am Erstgespräch durchzusetzen, entstand aus der Vorerfahrung mit der Zielgruppe. Eine Anschubpflicht erschien notwendig, da Führungskräfte im Betrieb in der Regel von der eigenen Leistung überzeugt sind und nicht unbedingt offen eine Unterstützung für ihre Führungsaufgaben suchen.

Das Pilotprojekt oder meistens kommt es anders

Im Laufe der Zeit ist es zu Veränderungen des ursprünglichen Konzeptes gekommen, da es Elemente gab, die sich in der Praxis als nicht umsetzbar erwiesen. Doch trotz dieser Modifikationen wurde das NL-Coaching insgesamt sehr gut angenommen. Die nachfolgenden Abschlusszahlen des Pilotprojektes belegen dies:

- 27 von 32 Führungskräften nehmen am NL-Coaching teil, d.h. nur 5 entscheiden sich nach dem Erstgespräch gegen eine Fortsetzung
- der Gesamtzeitraum des Pilotprojektes dauert 2,5 Jahre
- insgesamt finden 268 Coachingsitzungen mit einer durchschnittlichen Dauer von 2-3 Stunden statt
- die durchschnittliche Anzahl an Sitzungen für die obere und mittlere Führungsebene beträgt insgesamt 18, für die untere Führungsebene insgesamt 8 Sitzungen
- die Kosten belaufen sich pro Führungskraft im Jahr lediglich auf rund 2000 Euro

Die größte Abweichung vom ursprünglichen Konzept ist der Zeitfaktor. Es dauerte letztendlich 1,5 Jahre länger als geplant, da Terminprobleme im betrieblichen Tagesgeschäft unterschätzt wurden. Außerdem sind durch den kaskadenartigen Aufbau manche Führungskräfte erst zu einem späteren Zeitpunkt in den Coachingprozess eingestiegen. Weiterhin haben wir festgestellt, dass Vertrauen und „Sich einlassen" auf Coaching Zeit braucht.

Die Idee des Gruppencoachings ließ sich ebenfalls nicht in der Praxis umsetzen. Es hat letztendlich nur 3x stattgefunden, da es aus organisatorischen Gründen nicht möglich war, mehrere Führungskräfte für einen gemeinsamen Termin zusammen zu bringen. Daraufhin wurde auch für die Führungskräfte der unteren Ebene Einzelcoaching angeboten.

Trotz dieser konzeptionellen Veränderungen ist die hohe Teilnahmequote an sich schon als ein großer Erfolg zu bewerten. Und auch die finanzielle Seite erwies sich im Nachhinein als attraktiv. Die jährlichen Kosten für das Coaching einer Führungskraft sind vergleichbar mit denen eines Führungsseminars am freien Markt, was aber im Vergleich zum NL-Coaching nur 3 Tage dauert und in der Regel nur Standardinhalte vermittelt, die Führungskräfte oft erst in ihren Alltag „übersetzen" müssen.

Typische Anliegen der Führungskräfte im Rahmen von NL-Coaching - Ein Einblick

Um dem wachsenden Informationsbedürfnis des Managements und anderen Niederlassungen entgegenzukommen, erarbeitete der Coach im Verlauf des Prozesses anonymisierte Beispiele von typischen Anliegen der Führungskräfte. So konnte verdeutlicht werden, was beim Coaching passiert und was Coaching leisten kann. Hier ein Einblick:

- Schwieriges Mitarbeitergespräch:

  Eine Führungskraft möchte einem Lotsen ein problematisches Verhalten zurückmelden. Die Schwierigkeit dabei ist: der Mitarbeiter ist etwa gleichaltrig, man kennt sich seit Jahrzehnten und hat viele Jahre als Kollegen zusammengearbeitet.

- Vom Kollegen zur Führungskraft:

  Eine Führungskraft, die den ehemaligen Kollegen vorgesetzt ist, sieht wenig Möglichkeiten, ihre Rolle als Führungskraft zu leben und sich durchzusetzen. Es gibt einen deutlichen Wunsch, noch zum Team zu gehören. Die Identität als Führungskraft wird fast ausschließlich aus einer hohen fachlichen Kompetenz generiert.

- Position beziehen als Führungskraft:

  Eine Führungskraft, die Konflikte als bedrohlich erlebt und insgesamt selten die Konfrontation sucht, möchte lernen, sich zu überwinden und Position gegenüber einem Mitarbeiter zu beziehen.

- Begleitung von Mitarbeitern bei Veränderungen:

  Eine Führungskraft möchte wissen, wie sie mit dem Ärger und der Anspannung des Mitarbeiters bzgl. einer anstehenden Veränderung umgehen kann.

- Stabilisierung der Führungsautorität:

  Eine Führungskraft möchte lernen, verdeckten Infragestellungen ihrer Führungsautorität in der täglichen Kommunikation wirkungsvoll zu begegnen.

- Eigene Führungspersönlichkeit:

  Führungskraft möchte souveräner und gelassener mit den eigenen Emotionen in der Führungsbeziehungen umgehen.

Insgesamt stand im gesamten Coachingprozess meistens das Thema „Gelingende Kommunikation" im Vordergrund, d.h. die Reflexion von persönlichen Mustern in der Kommunikation und die Einübung von anstehenden Gesprächen.

Evaluation: Ziele, Design und Ergebnisse

In einer frühen Phase des Pilotprojektes wurde ein Evaluationsprozess aufgesetzt und eine Diplomarbeit in Auftrag gegeben (Probstmeyer 2001). Dabei wurden folgende Ziele verfolgt:

- Überprüfung der Zielerreichung des NL-Coaching (explizite Ziele)
- Den Nutzen des Instrumentes NL-Coaching für die Führungskräfteentwicklung zu ermitteln
- Ermittlung von Informationen, wie zukünftige NL-Coachings an anderen Standorten zu konzipieren sind

Das Evaluationsdesign setzte sich aus formativer und summativer Evaluation zusammen:

Obere und mittlere Führungskräfte	-	*Teilnahme am NL-Coaching*	**Nachher-Fragebogen u. Interview**
Untere Führungskräfte	**Vorab-fragebogen**	*Teilnahme am NL-Coaching*	**Nachher-Fragebogen u. Interview**

Aufgrund der kaskadenartigen Vorgehensweise war der Einsatz eines Vorab-fragebogens bei den oberen und mittleren Führungskräften im gegebenen Zeitrahmen nicht möglich. Direkte Prä-Post Vergleiche waren demnach also nur bei den unteren Führungskräften möglich. Die expliziten Ziele wurden mit Annahmen hinterlegt und dann mit Hilfe des Fragebogens statistisch über-prüft. Die Antworten zu den offenen Fragen wurden kategorisiert und nach thematischen Schwerpunkten untersucht. Die Interviews dienten dann der Überprüfung und Vertiefung der Ergebnisse. Die gesamte Evaluation basiert auf der Selbsteinschätzung der Teilnehmer. Wir haben aufgrund von Ver-traulichkeit auf Fremdeinschätzungen verzichtet.

Es folgen nun die wichtigsten Ergebnisse der Evaluation und die Antwort auf die Frage: was wurde durch das NL-Coaching erreicht?

- Ein Großteil der Führungskräfte schätzt den Einfluss des NL-Coaching auf ihre Führungssituation positiv ein. Vor allem im Hinblick auf das eigene Kommunikationsverhalten und die Reflexion des eigenen Verhaltens wird der Nutzen von Coaching hoch eingeschätzt.

- Coaching wird als Unterstützung bei der Bearbeitung und Lösung von Problemfällen im Arbeitsalltag angesehen.

- Führungskräfte geben an, dass sich ihr Führungsverhalten durch das Coaching geändert hat. Insbesondere ihr Kommunikationsverhalten habe sich verbessert und sie seien in Führungssituationen souveräner, sicherer und sensibler geworden. Auch das Thema Rollenkonflikte, Führungs-verantwortung und der verbesserte Umgang mit Mitarbeitern wird genannt.

- Als besonderer Vorteil von NL-Coaching wird der hohe Praxisbezug, der geringe Zeitbedarf und die Individualität des Vorgehens in den Coachingsitzungen genannt.

- Nach Angabe der Führungskräfte ist der Transfer des Gelernten in die Praxis gut gelungen.

- Die Anzahl der Konflikte und Probleme vor Ort wurde reduziert.

Interessant ist außerdem das Ergebnis, dass die Einschätzung der Nützlichkeit des NL-Coachings unabhängig von der Anzahl der Coachingsitzungen ist.

Insgesamt zeigt die Evaluation, dass das NL-Coaching als großer Erfolg zu werten ist. Die ursprünglichen Ziele wurden im Großen und Ganzen erreicht, auch wenn heute noch nicht abzusehen ist, inwiefern das NL-Coaching die Niederlassung für weitere Veränderungen gestärkt hat. Aufgrund des Nichtzustandekommens der Gruppencoachings konnten keine kollegialen Führungsrunden aufgebaut werden. Dies war aufgrund des dichten Tagesgeschäftes zu diesem Zeitpunkt nicht möglich.

Nutzen des Niederlassungscoaching

Aufgrund der positiven Ergebnisse der Evaluation, den zahlreichen Äußerungen der Führungskräfte zu den offenen Fragen des Feedbackbogens und der Interviews, sowie den persönlichen Gesprächen und Beobachtungen lassen sich im Wesentlichen drei Nutzenaspekte besonders hervorheben:

1. NL-Coaching bewirkt eine „Kulturrevolution" im Betrieb:

Damit soll ausgedrückt werden, dass die Tatsache der Normalität von Coaching im Betrieb zuvor nie denkbar gewesen wäre. Es wurde im Laufe der Zeit völlig selbstverständlich, den Coach wegen eines Anliegens oder eines Termins anzusprechen. Die neue Haltung: „Ich kann mir als Führungskraft Unterstützung holen und dies ist keine Schwäche" setzte sich durch. Vorbehalte gegenüber Coaching wurden damit überwunden. Dies ist in der bestehenden Kultur „revolutionär".

2. Führungskräfte übernehmen deutlicher Führungsverantwortung:

Durch das Coaching konnte teilweise erreicht werden, dass Führungskräfte zu ihrer ausschließlichen Identität als Lotse und Kollege eine ergänzende Identität als Führungskraft gewinnen konnten und damit das Ausüben ihrer Führungsrolle stärker praktizieren. Außerdem konnte der eigenen Annahme der Unfehlbarkeit eine wertvolle Entlastung entgegen gesetzt werden: in der Interaktion mit Menschen sind Fehler möglich – durch die Reflexion des eigenen Verhaltens ist Entwicklung und Veränderung machbar.

3. Coaching wird in der DFS insgesamt als „selbstverständlicher" angesehen und wird mehr und mehr nachgefragt:

Auch wenn das Pilotprojekt zu keinem Zeitpunkt lautstark vermarktet wurde, ist es dennoch wahrgenommen worden und trug zur wachsenden Akzeptanz der Methode Coaching in der DFS bei. Coaching hat so ein positives Image bekommen – auch für den Betrieb.

Lessons Learned

Für weitere Einsätze des Konzeptes NL-Coaching in der DFS sind aufgrund der gemachten Erfahrungen folgende Aspekte erwähnenswert:

- 2 Jahre Zeit einplanen:

   Mit Verzögerungen durch das Tagesgeschäft und unterschiedlich schnellem Einlassen der Führungskräfte im Prozess ist zu rechnen. Vertrauen braucht Zeit, gerade in der bestehenden Kultur. Die Teilnahme am Coaching war nach dem Erstgespräch zwar freiwillig, aber der Coach wurde dennoch nicht „gerufen".

- Bring- und Holstruktur erhöht die Teilnahmequote und die Akzeptanz des Coaches durch die Führungskräfte:

   Mit „Bringstruktur" ist die Pflicht zum Erstgespräch gemeint; sie war unerlässlich, weil sonst nur sehr wenige Führungskräfte teilgenommen hätten. Das Wort „Holstruktur" bezeichnet die Beziehungsarbeit des Coaches. Gerade in der DFS als langjährig gewachsenem System ist für ein Einlassen viel Beziehungsarbeit notwendig. Der Coach musste beim NL-Coaching einen nicht zu unterschätzenden Anteil an Zeit in den Aufbau von Beziehung investieren. Er war oft im Betriebsraum, führte Gespräche außerhalb

vom Coachingsetting und zeigte Interesse für die Tätigkeit der Führungskräfte. So gelang ein kontinuierlicher Vertrauensaufbau und das Interesse
bzw. die Neugier für Coaching wuchs.

- Beim Gruppencoaching auf kontinuierliche Teilnehmerzusammensetzung
  achten:

  Auch wenn Gruppencoaching im Pilotprojekt nur kurz stattfand, so gab es
  doch Hinweise auf die Bedeutsamkeit von festen Teilnehmergruppen. Hierbei ist eine intensivere gemeinsame Arbeit möglich und der wachsende
  Gruppenzusammenhalt kann zur Bildung von kollegialen Führungsrunden
  beitragen.

Erfolgsfaktoren des Niederlassungscoaching

Zu den Erfolgsfaktoren des NL-Coaching zählen aus meiner Sicht vor allem die
Bereitschaft des Leiters der Niederlassung als „Steuermann" und Vorbild zu
agieren. Ohne ein solches Engagement ist dieses Konzept sicherlich nur
schwer umsetzbar und erfolgreich. Weiterhin hat sich die kaskadenartige
Vorgehensweise, die Pflichtteilnahme am Erstgespräch und vor allem die
Beziehungsarbeit des Coach zur Erhöhung der Teilnahmequote bewährt. Ein
weiteres Erfolgsgeheimnis war der Einsatz eines Teams zur Steuerung des
Gesamtprozesses, das beim Pilotprojekt aus dem Leiter der Niederlassung, dem
Coach und einer Vertreterin der Personalentwicklung bestand. Es war wichtig,
den Prozess in regelmäßigen Abständen zu reflektieren und in der Prozess-
architektur flexibel zu sein, d.h. auch Veränderungen des ursprünglichen Konzeptes zuzulassen und die Ergebnisse der Vorabbefragung zu berücksichtigen.
Überdies sollte gerade dem Beginn eines solchen Prozesses hohe Aufmerksamkeit geschenkt werden. Gute Informationen, persönliche Gespräche und
Präsenz vor Ort sollten unbedingt gewährleistet sein.

Sicherlich war im Falle des Pilotprojektes eine Anschubfinanzierung durch die
Personalentwicklung ein weiterer wichtiger Erfolgsfaktor.

Neben all diesen Aspekten bin ich der Meinung, dass dieses Pilotprojekt vor
allem gelang, weil die Führungskräfte gemerkt haben, dass es hier um sie selbst
geht und keine Instanz dahinter stand, die an der Erreichung eigener Ziele
interessiert war.

Erstaunlich war überdies, dass dieses Pilotprojekt eher ein „leiser" Prozess war – das Ganze wurde nicht „an die große Glocke gehängt" und es gab kein vorgefertigtes, endgültiges Konzept. Es nahm einfach alles ganz selbstverständlich seinen Lauf, neben all den großen Veränderungen im Unternehmen – mitten im Alltag der Führungskräfte. Heute bin ich überzeugt, dass gerade auch das ein großer Erfolgsfaktor war.

Die Zeit nach dem Pilotprojekt oder wie es weitergeht ...

Nach dem offiziellen Ende des Pilotprojektes war zunächst keine Fortsetzung geplant. Um dennoch auf dem Erfolg des Pilotprojektes aufsetzen zu können und der „jungen Pflanze NL-Coaching" das Weiterwachsen zu ermöglichen, wird in der betreffenden Niederlassung bis heute allen neuen Führungskräfte die Teilnahme an fünf Einzelcoachingsitzungen angeboten. Bisher wurde dieses Angebot von allen Führungskräften angenommen.

Für nächstes Jahr ist eine Fortsetzung des NL-Coaching in geringerem Stundenumfang für die Führungskräfte, die am NL-Coaching bereits teilgenommen haben, geplant. Vorgesehen ist die Durchführung einer kleinen Anzahl von Einzelsitzungen nach vorheriger Bedarfsabfrage.

Außerhalb dieses Standortes wurde NL-Coaching bereits ein weiteres Mal nachgefragt. Da die Rahmenbedingungen dort anders waren, sind erste Maßnahmen zwar durchgeführt worden, wurden aber zunächst wieder eingestellt. Es bleibt abzuwarten, ob es zu einer Fortsetzung kommen wird.

Derzeit erproben wir ein neues PE-Produkt, das der Idee des Gruppencoaching im Rahmen des NL-Coaching sehr ähnlich ist. Es stößt finanziell und vom erforderlichen Zeitaufwand her derzeit auf eine hohe Resonanz. Es bleibt zu hoffen, dass die systemische Grundidee des NL-Coachings im Unternehmen weiterleben wird.

Kritisches und Bedenkenswertes oder was es noch zu sagen gibt

In der Zeit nach dem Pilotprojekt, in der die Reflexion der Erfahrungen und das Interesse Dritter im Vordergrund standen, sind zahlreiche Fragen, Thesen, kontroverse Diskussionen und weiterführende Überlegungen entstanden. Ich möchte nachfolgend die beiden wichtigsten vorstellen und zum Weiterdenken anregen:

- Ein Coach für eine Niederlassung:

  Der am meisten diskutierte Aspekt des Pilotprojektes war, dass wir einen Coach hierarchieübergreifend für alle 27 Führungskräfte eingesetzt haben. Die Gefahr einer zu großen Abhängigkeit vom Coach, die Frage ob der Coach die Führung ersetzt, ein möglicher Machtmissbrauch und das Risiko eines Vertrauensverlustes waren dabei häufig genannte Aspekte. Sicherlich sind dies berechtigte Überlegungen und verdienen eine selbstkritische Prüfung.

  Im Falle des Pilotprojektes haben wir keinerlei Hinweise gefunden, dass solche Aspekte wirksam wurden. Daraus kann man sicherlich nicht schließen, dass dieses Modell deshalb prinzipiell immer gut geht. In unserem Fall ging es gut und ich würde sogar sagen, dass es gerade deshalb gut war. Der Coach hat quasi als Modell fungiert, das als Teil des Systems gezeigt hat, dass integeres und „spielfreies" Verhalten möglich ist. Die Führungskräfte haben sich durch diese enge Begleitung verstanden gefühlt und es hat dazu beigetragen, den Coach in seiner Rolle zu respektieren – er hat Kenntnisse angesammelt und wusste, „wie der Laden läuft". Dennoch hat er dieses Wissen nicht ausgenutzt. Er war sozusagen für alle ein „einheitliches" Führungsmodell, das es sonst aufgrund der gewachsenen Kultur vor Ort kaum gibt.

  Während in einem „normalen" Coaching dem Coach nur die Selbstwahrnehmung des Coachingpartners und die im Coachingsetting direkt erkennbaren Denk-, Fühl- und Verhaltensmuster als Diagnosegrundlage zu Verfügung stehen, konnten in diesem Falle auch die Fremdwahrnehmungen der Umwelt mit einbezogen werden und damit die Wirksamkeit des Coachings deutlich erhöht werden. Nun könnte man annehmen, dass die Führungskräfte diese Transparenz als eher bedrohlich erlebt hätten. Da die dabei genutzten Informationen erst nach Absprache mit den jeweiligen Gesprächspartnern genutzt wurden, entstand eine Atmosphäre des Vertrauens in den Coach und in den Prozess. Die meisten Führungskräfte haben dies ausdrücklich begrüßt und angefragt, nachdem sie einmal Vertrauen in den Coach und in den Prozess gefasst hatten. Durch diese in der Evaluation geäußerten Rückmeldungen wurde das Konzept mit einem Coach im Nachhinein bestätigt.

Dennoch ist es denkbar, dass durch diese Konstellation der gesamte Prozess länger gedauert hat. Ein gewisses Maß an Misstrauen einem Coach gegenüber, der auch der Coach der eigenen Führungskraft ist, ist nur allzu verständlich. Insofern erachte ich die Durchführung mit zwei Coaches als durchaus sinnvoll. Dieser zweite Coach könnte dann die Begleitung für die Führungskräfte der unteren Ebene übernehmen. In diesem Fall sollte dann aber eine enge Abstimmung in Stil und Vorgehensweise zwischen den beiden Coaches stattfinden, um der Führungskultur eine Richtung geben zu können.

- Wie wirksam ist der Einfluss des NL-Coaching auf das System wirklich gewesen? Was wenn die gecoachten Führungskräfte nicht mehr da sind?: Eine abschließende Antwort auf diese Frage ist aufgrund von komplexen Wirkmechanismen innerhalb eines Systems sicherlich nicht möglich. Dennoch ist eine Reflexion darüber sinnvoll.

Das System „vergisst" einen Teil des Gelernten sicherlich – dennoch werden die Erfahrungen Spuren hinterlassen (z.B. wie funktioniert klare effektvolle Konfrontation).

Da jedoch die gesetzten Impulse für ein System, dass seit vielen Jahren besteht, im Verhältnis eher als schwach einzuschätzen sind, ist die Wahrscheinlichkeit gering, dass die gecoachten Führungskräfte dieses Wissen an nachfolgende Führungskräfte weitergeben werden. Wenn sie das Unternehmen verlassen, wird die Erkenntnis höchstwahrscheinlich mitgehen. Deshalb ist es so wichtig, auch Nachwuchsführungskräfte wiederum zu coachen.

Ein Schlusswort

Auch wenn mit dem Konzept des NL-Coaching „das Rad nicht neu erfunden wurde", bin ich der Meinung, dass hier ein wirkungsvolles neues Instrument zur Entwicklung von Führungskulturen konzipiert und erprobt wurde. NL-Coaching ist ein neuer Ansatz in der Führungskräfteentwicklung. Er unterstützt die Entwicklung des Führungsverhaltens eines ganzen Systems und kann damit wesentlich zur Veränderung der Führungskultur beitragen.

Literatur:

Probstmeyer, Christiane. 2001. *Evaluation eines Niederlassungs-Coaching bei der Deutschen Flugsicherung GmbH* (Diplomarbeit). Technische Universität Darmstadt.

Rückle, Horst. 1992. *Coaching*. Düsseldorf: Econ Verlag.

... bis an die Grenze.
Systemtheoretische Annäherungen

Klaus Beckmann

1. Vor der Reise

Vor der Reise in ein unbekanntes Land sind umfangreiche Vorkehrungen zu unternehmen. Es beginnt nach der Festlegung auf das Reiseziel mit der Suche nach möglichst weitreichenden Informationen. Die Lektüre von Reiseführern und das Studium der Landkarten stehen meist am Anfang. Die Reiseführer erteilen Auskunft über die Geschichte des Landes, zeigen Abbildungen der Sehenswürdigkeiten und geben praktische Tipps in Bezug auf die Einreisevorschriften, die Währung, die Sprache und nicht zuletzt auch in die Kultur des Reiselandes. Die Landkarte bildet die topografische Beschaffenheit, die Grenzen des Landes und das Verkehrswegenetz ab, bezeichnet die Lage und die Größe der Städte und Dörfer, sie dient darüber hinaus zur Planung der Reiseroute.

Ohne diese grundlegenden Informationen kann die Reise zu einem unkalkulierbaren Risiko werden. Die Reisenden werden ahnungslos an schönen Städten, bemerkenswerten Sehenswürdigkeiten und historischen Schauplätzen vorbeiziehen.

Sie hätten allerdings die Möglichkeit - unter Ausschluss der im Reiseführer vorgeschlagenen oder den in den Karten vorgezeichneten Routen - das Land für sich zu entdecken, ihre eigenen Erfahrungen zu erleben, ihre eigenen Bilder zu zeichnen und eigene Notizen zusammenzustellen. Je tiefer sie in die Beobachtung des Ziellandes eindringen, um so intensiver werden die Erfahrungen,

Bilder und Notizen werden. Die Reisenden beginnen, die neu gewonnenen Eindrücke mit denen zu vergleichen, die sie vorher hatten und sie werden Bekanntes und Unbekanntes, Verbindungen und Brüche, Sympathisches und Unsympathisches entdecken. Ihre alten Bilder werden umgedeutet, die alten Notizen überschrieben, die alten Erfahrungen überprüft. Es bleibt nichts so wie es war.

Systemische Organisationsentwicklung bedeutet, sich auf das unkalkulierbare Risiko einzulassen, ein fremdes Land zu bereisen – eine fremde Organisation zu beraten -, ohne grundlegende Informationen über dieses Land – diese Organisation – zu besitzen.

Reiseführer sind Beschreibungen des Landes, nicht das Land selbst. Das Land selbst ist größer und vielschichtiger als die Landkarte oder der Kartenausschnitt, den wir in der Hand halten (vgl. Gairing 1996, S. 139f, Vogel 1999, S. 98f). Die Organisationen, die wir beraten, sind anders (nicht: besser oder schlechter, einfach anders) als ihre Selbstdarstellung in Prospekten und Broschüren, sie sind vielschichtiger als sie in ihren Organigrammen ausgedrückt und sie sind komplizierter als in ihren Selbstbeschreibungen dargestellt wird.

Orientierungshilfen, Kompanten und Markierungen, die ein systemisch orientierter Organisationsentwickler benutzt, um den völligen Blindflug zu vermeiden, lassen sich in den naturwissenschaftlich biologischen Theorien zur Autopoiese und Selbstreferentialität lebender Systeme bei Humberto Maturana und Francisco Varela, den naturwissenschaftlich kybernetischen Konzepten z.B. der Unterscheidung zwischen trivialen und nicht-trivialen Maschinen oder der Beobachtung zweiter Ordnung bei Heinz von Foerster, und den soziologischen Definitionen der sozialen Systeme bei Niklas Luhmann finden. Selbstverständlich sind auch andere epistemologische, also erkenntnisleitende Grundlagen möglich, für diese Unternehmung scheint diese Auswahl brauchbar. Die theoretischen Überlegungen werden in Bezug gesetzt zu einer nacherzählten Kurzgeschichte von Heinrich Böll und mit ihrer Hilfe reflektiert.

Zur Anwendung gelangen die aufgezählten Hilfsmittel dann in einem konkreten Organisationsentwicklungs-Projekt, welches nur kurz beschrieben wird, um als weitere Reflektionsebene für die systemtheoretische Definition der Begriffe ,Entscheidungen' und ,Zeit' zu dienen.

Wie bei jeder Reise stoßen wir auch hier an Grenzen – sowohl in den zu beschreibenden Systemen, als auch an die Grenzen der Auswahl des hier

Darstellbaren. Begrenzt werden diese Ausführungen durch eben diese Auswahl, es wären auch andere Themenbereiche möglich gewesen (z.B. Komplexität, Kommunikation, Sprache u.a.) und die Begrenzungen des Verfassers. Dessen Anliegen besteht in einer intensiven Beschäftigung mit den Grundlagen der Systemtheorie und einer Reflexion der Zusammenhänge dieser Grundlagen mit dem praktischen Handeln eines systemisch orientierten Organisationsentwicklers.

... auf der Reise von der Theorie der Autopoiese in lebenden Systemen über die kybernetische Darstellung von Prozessen in Maschinen, der Beobachtung von Beobachtern und einer Beschreibung von Operationen in sozialen Systemen zu einem notwendigen Zwischenstopp, wo wir in einem konkreten Praxisprojekt das soziale System einer Organisation entdecken, etwas darüber lernen, wie Entscheidungen zustande kommen und reflektieren, wie Entscheidungen in der Organisation getroffen werden, bekommen wir so eine Vorstellung davon, welche Rolle die Zeit spielt, bevor wir an die Grenze kommen ...

2. Auf der Reise ...

Möglicherweise führt uns die Reise in ein Dorf am Mittelmeer mit einem kleinen Fischereihafen und einer Espressobar. Wir betrachten die vertäuten Boote und die aufgespannten Netze. Bei einem kleinen Spaziergang zur Mole sehen wir einen Fischer in der Sonne liegen, der von einem anderen Touristen in ein Gespräch verwickelt wird. Nachdem wir das herrliche Panorama für unser Reisealbum fotografiert haben, setzen wir uns auf einen der Poller und beobachten das Gespräch zwischen dem Touristen und dem Fischer. Auf die ersten Fragen antwortet der Fischer nur mit Kopfnicken und Kopfschütteln, wir erfahren aber, dass er schon fischen war und einen guten Fang gemacht hat, der auch für die nächsten Tage reichen wird. Der Tourist versucht nun, den Fischer zu überreden, ein weiteres Mal auszufahren und noch mehr Fische zu fangen. Er zeichnet ein Szenario wachsenden Wohlstandes und sieht den Fischer schon als Eigentümer einer eigenen Fischverarbeitungsfabrik als ihm plötzlich eine geniale Idee kommt. Denn dann, so erklärt der Tourist dem Fischer, wenn das alles erreicht ist, könne er beruhigt in den Hafen gehen und in der Sonne liegen (vgl. Böll 1963).

2.1. ... von der Theorie der Autopoiese in lebenden Systemen

Nach Humberto Maturana sind „lebende Systeme selbsterzeugende, selbstorganisierte, selbsreferenzielle und selbsterhaltende Systeme" (Gairing 1996, S. 151). Alle diese Merkmale werden unter dem Begriff Autopoiese zusammengefasst und näher beschrieben:

Selbsterzeugung

Im Gegensatz zu den von seinen Erzeugern unterschiedenen Produkten oder Maschinen sind lebende Organismen damit beschäftigt, „jene Ganzheit zu produzieren beziehungsweise aufrechtzuerhalten, die sie selbst erzeugte" (Ciompi 1988, S. 132). Ein autopoietisches System erzeugt sich also selbst, „indem es sich ausschließlich auf die eigenen Operationen bezieht" (Gairing 1996, S. 151). Dabei ist die sich erschließende Welt die kognitive Welt des Systems. „Wir erzeugen also buchstäblich die Welt in der wir leben, in dem wir sie leben" (Maturana in: Gairing 1996, S. 154).

Selbstorganisation

Die Prozesse und Operationen innerhalb lebender Organismen dienen der Aufrechterhaltung des Systemgleichgewichts (Homöostase). Mit dieser „kritischen Variable" (Gairing 1996, S. 151) steuern autopoietische Systeme durch ihre Operationen ihre eigene zirkuläre Organisation. Die Komponenten, die das autopoietische System zur Produktion und Aufrechterhaltung seiner Ganzheit benötigt, werden zirkulär miteinander verknüpft, d.h. sie generieren je nach Zustand und Informationsstand neue und andere Prozesse. Die Informationen, die das System zur „Aufrechterhaltung seiner zirkulären Organisation braucht, liegen in dieser Organisation selbst" (Gairing 1996, S. 154).

Selbstreferentialität

Lebende Organismen „beziehen sich im Prozess der Aufrechterhaltung ihrer Organisation ausschließlich auf sich selbst" (Gairing 1996, S. 154). Die Selbstbezüglichkeit, die im System selbst erzeugt wird, führt in einem rekursiven Prozess zu einer Abkopplung von der Umwelt. In dem Maße in dem das System mit sich selbst beschäftigt ist, mit seinen eigenen Prozessen und Operationen, nehmen die Einflüsse aus seiner Umwelt ab.

Selbsterhaltung

Die Voraussetzung für die Selbsterhaltung und die Reproduktion eines lebenden Systems sind die Operationen des Systems mit Hilfe der systemeigenen Elemente. An jede Operation schließt sich eine neue Operation desselben Systems an. Für diese Prozesse ist das System selbst blind, „die reine Reproduktion ist weder von einem teleologischen Projekt, noch von der Orientierung an einer Funktion, noch von den Bedürfnissen der Anpassung geleitet" (Baraldi, Corsi, Esposito 19993, S. 123).

Autopoietische Systeme sind operational und funktional geschlossen, aber für den Energieaustausch offen. Sie haben keinen informationellen Input und Output.

Autopoietische Systeme sind von ihrer Umwelt abgegrenzt, „im Sinne jener Ansammlung von Elementen, die untereinander stärker verbunden sind, als mit den Abläufen jenseits einer Grenze. damit bestimmt der innere Zustand eine Grenze – keine Membran, sondern lediglich eine Membranwirkung" (Maturana, 1972, S. 195).

Die Umwelt kann Zustandsveränderungen im System selbst nicht steuern, autopoietische Systeme sind wie beschrieben informationsdicht und strukturdeterminiert. Einflüsse aus der Umwelt können nur durch systeminterne Unterscheidungen auf das System wirken. Das System kann auf bestimmte Einflüsse aus seiner Umwelt sensibel reagieren. Diese Reaktionen können eine Veränderung in der Struktur des Systems bewirken. Solche Prozesse werden als 'Störungen' bezeichnet, Maturana verwendet den Begriff der 'Perturbation'.

Zwischen voneinander unterschiedenen Systemen ist die Möglichkeit der strukturellen Kopplung gegeben, die eine Interaktion zwischen den Systemen ermöglicht, ohne dass dabei die je eigene Identität der Systeme zerstört wird. Die strukturelle Kopplung unterschiedlicher Systeme kann zu einem Konsens zwischen den Systemen führen und strukturell bedingte Zustandsveränderungen in bestimmten Sequenzen aufeinander abzustimmen (vgl. Gairing 1996, S. 152)

„Es wäre aber völlig hirnverbrannt, alles mögliche als autopoietisches System anzusehen, bloß weil es zusammengesetzt und dauerhaft verknüpft ist: Erstens müssen die typischen Merkmale vorliegen, und zweitens ist Autopoiese kein Erklärungsprinzip für alles und jedes" (Maturana, 1972, S. 196).

2.2. ... über die kybernetische Darstellung von Prozessen in Maschinen

Unser kleiner Ausflug an den Mittelmeerhafen hat gezeigt, dass sich autopoietische Systeme – wenn wir sowohl den Fischer als auch den Touristen als solche definieren - nicht so ohne weiteres in ihrer Selbstreferentialität „stören" lassen. Beide erhalten und geben dem jeweils anderen System eine Fülle von Informationen.

Die Regelung der Informationsverarbeitung in Maschinen und Lebewesen wird als Kybernetik bezeichnet. Der Kybernetiker Heinz von Foerster beschreibt in seiner Unterscheidung zwischen trivialen und nichttrivialen Maschinen die Prozesse der Informationsverarbeitung.

Als Maschine soll nicht eine Summe von ineinander greifenden Teilen (also Zahnrädern, Wellen, digitalen Zeichenfolgen) verstanden werden, „sondern eine begriffliche Struktur, die genau beschrieben und definiert wird. Eine Maschine ist etwas, was ich oder wir im Zusammenspiel aufbauen können, weil wir die innere Struktur und den Plan dieser Maschine bestimmen können" (Gairing 1996, S. 163).

Die Funktion einer trivialen Maschine:

Das Rechteck stellt die Maschine dar, die Funktion (f) dieser Maschine soll sein, eine Ursache (x) mit einer bestimmten Wirkung, einem Effekt (y) zu verbinden.

$$\text{Wirkungsfunktion } x = f(x)$$

Die Trivialität dieser Maschine liegt darin, dass sie auf eine bestimmte Ursache immer die gleiche Wirkung produziert. Das Schema dieser Maschine ist das der

Kausalität: H. v. Foerster bezeichnet die Kausalität als das fundamentale Denkschema unserer westlichen Kultur, welches immer noch die vereinfachende Vorstellung vom Funktionieren der Welt sei (vgl.: Gairing 1996, S. 164).

Die Funktion einer nicht - trivialen Maschine:

Die triviale Maschine wird um ein zweites Rechteck mit dem Buchstaben „Z" ergänzt. Diese Bezeichnung zeigt an, dass eine solche Maschine innerer Zustände fähig ist.

Diese Maschine verkörpert sozusagen eine Maschine in der Maschine. Wird hier ein Eingangssymbol (x) eingegeben, so errechnet sie ein Ausgangssymbol (y) gemäß einer Wirkungsfunktion (f), die auch vom inneren Zustand (z) der Maschine abhängig ist (vgl. Gairing 1996, S. 164).

Wirkungsfunktion: $y = f\,y\,(x, z)$ Zustandsfunktion $z' = f\,z\,(x, y)$

Ein einmal eingegebenes Eingangssymbol kann später nicht mehr dasselbe Ausgangssymbol hervorrufen. Die Operationen der Maschine sind von ihren vorherigen Prozessen abhängig, der innere Zustand wird für die nächste Operation als $z1$ gesetzt usw. Ohne die Veränderungen des inneren Zustandes der Maschine zu kennen, ist es unmöglich, das Verhalten der Maschine kausal zu erklären, sie ist analytisch unbestimmbar (Gairing 1996, S. 165). Die Möglichkeiten werden unbegrenzt. Die Prozesse laufen zirkulär ab, sie reagieren auf neue Inputs mit neuen Outputs in unendlichen Schleifen.

Wenn wir unsere Position auf dem Poller beibehalten und den Fischer etwas länger weiter beobachten, ergeben sich im Anschluss an das Gespräch mit dem Touristen eine Fülle von Möglichkeiten, von denen wir drei auswählen:

- Der Fischer bleibt liegen und döst weiter in die Sonne

- Der Fischer bleibt liegen und denkt über das Gespräch nach

- Der Fischer rafft seine Netze zusammen und fährt noch einmal zum Fischfang hinaus

Aus der weiteren Beobachtung des Touristen wählen wir ebenfalls drei Möglichkeiten aus

- Der Tourist schüttelt den Kopf und geht

- Der Tourist geht und denkt über das Gespräch nach

- Der Tourist geht einen Espresso trinken und überlegt ob er sich nicht auch mal öfter in die Sonne legen soll

Die Auswahl dieser (...oder anderer) Möglichkeiten ist abhängig von der Verarbeitung der Informationen im jeweiligen System und den Unterscheidungen, die das System trifft. Sie wird beeinflusst durch die Intensität der „Störung" die im System hervorgerufen wurde.

2.3. ... der Beobachtung von Beobachtern

Heinz von Foerster bezeichnet diese Prozesse als Kybernetik erster Ordnung, die „Beobachtung beobachteter Systeme" (Gairing 1996, S. 155). Das System ist für die eigenen Operationen blind und kann nur durch einen Beobachter seine eigenen Operationen erkennen, nur der Beobachter kann von den Operationen sprechen und bringt seinerseits seine eigenen Operationen in die Beobachtung mit ein.

Wir sitzen also nur physisch noch auf dem Poller, kognitiv sind wir in die Situation eingebunden. Unsere eigenen Gedanken kreisen um die beobachtete Situation, wir ziehen aus diesem Gespräch Schlüsse auf die individuellen handlungsleitenden Motive der Akteure und versetzen uns selbst in deren Lage.

In einem Vortrag stellt Heinz von Foerster den Unterschied dieser Sichtweise im Vergleich zu der bisherigen Prämisse wissenschaftlichen Arbeitens – nach der ein Forscher oder Beobachter zur Neutralität und Objektivität verpflichtet war – fest. Ein Forscher oder Beobachter beobachtet als autopoietisches

System mit seinen eigenen Kognitionen, Operationen und Prozessen andere autopoietische Systeme, seine Erkenntnisse sind also auch Erkenntnisse seiner selbst.

„Ich möchte Sie nun bitten, mir in ein Land zu folgen, in dem es nicht verboten ist, sondern in dem man ermutigt wird, über sich selbst zu sprechen (was könnte man auch sonst tun?)... Auf das Gebiet der Kybernetik übertragen, heißt das: indem der Kybernetiker sein eigenes Terrain betritt, muss er seinen eigenen Aktivitäten gerecht werden: die Kybernetik wird zur Kybernetik der Kybernetik, oder zur Kybernetik zweiter Ordnung" (von Foerster 1993, S. 64f).

Mit der Kybernetik zweiter Ordnung, einer „Kybernetik beobachtender Systeme" (Gairing 1996, S.155) wird die Fähigkeit kognitiver Systeme diskutiert, „in sich konsistente Wirklichkeiten zu konstituieren" (Gairing 1996, S. 155).

„...diese Erkenntnis beinhaltet nicht nur eine grundlegende Änderung auf dem Gebiet wissenschaftlichen Arbeitens, sondern auch, wie wir das Lehren, das Lernen, den therapeutischen Prozess, das organisatorische Management usw. wahrnehmen; und - wie ich meine - wie wir Beziehungen in unserem täglichen Leben wahrnehmen. Diese grundlegende epistemologische Wendung lässt sich dadurch verdeutlichen, dass man sich einerseits als unabhängigen Beobachter sieht, der die an ihm vorüberziehende Welt betrachtet; oder dass man sich andrerseits als einen beteiligten Akteur betrachtet, der selber eine Rolle in dem Drama zwischenmenschlicher Beziehungen, dem Drama des Gebens und Nehmens, in der Zirkularität menschlicher Beziehungen spielt" (von Foerster 1993, S. 64f).

Bevor wir also überhaupt überlegen konnten, ein morgendliches Bad im Meer zu nehmen oder bei einem Espresso die Tageszeitung zu lesen, werden wir als Beobachter Teil in diesem 'Drama zwischenmenschlicher Beziehungen', wir erkennen die Teile, die beide Akteure nicht sehen konnten, wir können Schlüsse ziehen über die Befindlichkeit des Fischers, seine Ansichten und Einstellungen. Wir können die Motive des Touristen ahnen, seine Grundhaltungen und Werte. Es steht uns frei, die konstruierten Ansichten, Einstellungen, Grundhaltungen und Werte mit unseren eigenen zu vergleichen und dann erst schwimmen zu gehen.

2.4. ...und einer Beschreibung von Operationen in sozialen Systemen

Soziale Systeme sind nach Niklas Luhmann autopoietische, selbstreferenzielle Systeme (Leben, Bewusstsein, und soziale Kommunikation), die sich in Differenz zu einer Umwelt konstituieren.

Luhmann unterscheidet drei analytische Ebenen, um soziale Systeme von anderen Systemtypen zu unterscheiden (siehe Abb. rechts.):

Soziale Systeme – und damit sind keine konkreten Menschen gemeint (vgl. Willke 1996 S. 42) – konstituieren sich durch Sinn und Kommunikation in Abgrenzung zu ihrer Umwelt. Die Systemgrenze „kann verstanden werden als der Zusammenhang selektiver Mechanismen, die auf einer ersten Stufe der Differenzierung von System und Umwelt die Kriterien setzen, nach denen zwischen dazugehörigen und nichtdazugehörigen Interaktionen unterschieden wird" (Willke 1996, S. 42). Über diese Grenze hinweg beobachtet das System.

In einer älteren Ausgabe des Magazins GEO zum Thema „Chaos und Kreativität" erklärt der Autor diese Zusammenhänge so: „Systeme leben keineswegs in unendlichem Austausch und in immer neuer kurzfristiger Anpassung an die Vielfalt ihrer Umgebung, sondern praktisch von ihr abgeschottet. Ihr Kontakt mit der Außenwelt beschränkt sich auf wenige spezielle Messfühler. Sie zeigen manche, vielleicht wichtige Umweltveränderungen als ‚systeminterne Differenzen' an, registrieren aber die meisten nicht" (Wehowsky 1993, S. 161). Die Umwelt sozialer Systeme wird durch andere, unterschiedene soziale Systeme gebildet. Zu dieser Unterscheidung gehört, dass ein Akteur nicht „gleichzeitig auf beiden Seiten sein kann" (Gairing 1996, S. 156). Er kann nicht gleichzeitig als Teil des einen Systems ein Teil des von dem einen System unterschiedenen anderen Systems sein. Für Luhmann setzt auch jede „Selbstbeobachtung ... die Einrichtung entsprechender interner Differenzen voraus" (Luhmann in: Gairing 1996, S. 156). Daraus folgt, dass der Akteur nur mit der getroffenen Unterscheidung sehen kann. Diese Differenz macht ihn für die außerhalb der getroffenen Unterscheidung liegenden Sichtweisen blind.

Die Akteure in der von uns beobachteten Situation sind zwei voneinander unterschiedene autopoietische (...oder mit Luhmann gesprochen: psychische) Systeme, sowohl der Fischer als auch der Tourist zeigen in der Begegnung

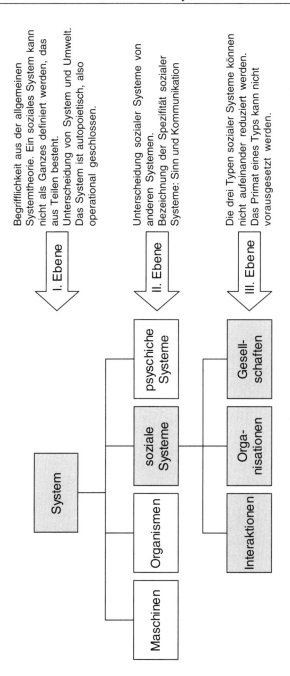

Begrifflichkeit aus der allgemeinen Systemtheorie. Ein soziales System kann nicht als Ganzes definiert werden, das aus Teilen besteht.
Unterscheidung von System und Umwelt. Das System ist autopoietisch, also operational geschlossen.

I. Ebene

Unterscheidung sozialer Systeme von anderen Systemen.
Bezeichnung der Spezifität sozialer Systeme: Sinn und Kommunikation

II. Ebene

Die drei Typen sozialer Systeme können nicht aufeinander reduziert werden.
Das Primat eines Typs kann nicht vorausgesetzt werden.

III. Ebene

System

Maschinen

Organismen

soziale Systeme

psychiche Systeme

Interaktionen

Organisationen

Gesellschaften

klare systeminterne Differenzierungen. Der Fischer hat sein Tagwerk erfolgreich hinter sich gebracht, er hat genug. Jetzt ist die Zeit gekommen, sich auszuruhen. Alle Aktionen darüber hinaus würden das Gleichgewicht (die Homöostase) in der Beziehung zu anderen Systemen – z.b. zu seinen Kollegen, dem lokalen oder globalen Fischmarkt, den ökologischen Bedingungen usw. – stören. Für die Einlassungen des Touristen mit dessen Unterscheidungen – es kann nie genug sein – hat der Fischer wenig Verständnis. Erst gegen Ende der Begegnung zeigt die Haltung des Fischers dem Touristen eine vorher für den Touristen selbst für unfassbar gehaltene Einstellung, sein mögliches Bedürfnis nach Ausgeglichenheit und Ruhe.

Die Beobachtung, die hier reflektiert wird, ist die Beobachtung eines Beobachters. Wir beobachten das autopoietische System „Fischer", das seinerseits von dem autopoietischen System „Tourist" beobachtet wird, und selbst das autopoietische System „Tourist" beobachtet.

Das autopoietische System „Beobachter" beobachtet – in seiner Umwelt - die sich gegenseitig beobachtenden autopoietischen Systeme. In dieser Form hat auch die Beobachtung der Beobachter einen „blinden Fleck", der wiederum beobachtet werden kann.

Die Systemtheorie nach Niklas Luhmann sieht diese Form der Beobachtung als Unterscheidung zu dem Begriff „Operation". Operationen bezeichnen die „Reproduktion eines Elementes eines autopoietischen Systems mit Hilfe der Elemente desselben Systems" (Baraldi, Corsi, Esposito 1999, S. 123f). Sie bilden die Voraussetzung dafür, überhaupt von einem System zu sprechen und dessen Grenzen zu erkennen (operationelle Geschlossenheit). Operationen sind unabhängig von zeitlichen Abläufen, sie sind „in ihrer Unmittelbarkeit immer zur Gleichzeitigkeit mit der Welt verpflichtet" (Baraldi, Corsi, Esposito 1999, S. 123f). Sie können deshalb nur von einem Beobachter beobachtet werden, weil das System selbst für seine Operationen blind ist.

Die Beobachtung ist zwar ihrerseits auch eine Operation, muss aber von der Ebene der Operation unterschieden werden. Es wäre unmöglich, sie auf ein System zurückzuführen und damit unmöglich „ihre Existenz in Betracht zu ziehen" (Baraldi, Corsi, Esposito 1999, S. 123f), wenn Beobachtungen keine Operationen darstellten.

Im Unterschied zu den Operationen hat die Beobachtung mehr Freiheiten, sie unterliegt nicht der Bedingung der Gleichzeitigkeit mit der Welt, sie stimmt nicht unmittelbar mit ihrem Objekt überein und ist in der Lage, Objekte zu identifizieren. Sie „kann (wenn sie sich zum Beispiel an der Unterscheidung System/Umwelt orientiert) die inneren Prozesse eines Systems von dem unterscheiden, was ihm nicht zugehört, kann Kausalbeziehungen zwischen Innen und Außen feststellen, kann dem System ein Ziel zuschreiben" (Baraldi, Corsi, Esposito 19993, S. 123f).

2.5. ... zu einem notwendigen Zwischenstopp

Systemische Organisationsentwickler sind – wenn sie sich denn mal nicht am Mittelmeer aufhalten – Beobachter in dem hier beschriebenen Sinne.

- Sie wissen (...oder ahnen), dass „alle höheren Formen des Lebens, das Bewusstsein und soziale Kommunikationssysteme" (Luhmann 1998, S. 57) nicht-triviale Maschinen sind, die „eine so hohe, praktisch unbegrenzte Zahl von Möglichkeiten produzieren, dass sie (für sich selbst und andere) unberechenbar werden" (Luhmann 1998, S. 57).

- Sie wissen (...oder ahnen), dass ein Beobachter nur unter der Voraussetzung der Unterscheidung von System und Umwelt beobachten kann und er selbst ein Teil der Umwelt für das System ist. Die Beobachtung des Beobachters grenzt sich dabei gegen das System ab, ist aber gleichzeitig Teil anderer Systeme und kann deshalb als weitere Unterscheidung in die beobachteten sozialen Systeme eingeführt werden.

- Sie wissen (...oder ahnen), dass die Prozesse, Operationen und Kognitionen in sozialen Systemen den Eigenschaften der Theorie der Autopoiese unterliegen und rekursiv in zirkulären Operationen in sich konsistente Wirklichkeiten konstruieren. Damit ist dann Realität nicht mehr als Widerstand der Umwelt „gegen Erkenntnisversuche des Systems zu verstehen, sondern das Ergebnis erfolgreicher Auflösung systeminterner Inkonsistenzen, also das Ergebnis eines Widerstandes von Operationen des Systems gegen Operationen desselben Systems" (Luhmann 1998, S. 58)

3. in einem konkreten Praxisprojekt ...

Es gilt jetzt, die konsistente Realität in der oben beschriebenen Form in einem Unternehmen zu entdecken, als Beobachter beobachtender sozialer Systeme zu fungieren und eigene Unterscheidungen zu treffen und dabei die folgenden Prämissen im Auge zu behalten:

- Systemische Organisationsentwicklung kann ein System nicht von außen steuern (vgl. Autopoiese), sie kann intervenieren und im Sinne von Perturbation das System stören.

- Systemische Organisationsentwicklung kann nicht nach den Kriterien von richtigen oder falschen Entscheidungen oder Lösungsansätzen urteilen (vgl. triviale /nichttriviale Maschinen), sie kann andere Alternativen aufzeigen und die Möglichkeiten des Handelns erweitern.

- Systemische Organisationsentwicklung kann nicht mit den Unterscheidungen des Systems operieren (vgl. die Beobachtung der Beobachtung), sie kann andere, eigene Unterscheidungen dem System offerieren und als Handlungshorizont anbieten.

- Systemische Organisationsentwicklung kann nicht in sozialen Systemen selbst agieren (vgl. soziale Systeme), sie kann als relevante Umwelt des Systems die Grenzen zwischen dem System und seiner Umwelt anders sehen, umdeuten und neu beleuchten und damit dem System eigenes Lernen ermöglichen.

Die Organisation, die wir beraten, ist die Firma Network-Consulting (NC), ein Tochterunternehmen einer IT-Consulting-Firma (ITCG). Die Tochterfirma ist Anbieter umfassender Dienstleistungen im gesamten Bereich der Projektierung und des Supports von Netzwerktechnologien im Hardware- und Software-Bereich. Die Projekte werden von festangestellten und freiberuflichen Beratern (Kooperationspartner) durchgeführt. Der Back-Office-Service (z.B. Buchhaltung und Rechnungswesen), das Personalmanagement und der Vertrieb (Kunden- und Auftragsakquise) werden durch die Muttergesellschaft gewährleistet.

Das international tätige Unternehmen existiert seit sieben Jahren und wurde als Spin-Off-Unternehmen von ehemaligen Mitarbeitern der Muttergesellschaft gegründet. Die Gesellschaftsform ist eine GmbH. Zur Verbesserung des Klimas zwischen den angestellten und freiberuflichen Beratern plant die Firma ein Meeting der angestellten und freiberuflichen Mitarbeiter. Dieses Treffen soll außerdem dem gegenseitigen Kennenlernen, der Weiterbildung und der Vermittlung der strategischen Unternehmensziele dienen. Geplant ist ein Wochenende in einem Hotel im Sauerland.

Zu dem geplanten Treffen werden etwa 40 IT-Consultants, erwartet. IT-Consultants sind – so der Titel eines Artikels in der Süddeutschen Zeitung – „reisende Experten auf Software-Montage" (Englert 2000, S. V1/1). Ihr Auftrag besteht in der Planung, der Umsetzung und der Wartung von Computeranlagen in Wirtschafts- und Industrieunternehmen. Die Berater sind häufig über längere Zeit mit einem Projekt befasst, es kommt häufig vor, dass die IT-Cosulting-Firmen Dependancen in der Nähe ihrer Großkunden gründen. Der Markt der IT-Beratung umfasst heute etwa die Hälfte des Gesamtberatungsmarktes (vgl.: Englert 2000, S. V1/1).

Das Leitungsteam des Meetings bilden der Geschäftsführer, drei Bereichsleiter, eine Bereichsleiterin, eine Vertreterin der Muttergesellschaft mit Zuständigkeit für den Back-Office-Bereich und die OE-Beraterin und der OE-Berater (Anette Rawert und Klaus Beckmann). Die Aufgaben der Beratung liegen

- in der Erhebung und Strukturierung der unterschiedlichen Interessen und Erwartungen

- in der Mitwirkung bei der Planung und Durchführung

- in der Erarbeitung und Vereinbarung von Zielen

- in der Mitarbeit bei der Erstellung und Umsetzung der Programmplanung des Meetings

Das Praxisprojekt dient im weiteren Verlauf dieser Arbeit als Reflektionsebene für die Erörterungen in Bezug auf die Entscheidungsfindung in Organisationen und in Bezug auf die Dimension der Zeit unter systemtheoretischen Gesichtspunkten.

3.1. ... entdecken wir das soziale System einer Organisation

Unternehmen sind im Sinne der Unterscheidung, die Niklas Luhmann für soziale Systeme trifft, Organisationen, die sich - im Unterschied zu Interaktionen und Gesellschaft – aufgrund von Anerkennungsregeln bilden. Eine Organisation wird durch die Anerkennung von Mitgliedschaftsregeln identifizierbar. Mitglieder einer formalen Organisation können nur eine begrenzte Anzahl von Personen sein. Diese Personen sind dabei nicht Teil des organisierten Systems, sie bleiben als psychische Systeme in der Umwelt der Organisation, tragen aber dazu bei, die Strukturen zu bestimmen und das System operationsfähig zu machen (vgl. Baraldi, Corsi, Esposito 1999, S. 129).

3.2. ... lernen etwas darüber, wie Entscheidungen zustande kommen

Die in Organisationen letztendlich stattfindenden Kommunikationen haben die Form von Entscheidungen. Die Mitgliedschaft in einer Organisation legt noch nicht fest, wer, was, wie, wann entscheiden kann. Die Möglichkeiten Entscheidungen zu treffen werden durch drei Bereiche begrenzt, aus denen jeweils auszuwählen ist:

Programme

In einem Programm werden die Ziele und Zwecke der Organisation beschrieben. Das Programm begrenzt die Möglichkeiten der Kommunikation und legt Kriterien für die Fälle fest, die Entscheidungen fordern und an denen die Richtigkeit von Entscheidungen bewertet werden kann.

Kommunikationswege

Organisationen richten Kommunikationswege ein, die ebenfalls die Möglichkeiten der Entscheidung begrenzen und an die Entscheidungen gebunden sind. Durch die Strukturierung der Organisation (Linien-, Matrix- oder Netzwerkorganisation) werden die Entscheidungen so gelenkt, dass sie nicht gleichzeitig in der gesamten Organisation wirken können, sondern an bestimmte Hierarchiestufen, Verantwortlichkeiten oder Knoten gebunden sind.

Personen

Obwohl bereits die Position in der Organisation die Entscheidung einzelner Personen begrenzt, können besondere Merkmale dazu führen, dass die festgelegten Beschränkungen überschritten werden. (Karrieretypus, Fähigkeiten, Beziehungen o.ä.).

Die drei Kriterien bilden die Strukturen in einer Organisation, die Entscheidungen ermöglichen. Die Unterscheidungen sind deshalb zutreffend, weil eine Veränderung des einen Kriteriums nicht unbedingt zu einer Veränderung eines anderen Kriteriums führen muss (z.B. Personalwechsel). In Organisationen kondensieren die genannten Kriterien zu Arbeitsstellen, „jede Stelle ist mit Aufgaben versorgt (Programm), gehört zu einer gewissen Abteilung (Kommunikationswege) und ist mit einer Person besetzt" (Baraldi, Corsi, Esposito 19993, S. 129).

3.3. ... und reflektieren, wie Entscheidungen in der Organisation getroffen werden

Die Einblicke in die Organisation der Firma im Verlauf der Beratung ergibt für uns folgendes Bild:

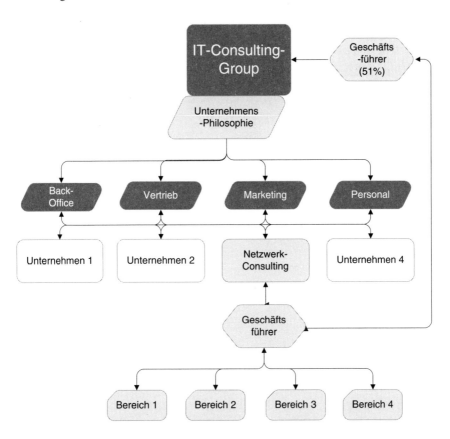

Das Schaubild unterscheidet in der Darstellung zwischen dem Bereich der von uns beratenen NC und der Muttergesellschaft, der ITCG. Innerhalb der ITCG ist die NC für einen abgegrenzten Bereich zuständig. Die Projekte der NC werden innerhalb der Bereiche der NC verantwortet und mit freiberuflichen und angestellten Beratern durchgeführt.

3.3.1. Die Bindungen der Entscheidungen an Programme

Die ITCG verfügt über eine festgeschriebene und so bezeichnete „Philosophie" (die Anführungszeichen sind eine Unterscheidung, die ein Beobachter trifft), die ein umfangreiches Organisationsprogramm darstellt. Die Ausführungen zu den Themen Unternehmensziele, Kundenorientierung, Mitarbeiterorientierung, Unternehmensorientierung und Gesellschaftsorientierung bilden den formalen Überbau des Unternehmens und gelten für alle Unternehmen innerhalb der ITCG.

Die Unternehmensphilosophie spielt im Verlauf der Beratung insofern eine Rolle, als viele uns fragwürdig erscheinende Umstände auf die Aussagen und Festlegungen in der Philosophie zurückgeführt werden und deshalb als nicht hinterfragbar gelten. An einigen Punkten begreifen wir die Philosophie als Herausforderung und versuchen, das System in seiner Bindung an das Programm zu stören. In anderen Fällen benutzen wir die Philosophie als Hintergrund für die Beratung.

So legt die Philosophie z. B. fest, dass jeder Mitarbeiter sein Wissen auch anderen zur Verfügung stellt. Gerade im Bereich des Projektmanagements verhindern aber die Projektverantwortlichen den Wissenstransfer, weil sie z.B. Dokumentationen über abgeschlossene Projekte verweigern.

Eine Entscheidung über eine firmeninterne Regelung scheitert sowohl an der Weigerung der freiberuflichen Mitarbeiter, ihr Wissen an andere weiterzugeben, als auch an der Befürchtung im Unternehmen, eine solche Regelung könnte die Abwanderung der Kooperationspartner zu Konkurrenzfirmen beschleunigen. Die Bindung der Erstellung einer Abschlussdokumentation an eine Änderung der Entlohnungsmodelle wird in den Workshops diskutiert und dem Unternehmen zur Weiterbearbeitung vorgeschlagen.

Programmatisch festgelegt ist auch die Struktur, nach der die Bereiche Personalwesen, Rechnungswesen, Vertrieb und Marketing durch die ITCG gewährleistet werden. Die im Bereich Vertrieb festgelegten Provisionsregeln verhindern eine dem spezifischen Geschäftsfeld der NC angemessene Berücksichtigung bei der Auftragsakquise durch den Vertrieb. In diesem Zusammenhang wurde auf Grund der erarbeiteten Ergebnisse die Entscheidung getroffen, eine Position im Vertrieb bei der ITCG für die Belange der NC neu einzurichten.

3.3.2. Die Bindungen der Entscheidungen an Kommunikationswege

In einem Unternehmen mit unterschiedlichen Projekten an wechselnden Standorten spielt die Kommunikation eine wichtige Rolle. Der Einsatz technischer Kommunikationsmittel (Mobiltelefone, E-Mail, firmeneigener Web-Server, Intranet, Datenbanken) - also dem ureigensten Geschäftsfeld des Unternehmens – gehört bei den IT-Cosultants zur Selbstverständlichkeit. Als Problem wird in den Workshops deutlich, dass die Geschäftsprozesse im Unternehmen nicht klar geregelt sind. Es besteht bei den Kooperationspartnern Unsicherheit in der Frage, wer eigentlich für was zuständig ist und ob Entscheidungen des oder der einen auch von anderen sanktioniert werden. Grundsätzlich ist der Geschäftsführer der Entscheidungsträger und in dieser Rolle häufig überfordert. Die Firma verfügt nicht über ein Organigramm, in dem weitere Zuständigkeiten und Verantwortlichkeiten geregelt werden, die zur Entlastung des Geschäftsführers beitragen könnten.

Wie bereits angedeutet läuft ein großer Teil der Kommunikation über technische Medien, die face-to-face Kommunikation wird durch regelmäßige Meetings zu relevanten Themen, betriebsinternen Fortbildungsveranstaltungen und Foren gewährleistet. Die von uns moderierte Veranstaltung ist aber das erste Treffen aller - über die gesamte Republik verstreuten - festangestellten und freiberuflichen Berater der Firma. Viele Teilnehmer lernen sich erst hier persönlich kennen, obwohl sie bereits seit Jahren auf technischem Wege miteinander kommunizieren, selbst einige Bereichsleiter treffen hier die freiberuflichen Mitarbeiter, die sie in ihren Projekten einsetzen, zum ersten Mal. Die Kommunikationswege sollen – so ein Ergebnis der gemeinsamen Arbeit – verbessert, die Zuständigkeiten klarer geregelt und ein Organigramm erarbeitet werden um transparente Entscheidungen zu ermöglichen.

3.3.3. Die Bindungen der Entscheidungen an Personen

Wie schon erwähnt ist der Geschäftsführer der Entscheidungsträger. Er ist als solcher abhängig von den Programmen und Kommunikationswegen. Eine den Beratern erst nach Abschluss des Wochenendes im Verlauf der weiteren Beratung klar gewordene dritte Bindung ergibt sich aus der besonderen Konstellation der NC, die einen zweiten Geschäftsführer hat, der gleichzeitig stellvertretender Geschäftsführer der ITCG ist. Für das operative Geschäft ist der

Geschäftführer zuständig, der auch mit uns alle Verhandlungen führte und zu 49% an der NC beteiligt ist. Die ITCG hält 51% der Anteile an der NC. Die Interessen der Muttergesellschaft werden durch den zweiten Geschäftsführer vertreten, so dass die ITCG immer an den Entscheidungen der NC beteiligt ist und so Kontrolle ausüben kann.

Das Verhältnis der beiden Geschäftsführer zueinander wird uns auf Nachfrage als partnerschaftlich dargestellt, lässt aber auf Grund unserer Erkenntnisse auch den Schluss zu, dass der mit uns zusammenarbeitende Geschäftsführer in einer Beziehungsfalle zwischen der NC und ITCG steckt. Beide Systeme sind durch diese Bindung nicht klar gegeneinander abgegrenzt, der Geschäftsführer ist in dem einen System immer auch Teil des anderen Systems und umgekehrt.

Entscheidungen, die durch den Geschäftsführer getroffen werden, können immer noch durch die andere Ebene revidiert werden. Sie bleiben damit temporär unverbindlich.

3.4. ... bekommen eine Vorstellung davon, welche Rolle die Zeit spielt

> *„Die Sachwelt zwingt dazu, die Zeit asymmetrisch zu denken"*
> *Niklas Luhmann*

In diesen systemtheoretischen Überlegungen stellt sich eine Definition von *Zeit* als durchaus komplizierte Aufgabenstellung heraus.

3.4.1. Der zeitliche Horizont in sozialen Systemen

Systeme existieren immer in der Gegenwart und zeitgleich mit ihrer Umwelt. Die Gegenwart ist sowohl von der Vergangenheit als auch von der Zukunft unterschieden. Wirklichkeit stellt sich demnach als Unterscheidung der Gegenwart von Zukunft und Vergangenheit im Horizont der Potentialität dar. Die Gegenwart wird durch die autopoietische Reproduktion des Systems konstant gehalten und dauert so lange, wie die stattfindende Operation nicht wieder rückgängig gemacht werden kann.

In diesem Zusammenhang unterscheidet Luhmann zwei Gegenwarten, die gleichzeitig gegeben sind. Bei der einen Gegenwart markiert ein Ereignis, dass sie tatsächlich vergangen ist, z. B. Uhrzeiger, Pausenklingel, Abpfiff. Die andere Gegenwart dauert. „Die Selbstreferenz ermöglicht eine Rückwendung zu vorherigen Erlebnissen bzw. Handlungen und zeigt diese Möglichkeit laufend an: Ein Ding ist noch da, wo man es verlassen hatte; ein Unrecht kann wieder gutgemacht werden" (Luhmann 1987, S. 117). Die Beendigung der Gegenwart kann aus bestimmten Gründen hinausgezögert werden. Beide Gegenwarten stehen sich wechselseitig „als Differenz von Ereignissen und Beständen, von Wandel und Dauer" (Luhmann 1987, S. 117) gegenüber. So kann an einem nicht mehr rückgängig zu machenden Ereignis „die noch sichtbare Vergangenheit und schon sichtbare Zukunft in einer noch andauernden Gegenwart" (Luhmann 1987, S. 117) erkannt werden.

3.4.2. Die Unterscheidung von Aktualität und Potentialität

Soziale Systeme konstituieren sich durch Sinn, „d.h. sie konstituieren sich laufend durch eine Differenz von Aktualität und Potentialität. Diese Differenz drückt die Hoffnung oder Erwartung auf etwas Anderes (aus!), birgt die Bewegung, den Motor des Suchens nach anderen Lösungen in sich" (Vogel 1999, S. 96).

Diese sinnstiftenden Prozesse weisen in der aktuellen Operation schon auf davon unterscheidbare anschließende Möglichkeiten hin, jede Aktualisierung führt immer auch „zu einer Virtualisierung der daraufhin anschließbaren Möglichkeiten" (Luhmann 1987, S. 100), es kann ein Vorher und ein Nachher unterschieden werden, das in allen Ereignissen erfahrbar ist.

Die zwei Seiten einer Unterscheidung bedingen, dass die Operation eines Beobachters Zeit erfordern, um von der einen auf die andere Seite zu wechseln. „So entsteht eine Differenz zwischen dem Beobachter selbst, der immer aktuell ist, und der Differenz von Vorher und Nachher, die von diesem Ereignis generiert wird, das den Übergang ermöglicht hat. Die Unterscheidung zwischen Gleichzeitigkeit einerseits und der Differenz Vorher / Nachher ist die Zeit" (Baraldi, Corsi, Esposito 1999, S. 215).

Im folgenden Schaubild sind die hier beschriebenen systemtheoretischen Ableitungen grafisch aufgearbeitet dargestellt:

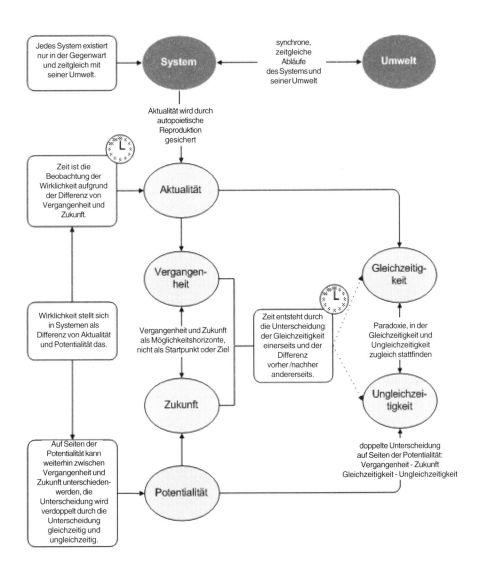

Ausgehend von der Bindung an das unmittelbar Erfahrbare können Perspektiven in die Vergangenheit und in die Zukunft entwickelt werden, die zu einer Lösung der Bindung der Zeit an das unmittelbar Erfahrbare führen. Vergangenheit und Zukunft sind in diesem Zusammenhang als Möglichkeitshorizonte und nicht als Start und Ziel zu verstehen (vgl. Baraldi, Corsi, Esposito 1999, S. 214). Die Zeit wird „zu einer eigenständigen Dimension die nur noch das Wann und nicht mehr das Wer/Was /Wo/Wie des Erlebens und Handelns ordnet" (Luhmann 1987, S. 116).

3.4.3. Horizonte und Konstante

In der Gegenwart bilden sich die Zeithorizonte der Vergangenheit und der Zukunft ab. Die Gegenwart bewegt sich in der Zeit und mit ihr bewegen sich auch die Horizonte. Horizonte sind dabei nicht im Sinne von Grenzen gemeint, sie lassen sich nicht überschreiten. Horizonte lassen sich immer nur im Sinne von Annäherung, von Perspektive verstehen und symbolisieren einerseits die Unendlichkeit und andererseits „die Unergiebigkeit des aktuellen Vollzugs dieser Unendlichkeit (Luhmann 1987, S. 114).

Die Textstelle aus Goethes Faust, die mit dem Satz beginnt: ... werd ich zum Augenblicke sagen: verweile doch, du bist so schön ... deutet es an, ein Verweilen im Augenblick ist unmöglich. Vergangenheit und Zukunft entwickeln sich als Zeithorizonte in jedem Augenblick neu, ein Zurück in die Vergangenheit oder ein Vorwärts in die Zukunft ist so unmöglich wie ein Verweilen im Augenblick. Die Textstelle im Faust endet mit den Worten ...die Uhr mag stehen, die Zeiger fallen, es sei die Zeit für mich vorbei.

Soziale Systeme wählen aus den Ereignissen der Vergangenheit diejenigen aus, die sie selbst für ihre Geschichte als relevant ansehen. Auch die Auswahl zukünftiger Möglichkeiten hängt ausschließlich von den Systemen ab.

Um die potentiellen Möglichkeiten von Veränderungsprozessen in sozialen Systemen abbilden zu können ist es wichtig, diejenigen Elemente der Systeme zu analysieren, die konstant bleiben. Sie fungieren als Hintergrund für die sich ereignenden Operationen. Erst durch die konstanten Anteile der Systeme lassen sich Ereignisse und Veränderungsprozesse beobachten. Konstanten werden umgekehrt aber auch erst auf dem Hintergrund ablaufender Ereignisse sichtbar, d.h. eine Beobachtung bezieht sich auf die Ereignisse, die sich ändern und diejenigen, die sich nicht ändern (vgl. Baraldi, Corsi, Esposito 1999, S. 215).

3.5. ... bevor wir an die Grenze kommen

Unternehmen der IT-Branche unterliegen rapiden Veränderungen ihres Wissens und ihres Geschäftsfeldes. Die technischen Entwicklungen, die auf dem Markt beobachtet werden, müssen erlernt und zum Bestandteil der Angebotspalette des Unternehmens werden, weil sie von den Kunden nachgefragt werden.

Nach Auskunft des Unternehmens führt etwa alle drei Monate die Entwicklung eines neuen Produkts zu tief greifenden Veränderungen. Das eigene Angebot muss auf die neuen Produkte zugeschnitten werden, in eigene Produkte (auch interne, z. B. Fort- und Weiterbildung, Marketing, Vertrieb) einfließen und marktfähig werden. Gleichzeitig befinden sich auch noch die Vorgängerprodukte auf dem Markt, so dass für einige Zeit parallellaufende Prozesse stattfinden, in denen das alte Produkt durch das Neue noch nicht ausgetauscht wurde. Durch die Rasanz der Entwicklung laufen unzählige dieser Prozesse gleichzeitig. Die Aktualität dieser Unternehmen sieht in etwa so aus, dass sie Heute nicht wissen ob sie Morgen schon von Gestern sind. Vergangenheit, Zukunft und Gegenwart fließen scheinbar ständig ineinander, eine Unterscheidung – die Zeit - ist nur schwer zu finden. Wird unter diesen Umständen noch berücksichtigt, dass für die Menge der Arbeit nicht genügend ausgebildetes Personal zur Verfügung steht, hat die Situation im Unternehmen Ähnlichkeit mit einem rotierenden Propeller.

Peter M. Senge weist in seinem Buch „Die fünfte Disziplin" auf den Begriff der Verzögerung hin und stellt dar, welche Bedeutung Verzögerungen für das Handeln von Organisationen haben. Verzögerungen werden beschrieben als „Unterbrechungen zwischen unseren Handlungen und ihren Konsequenzen" (Senge 1998, S. 112), sie können – wenn sie nicht erkannt werden – negative Konsequenzen nach sich ziehen (z. B. die Aussetzer des Motors in einer Propellermaschine zu überhören), aber auch positive Effekte erzielen, wenn sie erkannt und sinnvoll genutzt werden (z. B. rechtzeitige Drosselung des Motors und eine Pause einlegen).

Die Verzögerung – in unserem Fall das gemeinsam geplante und durchgeführte Meeting als Auszeit vom Alltag - kann einer Vergewisserung über Ziele, Strategien und Prozesse dienen, sie kann zu neuen oder anderen Orientierungen führen und damit die Zusammenhänge der zeitlichen Dimension als der Unterscheidung der Gegenwart von Zukunft und Vergangenheit im Horizont der Potentialität wiederherstellen.

4. Nachbereitung der Reise

Bei jeder ordentlichen Reise stoßen wir auf Grenzen, überqueren Stadtgrenzen und Ländergrenzen, kommen an die Grenzen der Verständigung durch die Sprache oder bemerken die Grenzen unserer finanziellen Mittel. Manche Grenzen werden uns vielleicht erst nach der Heimkehr bewusst, z. B. die Grenzen der Kultur des Landes, in dem wir zu Gast waren oder die Grenzen der Werte und Normen der Gesellschaft, in die wir einen Einblick gewonnen haben. Wir vergleichen schon während der Reise und ganz bestimmt danach unsere gewonnen Eindrücke mit dem, was wir zu Hause sehen und bewerten das gewohnte anders, weil unser Horizont erweitert wurde.

Die Überprüfung der These, dass systemische Organisationsentwicklung bedeutet, sich auf das unkalkulierbare Risiko einzulassen, eine Organisation zu beraten, ohne Reiseführer und Landkarten, also Anleitungen oder Gebrauchsanweisungen im Gepäck zu haben, führt zu dem Schluss, das sich die These nach den dargestellten Theorien und Ableitungen nicht aufrechterhalten lässt.

Auch systemische Organisationsentwickler stoßen an Grenzen, an die Grenzen autopoietischer Systeme und deren innere Zustände, die Grenzen die die Aufnahmefähigkeit von Systemen beschränken, die Grenzen zwischen System und Umwelt, also die Grenzen, die Humberto Maturana als Membranwirkungen beschreibt. Die Grenze ist der eigentliche Ansatzpunkt der systemischen Organisationsentwicklung. Grenzen markieren den Bereich, der etwas von etwas anderem unterscheidet. Die dargestellten Orientierungshilfen lassen systemischen Organisationsentwicklern diese Grenzen deutlich werden und befähigen die Organisationsentwickler mit und an diesen Grenzen zu arbeiten:

- Systemische Organisationsentwicklung deckt die vermeintlich offensichtlichen und vermeintlich verborgenen Grenzen auf und beschreibt sie, sie zieht neue Grenzen, andere Grenzen, entgrenzt.

- Systemische Organisationsentwicklung ent-täuscht das System im Hinblick auf seine Handlungsmöglichkeiten, weil sie nicht nur die Grenzen, sondern auch die Potentiale sieht und so mehr sieht, als das System zu sehen in der Lage ist.

- Systemische Organisationsentwicklung ist in der Lage, die Grenzen der Aktualität zu entkrampfen, weil sie die Fähigkeit hat in die Vergangenheit zurückzugehen und in die Zukunft zu blicken, sie stellt die Zeit wieder her.

- Systemische Organisationsentwicklung geht über die Grenzen hinaus, sie stört (perturbiert) das System und beobachtet die Reaktion des Systems auf diese Grenzüberschreitung.

und macht sich dann mit einer anderen Sicht der Dinge
erneut auf die Reise ...

5. Literaturverzeichnis

Baraldi, C., Corsi, G., Esposito, E. 1999. GLU: Glossar zu Niklas Luhmanns Theorie sozialer Systeme, 3. Auflage, Frankfurt a. M., Suhrkamp-Verlag

Böll, H. 1963. Anekdote zur Senkung der Arbeitsmoral, in: Böll, V. (Hg.) 1986: Das Heinrich Böll Lesebuch, München, Deutscher Taschenbuch Verlag (dtv), S. 223 - 225

Ciompi, L. 1988. Außenwelt – Innenwelt: Die Entstehung von Zeit, Raum und psychischen Strukturen, Göttingen, Vandenhoeck & Ruprecht Verlag

Englert, S. 2000. Reisender Experte auf Software-Montage, in: Süddeutsche Zeitung (SZ) vom 29. / 30.5.2000, Nr. 99, München, Süddeutsche Zeitung Verlag

Gairing, F. 1996. Organisationsentwicklung als Lernprozess von Menschen und Systemen, Weinheim, Deutscher Studien Verlag

Luhmann, N. 1987. Soziale Systeme: Grundriß einer allgemeinen Theorie, 1. Auflage, Frankfurt a. M. , Suhrkamp-Verlag

Luhmann, N. 1998. Die Kontrolle von Intransparenz, in: Ahlemeyer, H.W., Königswieser, R. (Hg.) 1998: Komplexität managen: Strategien, Konzepte und Fallbeispiele, Wiesbaden, Gabler Verlag, S. 51 - 76

Maturana, H. 1997. Was ist erkennen?, 2. Auflage, München, Piper-Verlag

Senge, P.M. 1998. Die fünfte Disziplin, 6. Auflage, Stuttgart, Klett-Cotta-Verlag

Vogel, H.C. 1999. Sinnmachen in Organisationen, in: Lorenzen, I., Vogel, H.-C. (Hg.) 1999: StOErfall Praxis: Wirkbuch für Organisationsentwicklung, Aachen, IBS-Verlag, S. 95 - 112

v. Foerster, H. 1993. KybernEthik, Berlin, Merve Verlag

Wehowski, St. 1993. Die unvernünftige Gesellschaft, in: GEO-Wissen „Chaos und Kreativität", Hamburg, Gruner & Jahr-Verlag

Willke, H. 1996. Systemtheorie I. Grundlagen - eine Einführung in die Grundprobleme der Theorie sozialer Systeme, 5. Auflage, Stuttgart, Lucius & Lucius-Verlag / UTB-Taschenbuch

Wie ein System zur Ruhe findet – Vorbereitungen, um Veränderungen nachhaltig zu gestalten OE-Strategien bei hohem Wellengang

Christine Spreyermann

Die Vorgeschichte – ein Puzzle aus halbvollzogenen Fusionen sorgt für Turbulenzen

Veränderte gesetzliche Grundlagen und Versicherungsvorgaben für die ambulante pflegerische Betreuung zu Hause veranlassten mehrere kleine Organisationen Schlag auf Schlag und innerhalb von wenigen Jahren zu Zusammenschlüssen unter dem Namen Ambucare. An Herausforderungen und Veränderungsvorhaben fehlte es nicht für die neue Organisation. Die früheren Organisationen erbrachten die Dienstleistungen, die nun von Ambucare erbracht werden, arbeitsteilig. Dies bedeutete, dass MitarbeiterInnen mit ganz unterschiedlichen beruflichen Qualifikationen (PflegeexpertInnen, Hauspflege-Mitarbeitende, Haushilfe-Mitarbeitende) mit verschiedenen professionellen Arbeitsverständnissen (z.B. engagierte Freiwilligenarbeit mit geringem Verdienst versus professionalisierte Arbeit) unter einem Dach arbeiteten. Die wichtigsten Finanzierer der Dienstleistungen im Gesundheitsbereich, die Versicherungen, verlangten eine Professionalisierung der ganzen Organisation. Für Ambucare bedeutete dies eine Vereinheitlichung der Arbeitsbedingungen, des Pflegeverständnisses, der Aktenführung und der geographischen Unterteilungen des grossräumigen ländlichen Bezirks. Weitere Auflagen des Finanzgebers erforderten weitere Veränderungsvorhaben: Definition eines Qualitätsmanagementsystems, Einführung eines Case-Management-Systems und eines neuen Abrechnungssystems.

Ambucare ist eine kleine Organisation, sie zählt etwa 80 Stellen mit 120 Mitarbeitenden. Die Fusionsgeschichte ist entsprechend stark personifiziert. Sie zeigt sich in Form von Puzzlestücken quer durch die Organisation, bei den Mitgliedern im Vorstand, bei den Führungspersonen, bei den Mitarbeitenden, bei den Angeboten.

In der ersten Phase der Fusionen stand die Anerkennung durch die Versicherungen im Vordergrund. Ambucare investierte viel in die grosse Zahl der wenig qualifizierten Mitarbeitenden. Aus arbeitsorganisatorischen Gründen fand eine Art Nivellierung (nach unten) statt. So wurden allen Mitarbeitenden innerhalb einer Organisationseinheit nur noch die Arbeiten zugeteilt, welche stellvertretend von allen Mitarbeitenden übernommen werden konnten. Dies führte zu Frustrationen bei qualifizierteren Mitarbeitenden, oder zu Überforderungen bei den weniger qualifizierten. Zahlreiche Versuche der PflegeexpertInnen, auf Missstände aufmerksam zu machen, gipfelten zuletzt darin, dass sie sich mit einem Schreiben, das von gut der Hälfte der Mitarbeitenden unterschrieben war, an die kantonale Gesundheitsdirektion wandten. Das Schreiben forderte die Absetzung der Geschäftsleiterin, da dringende Aufgaben nicht angepackt oder auf halbem Wege abgebrochen wurden: z. B. die Einführung von differenzierten Behandlungsteams, die systematische Bearbeitung von Reklamationen, die Qualitätssicherung, eine konstruktive Bearbeitung von lange schwelenden Konflikten. Die Arbeitsorganisation und das Klima wären so schlecht, dass man nicht mehr für eine fachgerechte Arbeit und damit für die Sicherheit der KlientInnen garantieren könnte. Die darauf folgenden Abklärungen und Verhandlungen der zuständigen Gesundheitsdirektion mit dem Vorstand führten dazu, dass der Vorstand der Geschäftsleiterin eine Kündigung nahe legte und selber mit Ausnahme von zwei Personen den Rücktritt auf den gleichen Termin bekannt gab.

Dies ist der Zeitpunkt der Auftragserteilung an die Organisationsberaterinnen: Ambucare befindet sich in grosser Turbulenz: Die Geschäftsleiterin hat gekündigt und ist in Folge eines Unfalls bereits nicht mehr im Betrieb. Der alte Vorstand steht vor dem Rücktritt. Die Mitarbeitenden berichten von überdurchschnittlich vielen Kündigungen und Krankheiten auf allen hierarchischen Stufen.

Contracting und OE-Start auf sandigem Boden

Die Contrakt-Verhandlungen finden noch mit dem alten Vorstand statt, namentlich mit einem Vorstandsmitglied, das als Vertretung der Gesundheitsdirektion im Vorstand Einsitz hat. Sie ist eine der beiden Personen, die weiterhin im Vorstand bleibt. Sie spielt in dieser Umbruchsphase eine zentrale Rolle, indem sie dafür sorgt, dass der langjährige Vereinspräsident vor seinem Rücktritt massgebliche Anpassungen zur Professionalisierung des Vorstandes mitträgt. Sie zieht die Fäden bei der Suche nach einem neuen Präsidenten und nach den übrigen Vorstandsmitgliedern. Und sie gewinnt den zurücktretenden Vereinspräsidenten dafür, einen Vertrag für eine externe Organisationsberatung abzuschliessen.

Wir offerieren zu zweit[1] und werden engagiert, Vorschläge für eine leistungsgerechte Leitungsstruktur, zur Konfliktlösung und zur allgemeinen Beruhigung der Situation zu entwickeln.

Wir beginnen unsere Abklärungsarbeit unter dem alten Präsidenten und präsentieren eine Situationsanalyse und Massnahmenvorschläge dem neuen Präsidenten und neuen Vorstand. Dieser erteilt uns den Auftrag, ihn und die erwartete neue Geschäftsleiterin bei der Umsetzung der verabschiedeten Leitungsstruktur und bei einer gemeinsamen Kulturentwicklung zu beraten.

Als äusserst unterstützend und fordernd im ganzen Veränderungsprozess erweist sich der neue Präsident: Er verfügt über langjährige Führungserfahrung im Energiebereich und kennt Reorganisationen und Instrumente der Organisationsberatung aus dieser Branche. Er ist frisch pensioniert, parteipolitisch engagiert und bereit, Lebensenergie in gemeinnützige Arbeit zu investieren.

Bis zum Stellenantritt der neuen Leiterin, einer projekterfahrenen Pflege- und Pflegequalitätsexpertin, liegt die operative Führung bei den beiden Abteilungsleiterinnen (eine von ihnen ist eine langjährige Vertraute der ehemaligen Geschäftsleiterin).

---

1) Ruth Rauch, Büro Hekate Bern, Christine Spreyermann, sfinx

Erste Ziele und Interventionen angesichts der turbulenten Situation: Systematisch und allen (Parteien) Gehör verschaffen

In den ersten Wochen werden wir von mehreren Personen quer durch die Organisation angesprochen und oder notfallmässig angerufen. Die Organisation sei kurz vor dem Kollaps, neue Kündigungen und krankheitsbedingte Absenzen verschärfen die Situation. Fast täglich gäbe es irgendwo Tränen und Szenen; die einen beklagen sich über die Abteilungs- und Gruppenleiterinnen, welche mit stetigen Bemängelungen für schlechte Stimmung sorgen; andere werfen den ExponentInnen der PflegeexpertInnen vor, dass sie die Hauspflege und Haushilfe- Mitarbeitenden gegen die GruppenleiterInnen aufwiegeln.

Uns ist es wichtig, dass die Organisation arbeitsfähig bleibt. Wir entschliessen uns, einerseits deutlich und öffentlich zu machen, dass wir mit „allen" sprechen wollen und es andererseits auch dem Zufall zu überlassen, wer unsere GesprächspartnerInnen für die Einzelinterviews sind. Wir geben am Empfang / Telefondienst bekannt, mit welchen Funktionen wir sprechen möchten und welche Tage und Stunden wir für die einstündigen Gespräche zur Verfügung stellen, mit der Bitte, die entsprechenden Gespräche für uns zu organisieren. Gut die Hälfte unserer GesprächspartnerInnen wird auf diese Weise festgelegt, die andere Hälfte bestimmen wir aufgrund der Antworten auf eine Frage, die wir allen interviewten Personen stellen: „Mit wem müssten wir sprechen, damit wir eine ähnliche Stimme und ähnliche Erfahrungen hören, mit wem, damit wir andere Stimmen in der Organisation hören?" Wir sprechen mit den beiden Abteilungsleiterinnen, zwei GruppenleiterInnen, zwei Pflegeexpertinnen, zwei VertreterInnen der Hauspflege und einer Vertreterin der Haushilfe, einer Vertreterin des Empfangs- und Telefondienstes, einer Vertreterin der Buchhaltung, zwei VertreterInnen des alten Vorstandes und mit der alten Geschäftsleiterin. Mit dem Vorstand, insbesondere der Vertreterin der Gesundheitsdirektion, sind wir in regem Kontakt. Mit den Interviews verfolgen wir folgende Ziele: wir möchten beruhigen, indem wir den Mitarbeitenden signalisieren, dass der Vorstand und wir ernst nehmen, dass etwas nicht gut läuft und dass wir erfahren möchten, wie Ambucare zu einer guten Arbeit zurückfindet. Und wir möchten weitere Ansatzpunkte zur Beruhigung und Verbesserung der Situation erkennen.

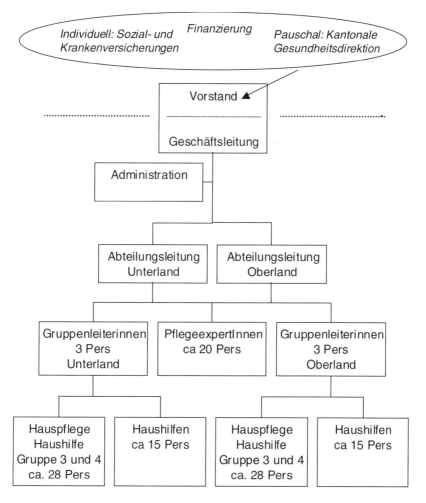

Abbildung 1:
Organigramm von Ambucare bei Beginn der Organisationsentwicklung

Erste Ergebnisse aus den Einzelgesprächen: Situationsanalyse (I)

Wir strukturieren die Auswertung der Einzelinterviews entlang des Sechs-Felder-Modells nach Marvin Weisbord:

- Beziehungen   - Führung
- Ziele und Visionen   - Ressourcen
- Struktur und Aufbau   - Produkte und Angebot
- Technische Systeme / Hilfsmittel
- Anerkennung, Anreize und Sanktion

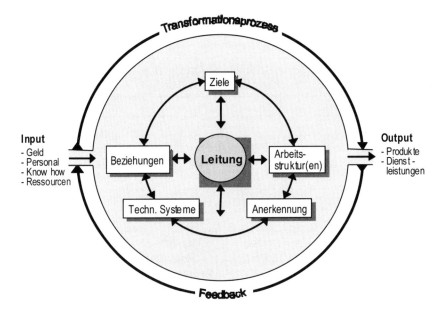

Abbildung 2: 6-Feldermodell nach Marvin Weisbord[2]

---

2) in Eva Renate Schmidt, Hans Georg Berg. 1995. Beraten mit Kontakt. Offenbach / M.: Burckhardthaus-Laetare Verlag

Beziehungen: ein eskalierter Konflikt erzeugt eine Spaltung durch die Organisation

Das gegenseitige Misstrauen ist zu dieser Zeit gross. Von beiden Konfliktparteien – die Abteilungs- und GruppenleiterInnen auf der einen Seite, ExponentInnen der PflegeexpertInnen auf der anderen Seite - hören wir, dass es wieder einmal typisch ist, welche Personen sich Gehör verschaffen können. Wir realisieren, dass es in der Organisation einige Konfliktexponentinnen gibt. Die Spannungen auf der Beziehungsebene sind unübersehbar, ein eskalierter Konflikt erzeugt eine Spaltung durch die Institution. Die Exponentinnen fordern offen die Kündigung von weiteren Personen, damit die Organisation wieder zur Ruhe kommt.

In jedem System entstehen zeitweise Konflikte aufgrund unterschiedlicher Anliegen und Interessen der Mitarbeitenden. Konflikte sind oft Ausdruck von grundsätzlich Ungeklärtem oder falsch Strukturiertem innerhalb einer Organisation, von fehlenden oder unbefriedigenden Regeln in einem System. Konflikte können gelöst werden, wenn es den Beteiligten gelingt, Anliegen zu verhandeln und neue befriedigende Zusammenarbeitsregeln zu entwickeln. Wir vermuten, dass sich Schwachstellen von Ambucare auf der Beziehungsebene als gegenseitige Unverträglichkeiten manifestieren. Wir gehen davon aus, dass es mit der Kündigung von einigen Personen nicht getan ist, da die unbefriedigenden Zusammenarbeitsregeln weiterhin bestehen und Wünsche weiterhin unerfüllt bleiben. Wir wollen in der Folge die dahinterliegenden Anliegen der Mitarbeitenden und bisherige Lösungsversuche verstehen.

In vielen Interviews wird darauf hingewiesen, dass es in Ambucare schwierig ist, Heikles und Schwieriges zu benennen, weil man riskiert, als heikle und schwierige Person qualifiziert zu werden. Dies hat dazu geführt, dass Konflikte über längere Zeit nicht gelöst oder durch den Weggang von Personen entschärft wurden, weiterschwelten und schliesslich eskalierten. Auswirkungen sind u.a. gegenseitiges Unverständnis, Denunziation, Unversöhnlichkeit und Krankheiten.

Nächste Ziele und Interventionen angesichts der turbulenten Situation: Gegenseitig Gehör verschaffen

Die Abschriften der Einzelgespräche bleiben bei uns, die Antworten sollen in einen Bericht an den neuen Vorstand und an die Abteilungsleiterinnen fliessen. Dass das ganze Wissen über die Organisation nur bei uns im O-Ton war, erachten wir aus zwei Gründen als ungünstig. Angesichts des grossen gegenseitigen Misstrauens wollen wir nicht zu Spekulationen über den Inhalt der Einzelgespräche Anlass geben. Wir wollen, dass die wichtigsten Akteure die verschiedenen Stimmungen und Meinungen in der Organisation kennen. Und wir gehen davon aus, dass in diesem Wissen auch Energie zu Veränderung steckt. Wir wollen, dass die Organisation als Ganzes über dieses Wissen verfügt, um eigene Lösungswege zu finden.

Wir organisieren Anhörungen für das Team der PflegeexpertInnen und die GruppenleiterInnen. In beiden Anhörungen sind der neue Präsident und die Abteilungsleiterinnen präsent. Eine direkte Gegenüberstellung aller ExponentInnen erachten wir als zu heikel. Wir befürchten, dass sich gegenseitige Verletzungen wiederholen, bevor wir intervenieren können. Wir wollen sicherstellen, dass diese Anhörungen ein konstruktives Zeichen setzen. Thema der Anhörungen war: Stärken und Schwierigkeiten in der Zusammenarbeit von PflegeexpertInnen, GruppenleiterInnen und Abteilungsleiterinnen: Was unterstützt sie, was hindert sie so zusammenzuarbeiten wie sie es für eine gute Dienstleistung gegenüber den KundInnen als notwendig erachten? Was wären erste Schritte in Richtung Verbesserung der Situation? Wir erstellten Protokolle der beiden Anhörungen, die allen Beteiligten gegenseitig zugestellt wurden.

Hier verdichteten sich die Konfliktthemen der Einzelgespräche und Lösungsmöglichkeiten.

Weitere Ergebnisse der Situationsanalyse (II)

Ziele und Visionen in der Organisation: Die Mitarbeitenden wollen wissen, was bei Ambucare gute Pflege ist ...

... und wohin sich Ambucare bewegt. Die Mitarbeitenden sind nicht erst durch die aktuelle Situation verunsichert. Ein Leitbild existiert als 10-jähriges überarbeitungsbedürftiges Papier. Visionen bestehen primär in den Köpfen einzelner Leute, sie wurden nie systematisch vorgestellt oder diskutiert und entwickelten sich je nach Standpunkt zu Schreckensvisionen. Es bestehen seit den Fusionen keine gemeinsamen Vorstellungen, was gute Pflege ausmacht, wie die Zusammenarbeit der drei Funktionen aussehen soll, ob und auf welche KlientInnen sich Ambucare teil spezialisieren will. Darüber möchten die Mitarbeitenden eine Auseinandersetzung und mehr Sicherheit.

Struktur und Aufbau der Organisation: Unklare Strukturen und Kompetenzen lähmen eine effiziente und verhindern die interdisziplinäre Zusammenarbeit

Es gibt kein gültiges und anerkanntes Organigramm, das die aktuellen Abteilungen und Unterstellungen wiedergibt. Offenbar wurde es durch personenbezogene Entscheide immer wieder geändert. Die Einteilung der Organisation in zwei geographisch geteilte Hauptabteilungen und zwei bis drei Unterabteilungen existiert nur auf dem Papier. Die unterschiedlichen Grenzziehungen der alten Organisationen haben weiterhin Geltung. Eine einheitliche Einteilung ist jedoch für eine sinnvolle Zusammenarbeit und für den Einsatz moderner Planungsinstrumente unabdingbar. In Realität leiten zwei Abteilungsleiterinnen gemeinsam je drei GruppenleiterInnen und ein PflegeexpertInnen-Team. Jeweils drei GruppenleiterInnen koordinieren die Arbeitspläne von zwei Gruppen Hauspflege- und Haushilfe-Mitarbeitende. Diese Mitarbeitenden erleben sich jedoch nicht als einer Gruppe zugehörig sondern als Mitarbeitenden, die einem bestimmten Dienst zugeteilt sind.

Eine klare Kompetenzdefinition zwischen PflegeexpertInnen und Hauspflege- und Haushilfe-Mitarbeitenden liegt nicht vor und wird erschwert durch zwei verschiedene Arten der Aktenführung.

195

Zu Ungereimtheiten führt immer wieder der Umstand, dass die Telefonzentrale Anrufe von Klienten/innen nicht weitervermitteln kann. Die beiden Mitarbeitenden beklagen sich, dass die direktzuständigen Pflegepersonen telefonisch nicht erreichbar sind, und dass an die GruppenleiterInnen ausgerichtete Mitteilungen nicht bearbeitet werden.

Technische Systeme und Hilfsmittel in der Organisation: Die Mitarbeitenden wollen einheitliche und moderne Hilfsmittel ...

... die qualitativ gute Arbeit sicherstellen. Wichtige technische Veränderungen stehen seit längerer Zeit zur Diskussion. Die Mitarbeitenden sind skeptisch gegenüber Neuerungen, denn in der Vergangenheit wurden sie wenig geplant, teilweise überstürzt eingeführt oder ohne Begründung wieder zurückgestellt. Es geht um die gesetzlich vorgeschriebene Bedarfsabklärung, um die Schaffung und Einführung einheitlicher Dossiers sowie um die Anschaffung eines modernen Einsatz- und Planungsinstrumentes. Die Instrumente selber werden von den Mitarbeitenden einheitlich gewünscht.

Ambucare kennt sehr wohl die Mittel, um qualitativ gute Arbeit zu ermöglichen, so etwa die Fallbesprechungen zwischen allen in die Behandlung einer Klientin involvierten Personen. Doch sie werden nicht systematisch genutzt, sondern müssen von einzelnen Mitarbeitenden beantragt und dann aufwändig organisiert werden. Ein fachlicher Austausch wurde immer wieder gewünscht.

Anerkennung, Anreize und Sanktionen: Tägliche Wertschätzung für die KlientInnen, und wenig Anerkennung der fachlichen Kompetenzen und der eigenen geleisteten Arbeit

Wenn uns ein Thema auf allen Hierarchieebenen und in allen Funktionen begegnet ist, dann handelt es sich um das Gefühl, für seine Arbeit, in seiner professionellen Kompetenz und seiner Erfahrung zu wenig wahrgenommen und anerkannt zu werden. Die Ambucare-Mitarbeitenden begegnen jedoch den ihnen anvertrauten Menschen mit grosser Wertschätzung. Sie ernten für die geleistete Arbeit Dankbarkeit, aber genauso oft auch Unzufriedenheit. Ihnen wird Belastendes anvertraut. Entsprechend wichtig ist es, dass die Kompetenzen und die geleistete Arbeit innerhalb der Organisation gewertschätzt werden.

Äusserungen gegenseitiger mangelnder Wertschätzung sind häufig. Sie tragen auf dem Hintergrund von fehlenden Leitbildern, unklaren Strukturen und Stellenbeschreibungen zusätzlich zu einem belastenden und verunsichernden Arbeitsklima bei.

Ein transparentes System bezüglich Anerkennung und Sanktionen existiert nicht. Als intransparent wird erlebt, wenn man plötzlich von Informationen ausgeschlossen wird, wenn Projekte unbegründet eingestellt werden, an denen man mitgearbeitet hat, wenn einem Sonderaufgaben wieder entzogen werden, wenn ausgesprochene Kündigungen rückgängig gemacht werden und der Umstand, dass schwere Vorwürfe nicht bereinigt werden. Bei den Mitarbeitenden hinterlassen solche Vorkommnisse den Eindruck eines Unrechtsystems.

Sehr geschätzt werden die regelmässigen internen Weiterbildungen.

Eine entscheidende Grundlage für eine Vereinheitlichung und Klärung von Anerkennung und Sanktionen sind regelmässige Mitarbeiterbeurteilungen (MAB). Leitfäden dafür liegen vor. Sie werden jedoch kaum genutzt.

Führung: genug vom „Management by Relationship"

Das 'management by relationship' der ehemaligen Leitung zeigte sich als Bevorzugung einzelner Personen durch die Leitung und es zeigte sich in der ungenügenden Trennung zwischen strategischer (Vorstand) und operativer Führung (Geschäftsleitung). Der alte Präsident prägte Entscheide auf der operativen Ebene oder machte Entscheide der Geschäftsleiterin wieder rückgängig. War man in der Gunst, war man über das interne Geschehen informiert, erhielt man Spezialaufgaben. In vielen Interviews wird bemängelt, dass wichtige Entscheidungen immer wieder nicht gefällt und Projekte verschoben wurden. Unsystematische Information schafften viel Raum für Gerüchte und Phantasien und lösten Unsicherheit aus. Die operationellen Führungspersonen waren nicht geschützt und nicht gestützt. Das Umgehen von Führungspersonen bis zur obersten Stufe der Hierarchie gehörte zur schlechten Tradition. Wenn die / der direkte Vorgesetzte unkomfortable Entscheide fällte, so liessen sich diese durch eine Unterredung oder politischen Druck auf oberer Ebene wieder umstossen. Die Abteilungs- und GruppenleiterInnen haben diese Situation so gemanagt, dass sie zunehmend weniger Führungs- als Koordinations- und Planungsaufgaben übernehmen.

Ressourcen der Organisation: Grosses Improvisationstalent kompensiert teilweise die fehlenden Schlüsselkompetenzen auf mittlerer Führungsebene

Ambucare befindet sich finanziell dank privaten Vermögen in einer guten Situation. Kurzfristig können ausserordentliche Auslagen gedeckt werden. Allerdings sind die künftigen finanziellen Aussichten für alle Organisationen in diesem Bereich düster, überleben können nur effiziente Organisationen. Denn das Angebot von Ambucare wird künftig vermehrt Vergleichen ausgesetzt sein – auf nationaler und internationaler Ebene. Bei gut situierten Personen wird vermehrt auch mit konkurrenzierenden privatwirtschaftlichen Angeboten zu rechnen sein.

Die Organisation hat einiges an Weiterbildung und an Klärung der technischen Abläufe und Verbesserung der Arbeitsbedingungen bei den früheren „LaienhelferInnen" investiert, damit sie den Mindestvorgaben für die Abrechnung mit der Versicherung entsprechen. Es gibt jedoch auf mittlerer Führungsebene kaum Zusatzqualifikationen wie Führungs-Knowhow, Spezialkenntnisse in Projektmanagement oder in Qualitätsmanagement; es gibt wenig interne Differenzierung.

Es sind diese Fähigkeiten, die bei der Bewältigung der anstehenden Themen und zur Entwicklung und Implementierung von Lösungen von grosser Wichtigkeit sind.

Zu vermerken sind ein grosses Improvisationstalent und der Durchhaltewille auf allen Hierarchiestufen, was entscheidend war, damit das Schiff Ambucare beim hohen Wellengang des vorangehenden Jahres überhaupt funktionstüchtig blieb.

Angebot und Produkte von Ambucare: Stolz auf die Arbeit und das Produkt von Ambucare

Nebst aller Kritik und Veränderungsvorschlägen - auf allen hierarchischen Stufen besteht eine hohe Zufriedenheit mit dem Angebot. Die Mitarbeitenden finden, dass Ambucare ein wertvolles Angebot im Gesundheitsbereich macht, sie erleben ihre Arbeit als sinnvoll und sie sind auch stolz auf ihre Arbeit.

Externe Reklamationen beziehen sich vor allem auf die Kontinuität der Mitarbeitenden, insbesondere auf die Anzahl der beteiligten Mitarbeitenden pro Klient/in.

Interventionen III: Mehr oder weniger Druck im Hinblick auf nachhaltige Veränderungen?

Die Organisation gibt mehrfach Hinweise, dass sie am Ende der Belastbarkeit angelangt ist. Und andererseits gibt es unüberhörbare Mängel – z.b. fehlendes (Pflege-)Leitbild, unklare Zuständigkeiten – und es gibt einige angedachte, nicht vollzogene Veränderungsvorhaben – einheitliche Dossierführung als Grundlage für die Behandlungsteams, neues Einsatzplanungs- und Abrechnungssystem - welche die Organisation in absehbarer Zeit zu Ende bringen muss, wenn sie ihre Existenz nicht gefährden will. Es handelt sich um Aufgaben, die nicht kurzfristig zu bewältigen sind, wenn gleichzeitig ein „Normalbetrieb" aufrechterhalten werden soll. Veränderungsprojekte bedingen vorübergehend immer einen erhöhten Verbrauch an zeitlichen und finanziellen Ressourcen, weil Arbeitsleistung in die Bearbeitung des Alltagsgeschäftes sowie in die Entwicklung und Einführung neuer Abläufe investiert wird.

Wir entscheiden uns deshalb für eine Strategie, die mit vorübergehenden Sofortmassnahmen auf eine Beruhigung der Situation setzt und gleichzeitig Druck macht, dass Veränderungen jetzt passieren müssen, und für eine Strategie, die mit einer mittel- und langfristigen Planung Vorhaben skizziert, die es Schritt für Schritt zu erreichen gilt.

Prämissen bei der Erarbeitung des Massnahmenpaketes

Folgende Themen vermerkten wir als relevant für die Gestaltung des Veränderungsprozesses.

1. Ambucare hat in den vergangenen Jahren wiederholt in entscheidenden Situationen Führungskompetenz von oben zu wenig gestützt und es wurde zugelassen, dass Entscheidungen rückgängig gemacht und Dienstwege umgangen wurden.

Prämisse 1: Der Vorstand soll die grundlegenden Entscheide für den Veränderungsprozess treffen und auf dessen Umsetzung achten. Er selber respektiert den Dienstweg, beschränkt sich auf das strategische, auch gegenüber den Ad-interims-Leiterinnen.

2. Das informelle Organigramm schafft für alle Unklarheit über die eigene Position und verführt zur Umgehung von Dienstwegen.

Prämisse 2: Sofortige Veränderungen am Organigramm sollen Klarheit schaffen, wer die nächsten Ansprechpersonen und wo die Verantwortlichkeiten sind.

3. Ambucare verfügt über keine formalisierten Wege, die sicherstellen, dass alle Mitarbeitenden über wichtige Vorhaben informiert sind, bzw. dass Rückmeldungen zu Ambucare-Vorhaben von den Mitarbeitenden an die Geschäftsleitung gelangen.

Prämisse 3: Der Vorstand soll von allem Anfang an, nicht nur die Geschäftsleitung sondern auch die Mitarbeitenden über die künftigen strategischen Vorhaben und Entscheidungen informieren. Er soll Diskussion und Rückmeldung ermöglichen. Regelmässige Informationsversammlungen für die Mitarbeitenden sollen langfristig eingeplant werden.

4. Quer durch alle Hierarchie- und Funktionsstufen besteht der Eindruck, dass man nicht gehört, oder bei relevanten Fragen übergangen wird, dass einige wenige jeweils ihre Interessen durchsetzen können, und dass kurzfristig und planlos Neues eingeführt werden.

Prämisse 4: Die Mitarbeitenden sollen angemessen und quer durch die Hierarchie- und Funktionsstufen am Veränderungsprozess beteiligt sein. Sie sollen die inhaltliche Ausrichtung der vom Vorstand verabschiedeten Massnahmen mitentwickeln. Art, Umfang und Zeitpunkt des Einbezugs sollen transparent definiert und zum Voraus geplant sein.

5. Ambucare-Mitarbeitende haben einige Erfahrungen hinter sich, dass Neues kurzfristig und planlos eingeführt und allenfalls wieder rückgängig gemacht wird.

Prämisse 5: Damit eine Organisation ihre Arbeit effizient erfüllen kann, braucht es auch längerfristige Ziele und Entscheidungslinien. Die Mitarbeitenden sollen über die langfristige Planung informiert sein.

Mit sofortigen Übergangsmassnahmen den Boden für die großen Veränderungsprojekte schaffen

Wir überreichen dem Vorstand zusammen mit der Situationsanalyse ein Massnahmenpaket mit sofortigen Übergangsmassnahmen mit einer Gültigkeit von 3 bis 9 Monaten und mittelfristigen Massnahmen, die es innerhalb eines Jahres zu realisieren gilt, die insgesamt aber auf einen Zeithorizont von 3 bis 5 Jahren angelegt sind. Zu letzteren gehört eine Leitbildentwicklung, eine Reorganisation im Hinblick auf effiziente interdisziplinäre Arbeit und die Definition der entsprechenden Kompetenzen, der Angebotspalette und von zentralen Prozessen wie die Bearbeitung von KlientInnen-Rückmeldungen, Dossierführung u.a. Diese Ziele werden erst nach Stellenantritt der neuen Geschäftsleiterin angegangen.

Die sofortigen Übergangsmassnahmen mit einer 6-9-monatigen Gültigkeit sollen den Boden schaffen, dass die weitreichenderen Veränderungsprojekte nachhaltig angegangen werden können. Sie werden im Detail vom Vorstand diskutiert, priorisiert und beschlossen.

Als Ziele der sofortigen Übergangsmassnahmen definieren wir:

- Eine Beruhigung der aktuell prekären Situation tritt ein. Die Mitarbeitenden fühlen sich in der Lage, die anfallende Arbeit zu bewältigen und sind motiviert, an Veränderungsprojekten mitzuarbeiten.

- Die Mitarbeitenden erhalten Signale, dass sich etwas ändert. Sie wissen in einigen Bereichen klarer, woran sie sich halten können.

- Die Mitarbeitenden erhalten Signale, wohin es geht, und dass das Angestrebte ganz wesentlich mit der Qualität der Pflege zu tun hat. Sie wissen, dass es noch viel zu tun gibt, und dass der Vorstand bereit ist, Ambucare in einen Veränderungsprozess zu führen und dafür Ressourcen zur Verfügung zu stellen.

Das folgende Massnahmenpaket präsentierten wir dem Vorstand, der es in dieser Form verabschiedete:

Übergangsmassnahmen	Zielsetzungen im Detail
Informationsmanagement des Vorstandes intern: Vorstand informiert über seine Grundhaltung zu vergangenen Vorkommnissen und zu disziplinarischen Maßnahmen. Er entwickelt ein ad hoc Informationskonzept und interne Informationsgrundsätze.	1. Mitarbeitende erhalten Informationen zur rechten Zeit auf dem rechten Weg. Mitarbeitende wissen, wie es steht und wie es weitergeht. Vorstand erhält regelmässig eine direkte Rückmeldung. 2. Unterschied zwischen Sofortmaßnahmen und langfristiger Perspektive ist bekannt. 3. Alle Mitarbeitenden kennen die Grundhaltung des Vorstandes und wissen, dass sie an den aktuellen und kommenden Leistungen und am Verhalten gemessen werden.
Informationsmanagement des Vorstandes extern: Vorstand entwickelt ein Informationskonzept und Informationsgrundsätze in Bezug auf die wichtigsten Partnerorganisationen. Er hat ein Krisenszenario. Wichtige Verbündete und potentielle Kritiker sind bestimmt. Sie werden regelmässig informiert.	Potentielle Verbündete sind über die wichtigsten Neuerungen, die Ziele und Begründungen des Vorstandes direkt informiert. Sie helfen mit, die Politik des Vorstandes zu begründen und Gerüchten und Vorwürfen sachlich zu begegnen.
Coaching zur Stärkung der Leitungskompetenzen für die Abteilungsleiterinnen	Die Abteilungsleiterinnen fühlen sich unterstützt in der Reflexion ihrer Aufgaben und ihrer Führungsrolle und beim Entwickeln von Vorgehensweisen.

Coaching zur Stärkung der Leitungskompetenzen für die GruppenleiterInnen und die Verantwortlichen der PflegeexpertInnen.

Die GruppenleiterInnen gewinnen Sicherheit in ihrer Führungsrolle (zurück). Lösungen für schwierige Führungssituationen können beispielhaft erarbeitet werden.

Übergangsorganigramm und Funktionsklärungen:
1. Vorstand klärt Stellung / Position der Abteilungsleiterinnen und definiert effiziente Zusammenarbeitsformen / Abläufe.
2. Das Team der PflegeexpertInnen wird in die geografischen Teams Unter- und Oberland unterteilt, die je von einer Verantwortlichen geleitet werden. Diese untersteht der entsprechenden Abteilungsleiterin. Drei GruppenleiterInnen sind jeweils nur noch einer AbteilungsleiterIn unterstellt. Die geographisch aufgeteilte Führungsebene arbeitet je untereinander zusammen.

Abteilungsleiterinnen kennen die Zuständigkeiten gegenüber dem Vorstand. Sie wissen, welche Themen in welcher Konstellation besprochen werden.
Die Kompetenzen und Zuordnungen der PflegeexpertInnen und der GruppenleiterInnen sind geklärt. Die eigene Zuständigkeit wird überschaubarer. Alltagsentscheidungen können innerhalb der Unterteams befriedigend getroffen werden.

Verbesserung der fachlichen Zusammenarbeit mit Supervision[1] und Fallbesprechungen:
Die PflegeexpertInnen-Unterteams haben je getrennt Supervision, um die Zusammenarbeit zu reflektieren und zu verbessern.
Es gibt neu regelmässige Austauschgefässe für GruppenleiterInnen, PflegeexpertInnen und Abteilungsleiterinnen.
Es gibt neu regelmässige Fallbesprechungen zwischen PflegeexpertInnen und Hauspflege- und Haushilfe-Mitarbeitenden, geleitet von den GruppenleiterInnen.

1. Es finden konstruktive Zusammenarbeitsabsprachen statt. Zuständigkeiten und Grenzen werden schnell erkannt.
2. Es gibt eine regelmässige Sitzung für gegenseitige Rückmeldungen und Absprachen. Bei der Entwicklung von Lösungen sind alle beteiligten Gruppen anwesend.
3. Schwierigkeiten bei der Pflege werden systematisch besprochen, an der Qualität der Pflege wird aktiv gearbeitet. Fallbesprechungen werden in unterschiedlicher Form erprobt. Die Pflegesicherheit der Beteiligten wird erhöht. Zusammenarbeitskompetenzen werden erprobt und erhöht.

---

3) Wir informieren den Vorstand mit schriftlichen Unterlagen über die unterschiedlichen Ziele von Teamsupervision, Fallbesprechungen und Coaching und entwerfen Grundlagen für das Contracting und für Koordinationsgespräche mit den beigezogenen BeraterInnen.

Für alle Ziele der Übergangsmassnahmen werden die Verantwortlichen und Termine für interne Standortbestimmungen und Auswertungen definiert. Die Art, nicht jedoch die Frist zur Umsetzung werden im Detail mit den Abteilungsleiterinnen und je nach Bedarf mit den GruppenleiterInnen und den Verantwortlichen des Pflegeteams besprochen. Wir informieren den Vorstand mit schriftlichen Unterlagen über die unterschiedlichen Ziele von Teamsupervision, Fallbesprechungen und Coaching; wir entwerfen vom Vorstand abgesegnete Rahmenvorgaben für das Contracting und erstellen Leitfäden für Koordinationsgespräche mit den beigezogenen BeraterInnen.

Besondere Herausforderungen

Mitarbeitendenversammlungen

Ambucare bietet seine Dienste während täglich 12 Stunden an. Es gibt PatientInnen, die tägliche Unterstützung benötigen. Es gibt somit keine Auszeit für das ganze Personal, grössere Versammlungen müssen in Schichten durchgeführt werden – auch aus räumlichen Gründen - oder in den Abendstunden. Im ganzen Veränderungsprozess engagiert sich der Vorstand für flexible, entgegenkommende und finanziell vertretbare Lösungen. So gibt es neben „obligatorischen" Informationsveranstaltungen, zur Diskussion von wichtigen Vorhaben freiwillige Mitarbeitendenversammlungen, zu denen alle eingeladen sind, und die effektiv Teilnehmenden Präsenz und Mitarbeit als Arbeitszeit verrechnen können.

Der Einbezug von fördernden und ängstlichen Kräften: Interesse an guter Pflege

Die Übergangsmassnahmen sind „verordnet". Sie betreffen ab dem ersten Tag Mitarbeitende aus allen Funktionen und allen Hierarchiestufen auf ganz unterschiedliche Art. Dies ermöglicht von Beginn weg, motivierte Kräfte und ängstliche und skeptische am Veränderungsprozess zu beteiligen. Mehrere der Massnahmen sind vielleicht etwas verunsichernd und gleichzeitig attraktiv: Coaching, Teamsupervision, Fallbesprechungen. Sie ermöglichen den Mitarbeitenden eine Teilnahme da, wo es sie ganz direkt betrifft – bei ihrem Interesse, gute und sinnvolle Arbeit zu leisten. Innerhalb von 5 Monaten haben über 80 Mitarbeitende mindestens einmal an einer Fallbesprechung teilgenommen.

Kräftefelder für die Beraterinnen

Als Beraterinnen sind wir zu Beginn des Projektes mit grosser Präsenz gefordert, während der Vakanz der Geschäftsleitung auch verführt innerhalb der Organisation Schattenleitung zu übernehmen. Die Arbeit zu zweit ermöglicht uns, jeweils beide Positionen „Führung übernehmen" versus „auf Distanz beraten" einzunehmen, durchzudiskutieren, abzuwägen und Zwischenlösungen zu finden. Weitere Kräftefelder sind:

- „Nächste Schritte und Inhalte vorstrukturieren und von oben entwickeln" – angesichts der knappen zeitlichen Ressourcen von Seiten der Organisation eine grosse Versuchung - versus „Entwicklung mit der Basis, entwickeln aus dem Moment"

- „Vertrauen auf die Selbständigkeit der Organisation" versus „Begleiten und Unterstützen angesichts der Bedürftigkeit und Turbulenz der Situation".

Zu zweit ist es möglich, diese Energien und Botschaften, die wir bei uns und zwischen uns wahrnahmen – auch als Zeichen der Organisation zu deuten und unterschiedliche Optionen in Betracht zu ziehen, und uns intensiv auseinander-zu-setzen.

Mit offenen Augen der Abschaffung der eigenen Funktion entgegen ...?

Dies ist sicher eine der grössten Herausforderungen. Die mittelfristig geforderte Einführung von interdisziplinären Teams und Behandlungsteams bedeutet, dass die zukünftige Stellung der Abteilungs- und GruppenleiterInnen ungewiss sind. Braucht es nachher alle Hierarchieebenen noch? Wenn nicht, wer wird künftig zur mittleren Führungsebene gehören? Dies wissen alle Beteiligten, dass der ganze Organisationsentwicklungsprozess die Beantwortung dieser Frage näher rückt, und doch nie vorweggenommen werden kann. Gleichzeitig ist es für das Weiterbestehen von Ambucare eminent wichtig, dass genau diese Personen die Übergangssituation mittragen.

Die Übergangsmassnahmen helfen den Alltagsbetrieb zu strukturieren und zu fokussieren. Das ermöglicht eine Versachlichung für die Behandlung dieser weitreichenden Fragen. Gerade die regelmässigen Fallbesprechungen machen in den unterschiedlichsten Konstellationen deutlich, inwiefern interdisziplinäre Zusammenarbeit ungenügend funktioniert und eine kontinuierliche Pflege behindert ist. Dennoch, von den direkt beteiligten verlangt der offene Organisationsentwicklungsprozess in ihren Worten „Unmenschliches".

Bilanzierung im Hinblick auf den ganzen Prozess

Die Übergangsmassnahmen werden 4 Monate nach Auftragserteilung vom Vorstand verabschiedet und treten 6 Monate nach Auftragserteilung in Kraft. Bereits 8 Monate nach Auftragserteilung wird von der neuen Geschäftsleitung eine Steuergruppe mit Mitgliedern aus allen Hierarchiestufen und Funktionen für die langfristigen Vorhaben eingesetzt. Insgesamt beteiligen sich über 30 Mitarbeitende als Delegierte unterschiedlicher Funktionen und Hierarchiestufen an den verschiedenen Projektgruppen (Leitbild, Organigramm, Leistungsangebot und Prozessdefinitionen). Der Auftrag für die OrganisationsberaterInnen läuft 11 Monate nach Auftragserteilung aus. Ambucare verfügt über ein Leitbild und das neue Organigramm.

14 Monate nach Auftragserteilung ist das neue Organigramm eingesetzt; Ambucare funktioniert mit interdisziplinär zusammengesetzten Behandlungsteams, die mit dem neuen Planungs- und Abrechnungssystem koordiniert werden. Ambucare weiss, welche spezialisierten Dienstleistungen entwickelt werden sollen.

Im ganzen Zeitraum finden 6 Versammlungen mit allen Mitarbeitenden statt, bei der Leitbildentwicklung war eine freiwillige Mitarbeit möglich. In der zweiten Hälfte des Prozesses kommt es zu keinen wesentlichen Konfliktsituationen innerhalb von Ambucare. Hingegen kommt es zum krankheitsbedingten Rückzug von zwei langjährigen Mitarbeitenden.

Zwei Jahre später: Ambucare entwickelt sich als Organisation weiter – wie es das dynamische Umfeld verlangt. Dass Ambucare so schnell und nachhaltig in ruhige Bahnen fand, dazu brauchte es allerdings bedeutend mehr als gut auf die Bedürfnisse der Organisation abgestimmte Übergangsmassnahmen: denn unentbehrlich als prägende Kraft und verlässliche Rahmengeber waren der neue Vorstand sowie die entschlossen motivierende Geschäftsleitung.

Appreciative Inquiry – Arbeit am Kulturkern

Gerhard Neumann

Um der zunehmenden Popularität und der Nachfrage nach Appreciative Inquiry (AI) gerecht zu werden, boten wir bei den Heidelberger Supervisionstagen 2002 zu diesem Thema einen Workshop an, der den Teilnehmenden ermöglichte, die Methode und vor allem die zugrunde liegende Denkweise kennen zu lernen. Dieser Artikel soll die Inhalte, Fragen und Diskussionen noch einmal aufgreifen und in einzelnen Punkten ergänzen und weiterführen.

Die Haltung einer wertschätzenden und damit in Lösungen denkenden Sichtweise ist dabei von zentraler Bedeutung und soll deshalb noch einmal ausführlich beschrieben werden. Die Methode des AI ist sicher schnell erlernbar, vielleicht auch umsetzbar. Sie wird aber dann scheitern, wenn sie nur als Methode und nicht als innere Haltung und Einstellung begriffen und gelebt wird.

Den Ablauf eines AI-Gipfels und die dazu nötigen Vorbereitungen werde ich kurz darstellen; wegen der Individualität eines jeden AI-Prozesses und seiner speziell für diese Organisation zu kreierenden Teilschritte ist der Besuch eines AI-Seminares sicher hilfreich und zweckmäßig.

Im Hauptteil dieses Artikels konzentriere ich mich vor allem auf AI-Prozesse in Unternehmen. In einem weiteren Abschnitt gehe ich auf die Frage ein, unter welchen Bedingungen sich AI auch für Teams eignet. Mit einer kritischen Würdigung dieser Methode in der beraterischen Praxis soll dieser Artikel abschließen.

Für den englischen Begriff des *Appreciative Inquiry* gibt es leider bis heute keine gelungene deutsche Übersetzung. Die oft verwendete *Wertschätzende Erkundung* klingt künstlich und ist nicht sehr eingängig. Ich werde deshalb in diesem Artikel die englische Schreibweise bzw. das Kürzel AI weiter verwenden.

1. Die Prinzipien von AI

1.1 Das Prinzip der Konstruktion von Wirklichkeit

Angenommen, ich als Organisationsberater ginge durch Ihre Firma, Betrieb, Organisation (oder eine Firma ..., die Sie gut kennen) und würde Ihre Kolleginnen und Kollegen fragen, wie es ihnen denn so geht. Vorausgesetzt, Ihre Kolleginnen und Kollegen würden mir so weit vertrauen, dass sie eine einigermaßen wahrheitsgetreue Antwort geben, was würden Sie mir dann sagen? Wie wäre der Tenor, eher optimistisch und freudig, energisch und tatkräftig – oder eher belastet, problembeladen, vielleicht ein bisschen depressiv und traurig?

Bekäme ich zu hören: Danke, gut, die Arbeit macht Spaß! Ich freue mich auf den Tag und auf die Kollegen! Ich bin gespannt, welche Herausforderungen die Arbeit heute für mich bietet! Ich arbeite gerne hier!? Oder würden sie mir sagen, dass früher alles leichter und besser war, dass es so nicht weiter gehen kann, dass man total überlastet ist, dass man gestern wieder bis 20.00 Uhr gearbeitet hat und jetzt gleich wieder ein Meeting ansteht?

Ich wage einmal zu behaupten, dass Ihnen die zweite Variante bekannter vorkommt. Natürlich kann sich niemand den Entwicklungen und Veränderungen in den Betrieben, an den Märkten und in der Gesellschaft entziehen. Höhere Anforderungen, weniger zur Verfügung stehende Mittel und Budgets, ein enger werdender Arbeitsmarkt und andere Beeinträchtigungen machen das Arbeiten nicht angenehmer. Insofern stimmt es schon, dass es früher „leichter" war. Wir erfahren als Organisationsberater bei der Arbeit an der Kultur von Organisationen aber immer wieder, wie stark der Blick auf die Probleme des Betriebsalltages und das „Darüber-sprechen" dazu beiträgt, dass sich an den Problemen wenig ändert, dass sie sich vielleicht verlagern, dass aber die Organisation eher dazu tendiert, zu dem zu werden, wie sie sich wahrnimmt: nämlich zu einer für Mitarbeiter und Kunden defizitären und problembehafteten und damit für sie

„kränkelnde" Organisation. Dabei gerät jedoch vollkommen aus dem Blick, dass keine Organisation existieren kann, wenn sie lediglich Probleme und keine Lösungen produziert. Alle Potenziale und Möglichkeiten der Mitarbeiter und der Organisation, die vorhanden sind, alle guten Erfahrungen und (Erfolgs-) Erlebnisse werden nicht mehr gesehen bzw. nicht mehr gedacht!

Die 5 Prinzipien von Appreciative Inquiry

- Das Prinzip der Konstruktion von Wirklichkeit
Organisationen sind lebende Systeme, die laufend neu erfunden werden. Sie verändern sich in die Richtung, in die sie sich selbst erforschen!

- Das poetische Prinzip
Der „innere Dialog" von Organisationen entsteht durch die Geschichten, die erzählt werden. Sie sind die Quelle für Lernen und Energie. Veränderung entsteht, wenn neue kraftvolle Geschichten erzählt werden!

- Das positive Prinzip
Organisationen können als Geheimnis, als Schatz an Ressourcen betrachtet werden. Die Frage nach dem „Besten" der Organisation bewirkt nachhaltige Veränderung zum Besten, das sein kann!

- Das Prinzip der Gleichzeitigkeit
Veränderung beginnt in dem Moment, in dem wir zu fragen beginnen. Es gibt keine Trennung von Analyse/Diagnose/Intervention und Veränderung!

- Das Prinzip der Antizipation der Zukunft
Ein positives Bild der Zukunft gibt Energie in der Gegenwart. Die Frage nach kraftvollen Visionen holt die Zukunft in die Gegenwart und gibt Orientierung für das Handeln!

Abb. 1: Die Prinzipien von AI (Cooperrider 2002, S. 206 ff)

Traditionelle Organisationsberatungen fokussieren in der Regel denn auch auf die Behebung und Korrektur von Problemen, auf die Idee, nur an den richtigen Stellen drehen zu müssen, die richtigen Leute auf die wichtigen Positionen zu setzen, die Mitarbeiter zu Beteiligten zu machen, Benchmarking und 360°-Feedback einzuführen usw., und schon lösen sich die Probleme.

Das funktioniert jedoch in der betrieblichen Praxis nicht oder nur begrenzt! Nachhaltige Veränderungen bzw. Verbesserungen werden damit nicht geschaffen. Betriebe sind keine trivialen Maschinen, bei denen man einfach wie beim Auto die Zündung nachstellen kann, damit der Motor wieder rund läuft. Aus systemisch-konstruktivistischer Sicht sind Organisationen soziale Systeme, die eigen-sinnig reagieren und von außen nicht steuerbar sind. Das erfahren (problemorientierte) Organisationsberater immer wieder, wenn ihre von außen vorgeschlagenen und eingeführten Konzepte vielleicht kurzfristig fruchten, bald aber deutlich wird, dass sich an den bisherigen Gewohnheiten und den Mustern, an Einstellungen und Überzeugungen wenig geändert hat.

Wenn wir die Grundannahme, dass Organisationen als soziale Systeme sich in die Richtung verändern, in die sie sich selbst erforschen, ernst nehmen, dann tragen wir als Berater sogar zur Erhaltung und Macht der Probleme bei, wenn wir versuchen diese zu lösen.

Organisationen sind Systeme, die durch die in ihr und über sie erzählten Geschichten laufend neu erfunden werden. Die Geschichten und die Blickwinkel auf die Organisation bestimmen die wahrgenommene „Realität" in der Organisation. Werden Problem-Geschichten erzählt, wird sie eben zu einer problembehafteten und problematischen Organisation; nimmt die Organisation ihre Erfolge in den Focus, dann sieht sie sich als erfolgreiche Organisation.

1.2 Das poetische Prinzip

Gibt man – und das ist der radikal andere Ansatz des AI - ihr und den darin arbeitenden Menschen die Chance, den „inneren Dialog" der Organisation zu verändern, in dem neue Geschichten erzählt werden, wobei man sich ein positives Bild von sich selbst macht, so erzählt man nicht mehr alte problembeladene Geschichten, sondern neue und positive bzw. entdeckt alte erfolgreiche Geschichten aufs Neue, die verschüttet waren Man fragt also beharrlich nach den Schätzen der Organisation, danach was in dieser Organisation schon an

Lösungen vorhanden ist, welche guten bzw. herausragenden Erfolge und Erlebnisse jeder schon einmal – und war es auch nur in Ansätzen – erlebt hat, dann kann sie sich verändern und zur ressourcenorientierten und lernenden Organisation hin entwickeln.

1.3 Das positive Prinzip

AI geht davon aus, dass es in jedem sozialen System, bei jedem Menschen, in jedem Leben etwas gibt, das gut funktioniert, und dass sie darüber hinaus über ungenutzte und kraftvolle Potenziale verfügen. Organisationen werden nicht als Problem, sondern als Geheimnis und als Schatz an Ressourcen angesehen. Diese gilt es zu finden. Das soll nicht heißen, dass Probleme ignoriert werden sollen; AI geht sie nur von einer anderen Seite her an. David I. Cooperrider und Diana Whitney (2002, S. 198) beschreiben AI als Werkzeug, um den positiven Veränderungsgeist der Organisation aufzuspüren und Verbindung zu dessen Transformationskraft herzustellen, damit Stärke, Innovation, Leistung, Hoffnung, positive Tradition, Leidenschaft und Träumerei der systematischen Erkundung zugänglich gemacht werden.

Im AI-Gipfel geschieht das, indem die Mitarbeiter sich gegenseitig wertschätzende Fragen stellen wie z. B. „Erzählen Sie mir von einer herausragend positiven Erfahrung in dieser Organisation, einem Erlebnis, bei dem Sie sich lebendig, kreativ und stolz gefühlt haben?" oder „Was schätzen Sie am meisten an sich selbst oder an Ihrer Arbeitsweise?"

Damit werden neue Geschichten und Bilder generiert, neue „Wirklichkeiten" erschaffen, das Beste in der Organisation sichtbar und zugänglich gemacht. Problemschwere und Intervention werden ersetzt durch Vorstellungskraft und Innovation, durch Lust am Verändern und an der plötzlich spürbaren Kraft und Macht von Ideen. Die Sprache, die wir dabei verwenden, schafft unsere Wirklichkeit!

1.4 Das Prinzip der Gleichzeitigkeit

Im AI-Prozess ist die übliche Unterscheidung zwischen Analyse und Intervention aufgehoben. Analyse und Veränderung finden gleichzeitig statt. Bereits die erste Frage in der Interviewphase eines AI-Gipfels führt zu einer Veränderung. Die Menschen beschäftigen sich mit anderen Dingen als bisher, sie werden sich Bedeutungen bewusst, die vorher nicht deutlich waren; sie haben plötzlich eine neue Idee, sie nehmen Ausgeblendetes wahr usw. Die Fragen bereiten den Weg für das, was wir „finden". Was wir „entdecken", wird zu den Geschichten, aus denen die Zukunft konzipiert ist.

Im AI-Gipfel die „richtigen" Fragen zu stellen, gehört damit zum Wichtigsten im Prozess überhaupt. Wir verwenden – in der Regel zusammen mit einem Kernteam oder einer Steuerungsgruppe aus dem Unternehmen – viel Zeit darauf, ein wirkungsvolles Interview zu konstruieren.

Wenn Veränderungsaufträge regelmäßig mit der Problembeschreibung des Kunden beginnen (schlechtes Klima, keine Identifikation, Konflikte zwischen ... usw.), ist es unsere Aufgabe als Berater, das gleichzeitig enthaltene Gegenteil, nämlich das Veränderungsziel, die

Wunschbeschreibung heraus zu finden bzw. heraus zu arbeiten. Die Beschreibung des Zieles oder Themas wird zum Ausgangspunkt des gesamten AI-Prozesses. Daraus leitet sich der Fokus der Fragen zu den Kernthemen ab, die die Richtung bestimmen, in die sich die Organisation entwickeln soll (z. B. Qualität, Führung, Kundenorientierung, Innovation u.a.).

1.5 Das antizipatorische Prinzip

Wenn aus den gefundenen Schätzen Visionen für eine mögliche Zukunft entwickelt werden, werden diese Bilder in die Gegenwart geholt. Sie geben Orientierung für das Handeln heute. Herausfordernde und attraktive Ziele geben Kraft und Ausdauer für den Weg dorthin.

Die kollektive Vorstellung und Idee von einer positiven Zukunft steuert das heutige Verhalten der Organisation und ihrer Menschen. So wie der Sportler durch sein mentales Training Kräfte und Bewusstsein schafft, die seine Höchstleistungen erst ermöglichen.

2. Ablauf eines AI-Gipfels

Bei Unternehmen mittlerer Größe bis ca. 300 Mitarbeiter arbeiten wir nach dem Prinzip „Das ganze System in einem Raum". Alles findet im Raum statt, um die Gesamtorganisation spürbar und erlebbar zu machen. Der Raum muss Platz genug für Aktionen bieten, für kreatives und spontanes Tun müssen genügend Pinwände, Stifte, Papier, Farben usw. vorhanden sein. Der AI-Gipfel dauert in der Regel zwei Tage, für jeden der anschließend beschriebenen Phasen verwenden wir einen halben Tag.

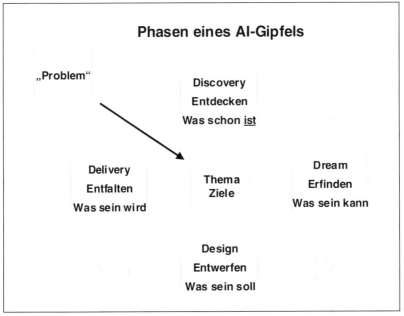

Abb. 2: Phasen eines AI-Gipfels

2.1 Discovery-Phase (Entdecken, was schon ist)

Jeder AI-Gipfel beginnt mit der Discoveryphase, dem Entdecken des Besten, das in der Organisation bereits vorhanden ist. Im Mittelpunkt steht dabei das Wertschätzende Interview. Mitarbeiter interviewen sich gegenseitig und erfahren dabei, welche Höhepunkte ihre jeweiligen Gesprächspartner in dieser Organisation bereits erlebt haben, was es lebenswert macht, hier zu arbeiten, was wertgeschätzt und gewünscht wird.

Wer einmal 200 Menschen in einem Raum dabei erlebt hat, wie sie sich durch diese Frage in eine positive Grundhaltung bringen, wie sie in Mimik und Gestik Freude und Kraft ausdrücken und welche Lautstärke sich dabei entwickelt, der spürt die einer Organisation offenbar innewohnende Kraft und Macht, auch wenn sie sich Tage vorher noch ausschließlich mit ihren Problemen beschäftigt hat. Das ist auch für uns Berater ein immer wieder beeindruckendes Erlebnis.

Ich habe den eingangs erwähnten Workshop bei den Heidelberger Supervisionstagen damit eröffnet, dass ich die Teilnehmer bat, sich in Dreiergruppen zu erzählen, worauf sie im vergangenen Jahr besonders stolz waren. Es hat Spaß gemacht zu sehen, wie sich zwanzig Teilnehmer, die sich i.d.R. vorher nicht kannten und aus vollkommen unterschiedlichen Kontexten kamen, allein durch die Beschäftigung mit dieser Frage schnell in eine (auch äußerlich sichtbare) positive Haltung brachten.

Ein spannendes Experiment:

Teilen Sie zu Beginn eines Seminars die Gruppe in zwei Untergruppen. Lassen Sie die erste Gruppe 15 Minuten an der Frage arbeiten: „Wo/wann haben Sie sich in einem Seminar einmal besonders aktiv und kraftvoll beteiligt? Wodurch wurde das möglich, wer hat was gemacht?" Stellen Sie der zweiten Gruppe die Frage, was in diesem Seminar auf keinen Fall passieren darf! Bitten Sie einzelne Teilnehmer darum, die parallel arbeitenden Untergruppen zu beobachten und anschließend zu berichten, welche Unterschiede sie beobachtet haben (Sprache, Lautstärke, Mimik, Gestik, Körperhaltung, Energie usw.).

In der Reflexion wurde beschrieben, dass man sich gegenseitig als selbstbewusst, kraftvoll und hoch aufmerksam erlebt habe, dass man darüber verblüfft war, wie schnell Nähe hergestellt, wie viel Potenzial sichtbar geworden war usw. Vielleicht wird damit noch deutlicher, wie hochwirksam bedingungslos positiv gestellte Fragen innerhalb einer Organisation sind und Blickwinkel und damit Wirklichkeiten verändern.

Interviews im AI beziehen immer die drei Ebenen der Zeit mit ein:

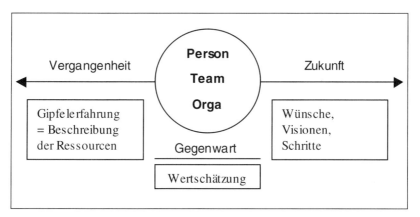

Abb. 3: Zeitebenen eines AI-Interviews

a) Vergangenheit

Menschen vertrauen einer Reise in eine unbekannte Zukunft mehr, wenn sie Teile aus der Vergangenheit mitnehmen. Und wenn, dann sollten es die besten Teile sein! Was funktioniert bereits gut/in Ansätzen und wo liegen die Schätze der Organisation/des Teams? Mögliche Fragen könnten sein:

Was hat Sie am Beginn Ihrer Tätigkeit als Mitarbeiter, Führungskraft, ... angezogen? Was waren in dieser Unternehmung Ihre herausragendsten Erfahrungen, Höhepunkte, Erlebnisse, bei denen Sie sich kraftvoll usw. erlebt haben? ...

Bezogen auf evt. Kernthemen wie z.B. Führung: In welcher Situation haben Sie Führung schon einmal anregend, klar, Grenzen ziehend, fördernd ... erlebt?

b) Gegenwart

Ohne bescheiden zu sein: Was schätzen Sie am meisten an sich selbst, an Ihrer Arbeitsweise, an Ihrer Organisation? Was tun Sie, um in Ihrem Beruf angeregt, kreativ, kraftvoll, energiegeladen zu bleiben?

c) Zukunft

Angenommen, Sie wachen morgen auf und alles ist so geregelt, dass Sie noch besser/zufriedener in Ihrem Arbeitsbereich arbeiten können! Was sind die ersten drei Dinge, die Ihnen einfallen/durch den Kopf gehen? Was ereignet sich in Ihrem Umfeld? Was verändert sich in Ihrer Arbeit? Was verändert sich mit Ihren Kunden und Kollegen/Team?

Der anschließende Austausch geschieht in mehreren Schritten, zuerst an den Tischen, dann im Gesamtplenum. Das System spricht über seine „guten" Erfahrungen, über beste Erlebnisse, nicht mehr über Probleme. Die Wieder-Entdeckung der Erfolge – und mögen sie manchmal nur in Ansätzen vorhanden sein – verändert die Stimmung spürbar.

In dieser Phase geht es oft sehr laut zu; die Menschen haben Freude daran, über ihre Erfolge und Ressourcen zu sprechen. Es wird deutlich, dass im System unglaublich viel Potenzial und gute Energie vorhanden ist. Die Reflexion darüber ermöglicht den Zugang zu den Mustern, wann und unter welchen Bedingungen solche Erfolge (in dieser Organisation) möglich waren und sind.

2.2 Dream-Phase (Visionieren, was sein kann)

In der zweiten Phase eines AI-Gipfels werden aus den Schätzen, die in den Interviews und der Reflexion darüber deutlich geworden sind, Visionen entwickelt. Nach dem Motto: Lasst uns von dem, was bisher schon gut funktioniert hat, mehr machen! entwickeln die Beteiligten Bilder und Ideen darüber, wie die Organisation/das Team in 5, 10 oder 20 Jahren aussehen könnte. Mit kreativen Methoden (Phantasiereisen, Malen, Sketche, Collagen) werden möglichst attraktive und lustvolle Bilder der Zukunft entwickelt. Wir betonen das „lustvolle" in dieser Phase sehr, weil hier der Spaß und die Lust am Tun für uns absoluten Vorrang haben vor dem rationalen Fragen nach dem Realistischen. Viele Kreationen und Entwürfe bieten auch viele Möglichkeiten für realistische

Endergebnisse. Zu Beginn bereits die Schere im Kopf zu haben, beschneidet die Vielfalt möglicher Ideen. Gelegenheit zum Überprüfen bietet sich in der

2.3 Design-Phase (Entwerfen, was sein soll)

Aus den Visionen heraus werden konkrete Zukunftsaussagen erarbeitet. Wie soll die Zukunft der Organisation/des Teams konkret aussehen? Welche Zukunft soll gemeinsam geschaffen werden? Welche mutigen und herausfordernden Schritte in Richtung der Visionen werden gegangen?

Zukunftsaussagen sind dann wirksam, wenn sie positiv formuliert sind (sie beschreiben, wie etwas sein soll, nicht: wie es nicht sein soll) und eine Herausforderung darstellen, also über das Bisherige hinausgehen und dabei erreichbar bleiben. Sie sind nachvollziehbar, weil es dafür Beispiele gibt (die Bilder von der Zukunft wurzeln ja in realen Erlebnissen und sind deshalb glaubhaft). Gute Zukunftsaussagen sind außerdem konkret und greifbar formuliert, so als wäre das darin Beschriebene bereits eingetroffen (Wir sind ...; Bei uns wird...; Wir lernen ...; usw.).

2.4 Destiny-Phase (Entfalten, was sein wird)

Auf der Basis der konkreten Entwürfe planen die Teilnehmer die einzuleitenden Maßnahmen. Wer übernimmt was bis wann? Welchen Beitrag kann jeder Einzelne leisten? Wie kommunizieren wir die Erfolge dieses Gipfels und wie sichern wir sie? Wie halten wir den Prozess am laufen? Wie sichern wir die Kulturveränderung?

Damit Teilnehmer eines AI-Gipfels nach zwei motivierenden und kraftgebenden – weil an den guten Seiten orientierten – Tagen anschließend nicht vom Arbeitsalltages schnell wieder in die alte „Problemwelt" zurück geholt werden, sondern ihre Ergebnisse halten und ausbauen, muss der innere Dialog der Organisation, wie er im Gipfel begonnen hat, fortgesetzt und etabliert werden. Die Prinzipien und Handlungsweisen von AI müssen in die tägliche Praxis integriert werden. Das bedeutet, das gesamte organisationale Leben zu untersuchen nach Stellen, die die gegenseitige Wertschätzung ermöglichen:

In welchen Sitzungen lässt sich Raum schaffen, um über die Erfolge der letzten Tage zu sprechen? Wie können Beurteilungen, Fördergespräche, Coaching usw. dahin gehend verändert werden? Wo und wann wird wertschätzendes Feedback etabliert? Wie werden neue Mitarbeiter in diese Philosophie integriert?

Darüber hinaus stützen jährlich stattfindende eintägige Gipfeltreffen oder Sounding boards die Entwicklung.

Mitarbeiter müssen in der täglichen Arbeitspraxis erleben, dass die Probleme sich auch dann lösen bzw. ihre dramatische Bedeutung verlieren, wenn sie sich nicht mehr mit ihnen, sondern mit den Erfolgen der Organisation und den Ressourcen ihrer Menschen beschäftigen.

Als Berater achten wir an dieser Stelle des Prozesses sehr darauf, dass die gegenseitigen Abhängigkeiten von Kultur, Strategie und Struktur beachtet werden, dass also Veränderungen der Kultur eines Systems immer auch Veränderungen an Geschäftsstrategien und Organisationsstrukturen mit sich bringen.

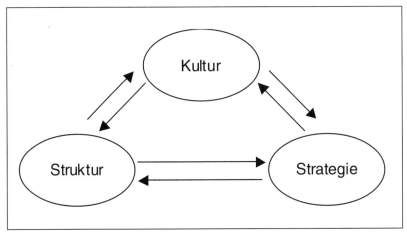

Abb. 4: Dreieck Kultur, Struktur, Strategie

Jeder AI-Prozess muss wieder neu und unabhängig von anderen Prozessen konzipiert werden. Jedes System mit seiner Kultur, seiner Geschichte, seinen Mustern und seiner Kommunikation erfordert einen eigenen „Bauplan", ohne den wirkliche Veränderungen nicht möglich sind.

3. AI mit Teams

In unserer praktischen Arbeit setzen wir AI auch in der Arbeit mit Teams ein. Die spezielle Thematik eines Teams kann sein: Motivation, Zusammenarbeit, Führung, Umgang mit Konflikten u.a. Auch hier ist der Prozessverlauf geprägt von den gemeinsam festgelegten Zielen (ausgehend von den „Problemen"), wie sich das Team entwickeln soll. Während im AI-Prozess mit einem Unternehmen die Ziele und Kernthemen von einem Vorbereitungsteam (Geschäftsleitung, Steuerungsgruppe, Kerngruppe usw.) ausgearbeitet werden, entwickelt in der Regel das gesamte Team von Anfang an die entsprechenden Ziele und Schritte (es sei denn, das Team ist so groß, dass in der Vorbereitung wiederum die Arbeit mit einem Teilteam sinnvoller erscheint).

Bei Teams erweitern wir das bereits beschriebene Interview - vor allem wenn neue Mitarbeiter im Team sind – um die Frage nach den besten Erfahrungen und Erlebnissen in anderen Kontexten (früheren Teams oder Unternehmen). Die dadurch zugänglich gemachten Erfahrungen kommen dann zwar nicht aus dem aktuellen Team/Unternehmen und dessen Kultur, gehören aber mit zum Erlebnis- und Erfahrungs"Schatz" des Erzählers und ermöglichen/generieren darüber hinaus Blickwechsel und neue Bilder und Ideen.

Ein gravierender Unterschied besteht zwischen AI mit Unternehmen und AI mit Teams: Während bei der Arbeit mit Unternehmen Veränderungen im Gesamtsystem bewirkt werden, vollzieht sich die Arbeit mit Teams immer mit und im Kontext der Gesamtorganisation. Als Subsystem kann es sich mit seiner u. U. eigenen Subkultur nicht losgelöst von der Kultur des Großsystems entwickeln. Seine Subkultur als Teil der Gesamtkultur kann andere Subkulturen sinnvoll ergänzen, sie können aber auch genau so gut gegeneinander arbeiten und so zu Reibungsverlusten führen. Das bedeutet für uns als Berater, dass wir danach fragen müssen, welche Auswirkungen der AI-Prozess eines Teams innerhalb der Gesamtorganisation haben kann bzw. soll. Welche Veränderungen sind in welchem Maß und in welcher Richtung in diesem System mit seiner

Kultur gewünscht, möglich, unerwünscht, machbar, wo und wie sind die Nahtstellen zu anderen Subkulturen usw....

4. AI ist Arbeit am Kulturkern

In Anlehnung an ein Modell von Sonja A. Sackmann (2000, S. 141 ff.) unterscheiden wir Unternehmenskultur in einen Kulturkern und ein so genannten Kulturnetz. Zusammen könnte man sie als Kulturlandkarte einer Organisation bezeichnen.

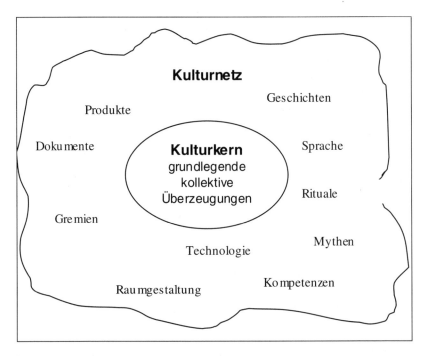

Abb. 5: Kulturlandkarte

Im Kulturkern sind die gemeinsamen grundlegenden Überzeugungen, die für dieses Unternehmen typisch sind, definiert. Diese Wirklichkeitskonstruktionen beeinflussen die Wahrnehmung, das Denken, Handeln und Fühlen der Organisationsmitglieder. Das aus Erlebnissen und Erfahrungen entstandene Wissen des Systems beinhaltet z. B., wie die richtige Organisationsstruktur, welche Ziele und Strategien zum erfolgreichen Überleben beitragen, wem gegenüber man sich verantwortlich fühlt und welche Art von Menschen zur Gruppe/Organisation passen. In der Regel sind diese – in ihrer Wirkung auch systemerhaltenden –Regeln und Muster in den Auseinandersetzungen mit internen und externen Problemen entstanden und sind nicht reflektiert und bewusst.

Wir unterscheiden zwischen dem Begriff der Unternehmenskultur und dem manchmal damit gleichgesetzten Betriebsklima. Das Betriebsklima beziehen wir eher auf die „klimatische" Ausgestaltung der Beziehungen, die abhängig ist von den beteiligten Menschen.

Im Gegensatz zum „verdeckten" Kulturkern, der durch die gespeicherten Überzeugungen wirkt, umfasst der Begriff des Kulturnetzes alle auch für Außenstehende „sichtbaren" Kulturmerkmale eines Unternehmens wie z. B. Designs, Raumgestaltung, Kleidung, Rituale und Feiern, Gehaltsstruktur, Management-Systeme, Dokumente, Prospekte usw. Diese spezifischen Ausprägungen eines Unternehmens sind begründet auf dem kollektiven Wissen des Kulturkernes, wie wahrgenommen, gedacht, gefühlt und gehandelt werden darf.

AI ist Veränderungsarbeit an den im Kulturkern gespeicherten kollektiven Überzeugungen und Einstellungen. Neue Wirklichkeitskonstruktionen ermöglichen, das Handeln, Denken und Fühlen in der Organisation neu auszurichten und – darauf aufbauend – die Symbole des Kulturnetzes zu beeinflussen und danach zu gestalten.

Veränderungsvorhaben, die den umgekehrten Weg gehen und am Kulturnetz ansetzen (wie z.B. durch Entwerfen von Leitlinien, durch Einführung von Managementmodellen oder durch Veränderung der Gehalts- oder Organisationsstruktur) bleiben häufig wirkungslos, weil sie den zugrunde liegenden Kulturkern unberührt lassen.

5. Ressourcenorientierung in einer defizitorientierten Umwelt

Dass wir AI für ein hervorragendes Instrument halten, um Veränderungen (Blickwechsel, Ressourcenorientierung, Focus auf die positive Seite des Unternehmens) in Unternehmen und in Teams zu initiieren, ist sicher deutlich geworden. Damit AI erfolgreich und nachhaltig angewandt werden kann, dürfen wir aber die Rahmenbedingungen bzw. die Umwelten, die auf Organisationen einwirken, nicht außer Acht lassen.

Die dem AI-Gedanken zugrunde liegende Sicht ist nicht die übliche (Alltags-)Sicht unserer Umwelten. Man braucht nur am Morgen die Tageszeitung aufschlagen, um lesen zu können, wie viele Probleme es in Wirtschaft, Gesellschaft, Politik, Schule usw. gibt. Schlagzeilen, die Erfolge ansprechen, wird man am ehesten noch im Sport finden, ansonsten sind sie Mangelware. Es wird i.d.R. das angesprochen, was defizitär ist, was scheitert, bedroht, fehlt oder nicht gut genug ist. In der Schule wird gelehrt, welche Fehler zu welchen Noten führen, im Studium ist es nicht viel anders. Im betrieblichen Alltag kommt es darauf an, keine Fehler zu machen; gute Beurteilungen gibt es eher dafür, etwas Bestimmtes zu vermeiden als dafür, von etwas Anderem mehr zu machen. Und Beratung wird letztendlich fast immer angefragt, um Defizite abzubauen.

In diesem Umfeld zu ermöglichen, dass Mitarbeiter eines Unternehmens ihre Wahrnehmung ändern und auf der „wertschätzenden Seite" bleiben, bedarf logischerweise besonderer Anstrengungen. Dazu gehören die weiter vorne in diesem Artikel bei der Destiny-Phase beschriebenen

Maßnahmen und Anstrengungen, die die Integration von AI in den Arbeitsalltag ermöglichen und stützen. Wir meinen auch, dass die Führungskräfte des Unternehmens in besonderer Verantwortung stehen, den Prozess in Gang zu halten und ihn vorzuleben. In Organisationen, in denen Wertschätzung, ständiges Lernen, Interesse an den Fähigkeiten der Menschen und Ressourcenorientierung zur Grundlage des täglichen Handelns werden, wird jeder Mitarbeiter mitwirken und sich engagieren, ganz gleich welcher Hierarchiestufe er angehört.

Literatur:

Cooperrider, David L., Whitney Diana. 2002. Appreciative Inquiry (AI): Eine positive Revolution in der Veränderung, in: Holman, Peggy, Devane, Tom (Hrsg.): Change Handbook – Zukunftsorientierte Großgruppen-Methoden, Heidelberg: Auer: S. 198 ff, S. 206 ff

Sackmann, Sonja A.. 2000. Unternehmenskultur – Konstruktivistische Betrachtungen und deren Implikationen für die Unternehmenspraxis, in Hejl, Peter, Stahl, Heinz (Hrsg.): Management und Wirklichkeit, Heidelberg: Auer: S. 141 ff.

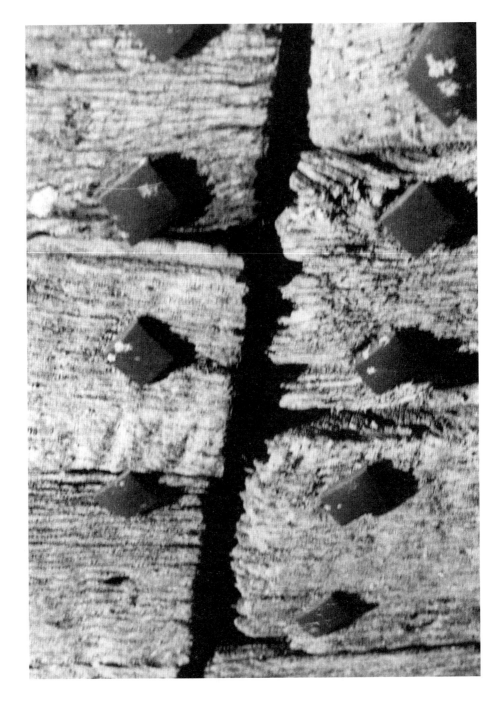

Autorinnen und Autoren

Klaus Beckmann

Geb. 1954, Dipl.- Sozialarbeiter, systemischer Organisationsentwickler, seit 1979 Leitungsfunktionen im Bereich der außerschulischen Jugendarbeit, Redakteur des Online-Journals für systemisches Denken und Handeln.

beckmann-ko@t-online.de
www.ibs-networld.de/ferkel

Fridbert Hanke

Geb. 1945, Diplom-Soziologe, Dipl.-Supervisor (DGSv), Lehrsupervisor, Organisationsberater, EFQM-Assessor. Gesellschafter von ERGON Team Kronberg. Tätigkeitsschwerpunkte: Organisationsberatung, Coaching, Führungskräfteentwicklung. Veröffentlichungen zu Personalentwicklung und Führung in Organisationen. Ausbildung von Organisationsberatern in Kooperation mit BTS Mannheim.

hanke@ergon-team-kronberg.de

Mechthild Herzer

Geb. 1955, Jura-Studium, Kunstpädagogin, Supervisorin (DGSv), Organisationsberaterin, EFQM-Assessorin. Gesellschafterin von ERGON Team Kronberg. Tätigkeitsschwerpunkte: Organisationsberatung, Coaching, Führungskräfteentwicklung. Veröffentlichungen zu kreativen Methoden in beruflicher Bildung und Beratung.

herzer@ergon-team-kronberg.de

Dr. paed. Heinz Kersting

Geb. 1937. Professor Emeritus für Didaktik der Sozialen Arbeit an der Hochschule Niederrhein. Bacc. theol., Diplom in Sozialer Gruppenarbeit (Social Group Work), Dipl.-Supervisor (FH), Balintgruppenleiter, Lehrender Supervisor SG, Organisationsberater. Seit 1985 Wissenschaftlicher Direktor des Instituts für Beratung und Supervision und Partner von ibs-Consult. 2000 Ehrenmitglied der Spanischen Gesellschaft für Supervision (ISPA), 2003 geehrt von der, der internationalen Vereinigung der Group Worker (AASWG), 2003 Ehrenmitglied der Deutschen Gesellschaft für Supervision (DGSv). Forschungen im Bereich Supervison und Organisationsentwicklung.

heinz.kersting@hs-niederrhein.de
www.ibs-networld.de/kersting

Tom Levold

Geb. 1953, Sozialwissenschaftler und Systemischer Psychotherapeut (HPG) in Köln. Mitbegründer, Lehrtherapeut und Lehrender Supervisor der Systemischen Gesellschaft. 1981 bis 1989 Tätigkeit im Kinderschutz–Zentrum Köln, seitdem in freier Praxis als Psychotherapeut, Supervisor und Organisationsberater tätig. Von 1997 bis 2000 Mitherausgeber von „System Familie", seit 2003 von „Psychotherapie und Sozialwissenschaft". Mitglied in den editorial boards von „Familiendynamik", „systeme", „Zeitschrift für systemische Therapie" und „Kontext". Zahlreiche Veröffentlichungen über verschiedenste Aspekte systemischer Theorie und Praxis.

tom@levold.de
www.levold.de

Gerhard Neumann

Geb. 1949, Dipl.-Betriebswirt, systemischer Trainer und Organisationsberater in Wirtschaft und Verwaltung, Coach, Managementberater, Leitungserfahrung im Bereich Personalentwicklung, Gesellschafter und Geschäftsführer BTS, Leiter der Coaching- und der Organisationsberater-Ausbildungen bei BTS.

bts@bts-mannheim.de

Heidemarie Neumann-Wirsig

Geb. 1950, Dipl.-Soz.Arb., Supervisorin DGSv, Lehrsupervisorin in Deutschland und der Schweiz, systemische Beraterin, Leiterin der Supervisionsausbildung BTS Gesellschaft für Organisationsberatung, Training und Supervision Mannheim; Gesellschafterin und Geschäftsführerin BTS; Trainerin und Coach in Wirtschaftsunternehmen, Verwaltung, Akademien und Instituten; Veröffentlichungen zur systemischen Supervision und Organisationsentwicklung.

bts@bts-mannheim.de
www.bts-mannheim.de

Petra Schreiber

Geb. 1968, Dipl.-Psych., Systemischer Coach und Organisationsberaterin. Personalentwicklerin bei der Deutschen Flugsicherung GmbH, Steuerung der unternehmensweiten Coachingaktivitäten.

petra.schreiber@gmx.net

Christine Spreyermann

Geb. 1956, Studium der Sozialarbeit an der Universität Freiburg in Ü./Schweiz. Supervisorin BSO. Sie gründet 1989 sfinx – Sozialforschung – Evaluationsberatung – Supervision in Bern und arbeitet seither selbständig für sfinx.

sfinx.cs@bluewin.ch

Doris Stöckli

Geb. 1956, Kauffrau, Organisationsberaterin, Supervisorin BSO, Mitglied Stellwerk Entwicklungsmanagement, Zürich.

doris.stoeckli@stellwerk.ch

Dr. Helmut Willke

Geb. 1945, Prof. für Planungs- und Entscheidungslehre an der Soziologischen Fakultät der Universität Bielefeld. Leibnitzpreisträger. Forschungen in Systemtheorie, Wissensmanagement und Organisationsentwicklung; Gastprofessuren in Washington D.C., Genf und Wien.

helmut.willke@t-online.de

Bücher aus dem IBS-Verlag

Heike Hercher, Heinz J. Kersting (Hg.)
Systemische Supervision im Gespräch. Entwicklungen und Konzepte im deutschen Sprachraum
ISBN 3-928047-35-3, 345 Seiten, 19,- Euro

Heinz J. Kersting (Hg.)
Der Zirkel des Talos. Gespräche mit systemischen Therapeutinnen
ISBN 3-928047-22-1, 376 Seiten, 18,80 Euro

Heinz J. Kersting, Heidi Neumann-Wirsig (Hg.)
In Aktion: Systemische Organisationsentwicklung und Supervision
ISBN 3-928047-31-0, 250 Seiten, 18,- Euro

Hans-Christoph Vogel, Ilona Lorenzen
StOErfall Praxis. Wirkbuch für OrganisationsEntwicklung
ISBN 3-928047-32-9, 234 *Seiten*, 17,- Euro

Hans-Christoph Vogel, Brigitte Bürger, Georg Nebel, Heinz J. Kersting
Werkbuch für Organisationsberater. Texte und Übungen. 2. erw. Auflage
ISBN 3-928047-23-X, 320 Seiten, 21,20 Euro

Heinz J. Kersting, Heidi Neumann-Wirsig (Hg.)
Systemische Perspektiven in der Supervision und Organisationsentwicklung
ISBN 3-928047-13-2, 222 Seiten, 19,- Euro

Ulrike-Luise Eckhardt, Kurt Richter, Hans Gerd Schulte (Hg.)
System Lehrsupervision
ISBN 3-928047-20-5, 240 Seiten, 14,- Euro

Heidi Neumann-Wirsig, Heinz J. Kersting, (Hg.)
Supervision in der Postmoderne.
Systemische Ideen und Interventionen in der Supervision und Organisationsberatung
ISBN 3-928047-25-6, 250 Seiten, 16,- Euro

Heidi Neumann-Wirsig, Heinz J. Kersting, (Hg.)
In Arbeit. Systemische Supervision und Beratung
ISBN 3-928047-39-6, 284 Seiten, 16,- Euro

Heinz J. Kersting
Zirkelzeichen - Supervision als konstruktivistische Beratung
ISBN 3-928047-27-2, 250 Seiten, 19,- Euro

Jürgen Linke
Supervision und Beratung - Systemische Grundlagen und Praxis
ISBN 3-928047-30-2, 136 Seiten, 13,- Euro

Heinz J. Kersting (Hg.)
Supervision und Qualität.
Das Aachener Modell der Supervisionsausbildung
ISBN 3-928047-38-8, 260 Seiten, 14,- Euro

Georg Nebel, Bernd Woltmann-Zingsheim
Werkbuch für das Arbeiten mit Gruppen
Texte und Übungen zur Sozialen Gruppenarbeit
ISBN 3-928047-19-1, 400 Seiten, 18,80 Euro

Heiko Kleve, Britta Haye, Andreas Hampe-Grosser, Matthias Müller
Systemisches Case Management
Falleinschätzungung und Hilfeplanung in der Sozialen Arbeit mit Einzelnen
und Familien - methodische Anregungen
ISBN 3-928047-41-8, 100 Seiten, 15,- Euro

Theodor M. Bardmann, Sandra Hansen
Die Kybernetik der Sozialarbeit. Ein Theorieangebot
Vorwort: *Heinz von Foerster*
ISBN 3-928047-16-7 - 158 Seiten, 9,- Euro

Heiko Kleve
Postmoderne Sozialarbeit.
Ein systemtheoretisch-konstruktivistischer Beitrag zur Sozialarbeitswissenschaft
ISBN 3-928047-29-9, 356 Seiten, 19,- Euro

Theodor M. Bardmann
Unterscheide! Konstruktivistische Perspektiven in Theorie und Praxis
ISBN 3-928047-11-6, 290 Seiten, 9,- Euro

Hans-Christoph Vogel, Jana Kaiser (Hg.)
Neue Anforderungsprofile in der Sozialen Arbeit.
Probleme, Projekte, Perspektiven
ISBN 3-928047-18-3, 274 Seiten, 10,- Euro

Heiko Kleve
Konstruktivismus und Soziale Arbeit
Die konstruktivistische Wirklichkeitsauffassung und ihre Bedeutung für die Sozialarbeit/Sozialpädagogik und Supervision
ISBN 3-928047-45-0, 2. Auflage, 188 Seiten, 14,50 Euro

Buchbestellungen über den Buchhandel oder
beim Institut für Beratung und Supervision

Heckstraße 25, D-52080 Aachen, Tel.: 0241-953309, Fax: 0241-554815
eMail: office@kersting-verlag.de, http://www.kersting-verlag.de

Institut für Beratung
und Supervision Aachen

www.ibs-networld.de
office@ibs-networld.de
heckstr. 25   52080 aachen
fon 0241 - 95 33 09

Aus- und Weiterbildungen des IBS

- Systemische Supervision und Coaching

- Systemisches Projektmanagement

- Systemisches Arbeiten mit Gruppen

- Systemische Beratung

- Systemische Organisationsberatung

- Systemisches Case Management

- Sozio-Integrative Beratung

- Workshops

ibs-gruppe

- Louis-Lowy-Institut, Forschungsinstitut
- ibs-consult, Organisationsberatung
- Dr. Heinz Kersting Verlag, Wissenschaftlicher Verlag
- Das gepfefferte Ferkel, Online-Journal
- Institut für Beratung und Supervision,
  Aus- und Weiterbildungen